浙江改革开放四十年研究系列

依法治国
浙江的探索与实践

陈柳裕 等 ◎ 著

中国社会科学出版社

图书在版编目（CIP）数据

依法治国：浙江的探索与实践/陈柳裕等著. —北京：中国社会科学出版社，2018.10

（浙江改革开放四十年研究系列）

ISBN 978-7-5203-3360-3

Ⅰ.①依…　Ⅱ.①陈…　Ⅲ.①社会主义法制—建设—研究—浙江　Ⅳ.①D927.550.4

中国版本图书馆 CIP 数据核字（2018）第 237565 号

出 版 人	赵剑英
责任编辑	喻　苗　刁佳慧
责任校对	王　龙
责任印制	王　超

出　　版	中国社会科学出版社
社　　址	北京鼓楼西大街甲 158 号
邮　　编	100720
网　　址	http://www.csspw.cn
发 行 部	010-84083685
门 市 部	010-84029450
经　　销	新华书店及其他书店
印刷装订	北京君升印刷有限公司
版　　次	2018 年 10 月第 1 版
印　　次	2018 年 10 月第 1 次印刷
开　　本	710×1000　1/16
印　　张	19.75
字　　数	297 千字
定　　价	85.00 元

凡购买中国社会科学出版社图书，如有质量问题请与本社营销中心联系调换
电话：010-84083683
版权所有　侵权必究

浙江省文化研究工程指导委员会

主　任：车　俊

副主任：葛慧君　郑栅洁　陈金彪　周江勇
　　　　成岳冲　陈伟俊　邹晓东

成　员：胡庆国　吴伟平　蔡晓春　来颖杰
　　　　徐明华　焦旭祥　郭华巍　徐宇宁
　　　　鲁　俊　褚子育　寿剑刚　盛世豪
　　　　蒋承勇　张伟斌　鲍洪俊　许　江
　　　　蔡袁强　蒋国俊　马晓晖　张　兵
　　　　马卫光　陈　龙　徐文光　俞东来
　　　　陈奕君　胡海峰

浙江文化研究工程成果文库总序

有人将文化比作一条来自老祖宗而又流向未来的河，这是说文化的传统，通过纵向传承和横向传递，生生不息地影响和引领着人们的生存与发展；有人说文化是人类的思想、智慧、信仰、情感和生活的载体、方式和方法，这是将文化作为人们代代相传的生活方式的整体。我们说，文化为群体生活提供规范、方式与环境，文化通过传承为社会进步发挥基础作用，文化会促进或制约经济乃至整个社会的发展。文化的力量，已经深深熔铸在民族的生命力、创造力和凝聚力之中。

在人类文化演化的进程中，各种文化都在其内部生成众多的元素、层次与类型，由此决定了文化的多样性与复杂性。

中国文化的博大精深，来源于其内部生成的多姿多彩；中国文化的历久弥新，取决于其变迁过程中各种元素、层次、类型在内容和结构上通过碰撞、解构、融合而产生的革故鼎新的强大动力。

中国土地广袤、疆域辽阔，不同区域间因自然环境、经济环境、社会环境等诸多方面的差异，建构了不同的区域文化。区域文化如同百川归海，共同汇聚成中国文化的大传统，这种大传统如同春风化雨，渗透于各种区域文化之中。在这个过程中，区域文化如同清溪山泉潺潺不息，在中国文化的共同价值取向下，以自己的独特个性支撑着、引领着本地经济社会的发展。

从区域文化入手，对一地文化的历史与现状展开全面、系统、扎实、有序的研究，一方面可以藉此梳理和弘扬当地的历史传统和文化资源，繁荣和丰富当代的先进文化建设活动，规划和指导未来的文化发展蓝图，增强文化软实力，为全面建设小康社会、加快推进社会主义现代化提供思想保证、精神动力、智力支持和舆论力量；另一方面，这也是深入了解中国文化、研究中国文化、发展中国文化、创新中国文化的重要途径之一。如今，区域文化研究日益受到各地重视，成为我国文化研究走向深入的一个重要标志。我们今天实施浙江文化研究工程，其目的和意义也在于此。

千百年来，浙江人民积淀和传承了一个底蕴深厚的文化传统。这种文化传统的独特性，正在于它令人惊叹的富于创造力的智慧和力量。

浙江文化中富于创造力的基因，早早地出现在其历史的源头。在浙江新石器时代最为著名的跨湖桥、河姆渡、马家浜和良渚的考古文化中，浙江先民们都以不同凡响的作为，在中华民族的文明之源留下了创造和进步的印记。

浙江人民在与时俱进的历史轨迹上一路走来，秉承富于创造力的文化传统，这深深地融汇在一代代浙江人民的血液中，体现在浙江人民的行为上，也在浙江历史上众多杰出人物身上得到充分展示。从大禹的因势利导、敬业治水，到勾践的卧薪尝胆、励精图治；从钱氏的保境安民、纳土归宋，到胡则的为官一任、造福一方；从岳飞、于谦的精忠报国、清白一生，到方孝孺、张苍水的刚正不阿、以身殉国；从沈括的博学多识、精研深究，到竺可桢的科学救国、求是一生；无论是陈亮、叶适的经世致用，还是黄宗羲的工商皆本；无论是王充、王阳明的批判、自觉，还是龚自珍、蔡元培的开明、开放，等等，都展示了浙江深厚的文化底蕴，凝聚了浙江人民求真务实的创造精神。

代代相传的文化创造的作为和精神，从观念、态度、行为方式和价值取向上，孕育、形成和发展了渊源有自的浙江地域文化传统和与时俱进的浙江文化精神，她滋育着浙江的生命力、催生着浙江的凝聚力、激发着浙江的创造力、培植着浙江的竞争力，激励着浙江人民永不自满、永不停息，在各个不同的历史时期不断地超越自我、创业奋进。

悠久深厚、意韵丰富的浙江文化传统，是历史赐予我们的宝贵财富,也是我们开拓未来的丰富资源和不竭动力。党的十六大以来推进浙江新发展的实践,使我们越来越深刻地认识到,与国家实施改革开放大政方针相伴随的浙江经济社会持续快速健康发展的深层原因,就在于浙江深厚的文化底蕴和文化传统与当今时代精神的有机结合,就在于发展先进生产力与发展先进文化的有机结合。今后一个时期浙江能否在全面建设小康社会、加快社会主义现代化建设进程中继续走在前列,很大程度上取决于我们对文化力量的深刻认识、对发展先进文化的高度自觉和对加快建设文化大省的工作力度。我们应该看到,文化的力量最终可以转化为物质的力量,文化的软实力最终可以转化为经济的硬实力。文化要素是综合竞争力的核心要素,文化资源是经济社会发展的重要资源,文化素质是领导者和劳动者的首要素质。因此,研究浙江文化的历史与现状,增强文化软实力,为浙江的现代化建设服务,是浙江人民的共同事业,也是浙江各级党委、政府的重要使命和责任。

2005年7月召开的中共浙江省委十一届八次全会,作出《关于加快建设文化大省的决定》,提出要从增强先进文化凝聚力、解放和发展生产力、增强社会公共服务能力入手,大力实施文明素质工程、文化精品工程、文化研究工程、文化保护工程、文化产业促进工程、文化阵地工程、文化传播工程、文化人才工程等"八项工程",实施科教兴国和人才强国战略,加快建设教育、科技、卫生、体育等"四个强省"。作为文化建设"八项工程"之一的文化研究工程,其任务就是系统研究浙江文化的历史成就和当代发展,深入挖掘浙江文化底蕴、研究浙江现象、总结浙江经验、指导浙江未来的发展。

浙江文化研究工程将重点研究"今、古、人、文"四个方面,即围绕浙江当代发展问题研究、浙江历史文化专题研究、浙江名人研究、浙江历史文献整理四大板块,开展系统研究,出版系列丛书。在研究内容上,深入挖掘浙江文化底蕴,系统梳理和分析浙江历史文化的内部结构、变化规律和地域特色,坚持和发展浙江精神;研究浙江文化与其他地域文化的异同,厘清浙江文化在中国文化中的地位和相互影响的关系;围绕浙江生动的当代实践,深入解读浙江现象,总结浙江经验,指导浙江发展。在研究力量上,通过课题组织、出版资助、重点研究基地建设、加强省内外大院名校合作、整合各地各部门力量等途径，形成上下联动、学界互动的整体合力。在成果运用上，注重研究成果的学术价值和应用价值，充分发挥其认识世界、传承文明、创新理论、咨政育人、服务社会的重要作用。

我们希望通过实施浙江文化研究工程，努力用浙江历史教育浙江人民、用浙江文化熏陶浙江人民、用浙江精神鼓舞浙江人民、用浙江经验引领浙江人民，进一步激发浙江人民的无穷智慧和伟大创造能力，推动浙江实现又快又好发展。

今天，我们踏着来自历史的河流，受着一方百姓的期许，理应负起使命，至诚奉献，让我们的文化绵延不绝，让我们的创造生生不息。

2006 年 5 月 30 日于杭州

浙江文化研究工程（第二期）序

车俊

　　文化是一个国家、一个民族的灵魂。文化兴国运兴，文化强民族强。没有高度的文化自信，没有文化的繁荣昌盛，就没有中华民族伟大复兴。文化研究肩负着继承文化传统、推动文化创新、激发文化自觉、增强文化自信的历史重任和时代担当。

　　浙江是中华文明的重要发祥地，文源深、文脉广、文气足。悠久深厚、意蕴丰富的浙江文化传统，是浙江改革发展最充沛的养分、最深沉的力量。2003年，时任浙江省委书记的习近平同志作出了"八八战略"重大决策部署，明确提出要"进一步发挥浙江的人文优势，积极推进科教兴省、人才强省，加快建设文化大省"。2005年，作为落实"八八战略"的重要举措，习近平同志亲自谋划实施浙江文化研究工程，并亲自担任指导委员会主任，提出要通过实施这一工程，用浙江历史教育浙江人民、用浙江文化熏陶浙江人民、用浙江精神鼓舞浙江人民、用浙江经验引领浙江人民。

　　12年来，历届省委坚持一张蓝图绘到底，一年接着一年干，持续深入推进浙江文化研究工程的实施。全省哲学社会科学工作者积极响应、踊跃参与，将毕生所学倾注于一功，为工程的顺利实施提供了强大智力支持。经过这些年的艰苦努力和不断积淀，第一期"浙江文化研究工程"圆满完成了规划任务。通过实施第一期"浙江文化研究工程"，一大批优秀学术研究成果涌现出来，一大批优秀哲学社会科学人才成长起来，我省哲学社会科学研究水平站上了新高度，这不仅为优秀传统文化创造性转化、创新性发展作出了浙江探索，也为加快构建中国特色哲学社会科学提供了浙江素材。可以说，浙江文化研究工程，已经成为浙江文化大省、文化强省建设的有力抓手，成为浙江社会主义文化建设的一块"金字招牌"。

新时代，历史变化如此深刻，社会进步如此巨大，精神世界如此活跃，文化建设正当其时，文化研究正当其势。党的十九大深刻阐明了新时代中国特色社会主义文化发展的一系列重大问题，并对坚定文化自信、推动社会主义文化繁荣兴盛作出了全面部署。浙江省第十四次党代会也明确提出"在提升文化软实力上更进一步、更快一步，努力建设文化浙江"。在承接第一期成果的基础上，实施新一期浙江文化研究工程，是坚定不移沿着"八八战略"指引的路子走下去的具体行动，是推动新时代中国特色社会主义文化繁荣兴盛的重大举措，也是建设文化浙江的必然要求。新一期浙江文化研究工程将延续"今、古、人、文"的主题框架，通过突出当代发展研究、历史文化研究、"浙学"文化阐述三方面内容，努力把浙江历史讲得更动听、把浙江文化讲得更精彩、把浙江精神讲得更深刻、把浙江经验讲得更透彻。

新一期工程将进一步传承优秀文化，弘扬时代价值，提炼浙江文化的优秀基因和核心价值，推动优秀传统文化基因和思想融入经济社会发展之中，推动文化软实力转化为发展硬实力。

新一期工程将进一步整理文献典籍，发掘学术思想，继续对浙江文献典籍和学术思想进行系统梳理，对濒临失传的珍贵文献和经典著述进行抢救性发掘和系统整理，对历代有突出影响的文化名家进行深入研究，帮助人们加深对中华思想文化宝库的认识。

新一期工程将进一步注重成果运用，突出咨政功能，深入阐释红船精神、浙江精神，积极提炼浙江文化中的治理智慧和思想，为浙江改革发展提供学理支持。

新一期工程将进一步淬炼"浙学"品牌，完善学科体系，不断推出富有主体性、原创性的研究成果，切实提高浙江学术的影响力和话语权。

文化河流奔腾不息，文化研究逐浪前行。我们相信，浙江文化研究工程的深入实施，必将进一步满足浙江人民的精神文化需求，滋养浙江人民的精神家园，夯实浙江人民文化自信和文化自觉的根基，激励浙江人民坚定不移沿着习近平总书记指引的路子走下去，为高水平全面建成小康社会、高水平推进社会主义现代化建设凝聚起强大精神力量。

目 录

第一章 "法治中国"的浙江经验 (1)
第一节 "法治浙江"的基本框架和设定旨趣 (1)
第二节 "法治浙江"的运行轨迹和实施成效 (10)
第三节 "法治浙江"建设的理论意义和实践价值 (20)
第四节 "法治浙江"与法治中国的内在关系 (23)

第二章 发展民主政治,建设政治文明 (28)
第一节 坚持和完善人民代表大会制度 (28)
第二节 坚持和完善中国共产党领导的多党合作和政治协商制度 (43)
第三节 坚持和完善基层群众自治制度 (62)

第三章 加强地方立法,夯实法治之基 (73)
第一节 浙江地方立法的基本历程 (73)
第二节 浙江地方立法工作机制建设 (93)
第三节 浙江地方立法的基本经验和启示 (105)

第四章 推进依法行政,建设法治政府 (114)
第一节 深化政府改革,全面履行政府职能 (115)
第二节 规范权力运行,推进依法行政 (131)
第三节 加强监督机制建设,强化权力制约监督 (146)

第四节　浙江法治政府建设的内在逻辑和基本经验……（159）

第五章　强化法院职能,确保司法公正 ……………………（164）
　　第一节　2006年以来浙江法院工作的基本情况 ………（164）
　　第二节　浙江法院改革的重要举措和制度创新…………（176）
　　第三节　浙江法院工作的基本经验和启示………………（198）

第六章　强化检察职能,维护公平正义 ……………………（208）
　　第一节　2006年以来浙江检察工作的基本情况 ………（208）
　　第二节　浙江检察改革的重要举措和制度创新…………（228）
　　第三节　浙江检察工作的基本经验和启示………………（244）

第七章　加强改革创新,深化"法治浙江"实践 ……………（249）
　　第一节　坚持党的领导,为深化"法治浙江"实践提供
　　　　　　根本保障………………………………………（249）
　　第二节　坚持以人民为中心,推进民主政治建设 ………（253）
　　第三节　坚持厉行法治,落实"十六字"方针 ……………（255）

附录1　中共浙江省委关于建设"法治浙江"的决定………（263）

**附录2　中共浙江省委关于全面深化法治浙江建设的
　　　　决定** …………………………………………………（277）

参考文献 ……………………………………………………（298）

后　　记 ……………………………………………………（302）

第一章 "法治中国"的浙江经验

2006年4月26日通过的《中共浙江省委关于建设"法治浙江"的决定》（以下简称《关于建设"法治浙江"的决定》），率先开启了法治中国建设在省域层面的实践探索。其上承改革开放以来浙江不断推进依法治省的实践进程，下启2006年以来浙江法治建设的恢宏篇章，在新中国法治建设史上具有极为重要的地位。"法治浙江"对虽有地理优势但自然禀赋和基础设施等均相对落后于兄弟省市的浙江的经济、政治、文化、社会、生态文明发展和党的建设产生了持久而深远的积极影响，为浙江到2020年高水平全面建成小康社会，并在此基础上高水平推进社会主义现代化建设提供了坚强保障，[1] 也为坚持中国特色社会主义政治发展道路和推进法治中国建设积累了鲜活生动的实践经验。

第一节 "法治浙江"的基本框架和设定旨趣

"法治浙江"是习近平同志在浙江工作期间，为加快浙江全面建设小康社会、提前基本实现现代化的进程，从加强执政能力建设的高

---

[1] 确保到2020年高水平全面建成小康社会，并在此基础上，高水平推进社会主义现代化建设；以"两个高水平"的优异成绩，谱写实现"两个一百年"奋斗目标在浙江的崭新篇章，是2017年6月召开的中共浙江省第十四次代表大会上确定的浙江今后五年的奋斗目标。参见车俊《坚定不移沿着"八八战略"指引的路子走下去，高水平谱写实现"两个一百年"奋斗目标的浙江篇章——2017年6月12日在中国共产党浙江省第十四次代表大会上的报告》，《浙江日报》2017年6月19日。

度提出的，是浙江贯彻落实中央关于社会主义经济建设、政治建设、文化建设、社会建设"四位一体"总体布局的重大举措。

一 "法治浙江"的形成过程

中共浙江省委一直重视法治建设。早在1996年8月，省委就从浙江实际出发作出了实行依法治省的决策，提出了依法治省的目标要求。1997年9月召开的党的十五大确立依法治国的基本方略以后，省委又于2000年1月出台了《关于进一步推进依法治省工作的决定》。党的十六大以后，省委在相继作出的实施"八八战略"①、建设"平安浙江"②等重大决策部署中，都把民主法治建设作为一项重要内容。

2004年9月20日，时任中共浙江省委书记的习近平同志在人民日报《情况汇编》第1733期刊载的《建设法治江苏，提高执政能力》一文上作出批示，提出建设"法治浙江"是加强党的执政能力建设的需要，要求研究建设"法治浙江"问题。③ 习近平的这个重要批示拉开了浙江谋划建设"法治浙江"的序幕。

2005年年初，中共浙江省委把建设"法治浙江"列入省委、省政府领导重点调研课题，由习近平主持并组织十四个省级部门和单位

---

① "八八战略"是由2003年7月召开的中共浙江省委第十一届四次全体（扩大）会议作出的。"八八战略"意即进一步发挥八个方面的优势、推进八个方面的举措：（1）进一步发挥浙江的体制机制优势，大力推动以公有制为主体的多种所有制经济共同发展，不断完善社会主义市场经济体制；（2）进一步发挥浙江的区位优势，主动接轨上海、积极参与长江三角洲地区交流与合作，不断提高对内对外开放水平；（3）进一步发挥浙江的块状特色产业优势，加快先进制造业基地建设，走新型工业化道路；（4）进一步发挥浙江的城乡协调发展优势，统筹城乡经济社会发展，加快推进城乡一体化；（5）进一步发挥浙江的生态优势，创建生态省，打造"绿色浙江"；（6）进一步发挥浙江的山海资源优势，大力发展海洋经济，推动欠发达地区跨越式发展，努力使海洋经济和欠发达地区的发展成为我省经济新的增长点；（7）进一步发挥浙江的环境优势，积极推进基础设施建设，切实加强法治建设、信用建设和机关效能建设；（8）进一步发挥浙江的人文优势，积极推进教科兴省、人才强省，加快建设文化大省。

② 建设"平安浙江"是由2004年5月召开的中共浙江省委第十一届六次全体（扩大）会议作出的。

③ 参见沈建明、陈柳裕等《民主法治看浙江》，浙江人民出版社2008年版，第112页。

开展了系统调研。通过调研，达成了以下四点共识。一是提出"法治浙江"意义重大。认为建设"法治浙江"体现了贯彻落实十六大以来中央一系列重要思想的要求，是全面落实科学发展观的基本保障，是全面构建社会主义和谐社会的重要保证，是建设社会主义政治文明的具体实践，是提高党的执政能力的必然要求。二是提出建设"法治浙江"符合"干在实处、走在前列"的要求。认为浙江是经济文化相对发达的地区，在法治消费需求、法治实现条件等方面具有一定的超前性，因此完全有必要也有条件在法治建设方面走在全国前列。三是建设"法治浙江"的任务十分紧迫。认为浙江法治建设既具备较好的现实基础和条件，同时也存在许多薄弱环节。浙江法治建设总体上仍滞后于其经济社会发展，浙江民主法治实现程度不仅低于其经济社会其他各项指标，而且低于全国平均水平。四是建设"法治浙江"的任务十分艰巨。认为建设"法治浙江"不仅包括立法、执法、司法、普法等以往依法治省的工作要求，而且还包括加强和改善党的领导、推进民主制度化规范化程序化、加强权力制约和监督、保障人民政治经济文化权益等内容。这些研究性的意见，实际上构成了建设"法治浙江"的基本思路，成为后来起草《关于建设"法治浙江"的决定》的基本依据。

2005年11月，建设"法治浙江"被写入"十一五"规划建议。省委第十一届九次全会通过的《中共浙江省委关于制定浙江省国民经济和社会发展第十一个五年规划的建议》明确把"法治浙江"建设成效明显，依法治省各项工作进一步落实，经济社会生活的法制环境不断完善，人民的政治、经济和文化权益得到切实尊重和保障，基层民主更加健全，治安状况良好，人民安居乐业，社会更加和谐设定为今后五年的主要目标之一。

2006年年初开始，省委政策研究室在省委直接领导下，启动了《关于建设"法治浙江"的决定》的起草工作。其间，习近平与省委有关领导同志带队赴浙江各地开展建设法治浙江的调研，派出两个由省领导带队的调研组分赴北京、上海、山东、江苏等省市考察调研，并多次就决定起草工作作出重要指示。

2006年4月25—26日，省委第十一届十次全会专题研究和全面部署建设"法治浙江"的各项工作。习近平在会上作了重要讲话，对建设"法治浙江"的重大意义进行了深刻阐述，并强调要以社会主义法治理念指导"法治浙江"建设，扎实推进"法治浙江"各项工作，切实加强对"法治浙江"建设的组织领导。4月26日，省委第十一届十次全会审议通过了《关于建设"法治浙江"的决定》，其成为2006年以来浙江推进法治建设的纲领性文件。

二 "法治浙江"的框架内容

"法治浙江"是一个全面、系统、有机联系的整体，其内容涵盖社会主义政治文明建设的各个方面，可以概括为"一个总体要求""五项基本原则""八大任务"和"八大抓手"。

（一）一个总体要求

建设"法治浙江"的总体要求是：高举邓小平理论和"三个代表"重要思想伟大旗帜，全面落实科学发展观，致力于构建社会主义和谐社会，牢固树立社会主义法治理念，坚持社会主义法治正确方向，以依法治国为核心内容，以执法为民为本质要求，以公平正义为价值追求，以服务大局为重要使命，以党的领导为根本保证，在浙江全面建设小康社会和社会主义现代化建设进程中，通过扎实有效的工作，不断提高经济、政治、文化和社会各个领域的法治化水平，加快建设社会主义民主更加完善、社会主义法制更加完备、依法治国基本方略得到全面落实、人民政治经济和文化权益得到切实尊重和保障的法治社会，使浙江法治建设工作整体上走在全国前列。

这个总体要求是按照当时中央的要求、结合浙江实际提出的，总体上与社会主义法治国家建设的目标相衔接。在此基础上，《关于建设"法治浙江"的决定》分别就立法、法治政府建设、司法和法制宣传教育提出了到2010年的具体目标。

在立法工作方面，提出到2010年，努力形成与国家法律法规相配套、具有浙江特色、比较完备的地方性法规和规章。在法治政府建设方面，提出到2010年，使国务院提出的建设法治政府的基本要求得到全面落实。在司法建设方面，提出到2010年，使中央提出的社会主义司法制度必须保障全社会实现公平和正义的目标要求在全省各地得到全面贯彻和落实。在法制宣传教育方面，提出到2010年，通过深入扎实的法制宣传教育和法治实践，进一步提高全民法律意识和法律素质；进一步增强公务员社会主义法治理念，提高依法行政能力；进一步增强各级政府和社会组织依法治理的自觉性，提高依法管理和服务社会的水平。

（二）五项基本原则

根据上述总体要求，《关于建设"法治浙江"的决定》进一步提出了建设"法治浙江"的五项基本原则，即坚持党的领导、坚持以人为本、坚持公平正义、坚持法治统一、坚持法治与德治相结合。其中，坚持党的领导是建设"法治浙江"的根本保证，坚持以人为本是建设"法治浙江"的本质要求，坚持公平正义是建设"法治浙江"的基本价值追求，坚持法治统一是建设"法治浙江"的重要特征，坚持法治与德治相结合是建设"法治浙江"的指导方针。对于上述五项基本原则，《关于建设"法治浙江"的决定》具体是这样表述的：

——坚持党的领导。在党的领导下发展社会主义民主、建设社会主义法治社会，实现坚持党的领导、人民当家作主和依法治国的有机统一。

——坚持以人为本。坚持一切权力属于人民，以最广大人民的根本利益为出发点和落脚点，尊重和保障人权，做到执法为民。

——坚持公平正义。在立法、执法、司法活动中维护社会公平正义，做到公开、公平、公正，维护群众权益，维护国家利益。

——坚持法治统一。以宪法和法律为依据，紧紧围绕党和国家大政方针和重大工作部署，结合浙江实际开展立法、执法、司法工作。

——坚持法治与德治相结合。坚定不移地实施依法治国的基本方略，充分发挥以德治国的重要作用，在加强社会主义法治建设的同时，进一步加强社会主义道德建设。

（三）八大任务

《关于建设"法治浙江"的决定》明确了建设"法治浙江"的主要任务，是为全面落实"八八战略""平安浙江"、文化大省等重大战略部署，顺利实施"十一五"经济社会发展规划，实现全面建设小康社会目标提供法治保障。在此基础上，该文件明确了建设"法治浙江"的八大具体任务，即"三个坚持""四个加强"和"一个确保"。

"三个坚持"即"坚持和改善党的领导""坚持和完善人民代表大会制度""坚持和完善中国共产党领导的多党合作和政治协商制度"。就坚持和完善党的领导，《关于建设"法治浙江"的决定》分别从"完善党的领导方式""贯彻依法治国基本方略，提高依法执政水平"和"以提高执政能力为重点，进一步加强党的建设"等三个方面作了部署。对于坚持和完善人民代表大会制度，《关于建设"法治浙江"的决定》分别从支持和保证人大及其常委会依法行使各项职权、充分发挥人大代表的作用、正确履行人大的监督职能和加强人大常委会制度建设等四个方面作出了具体部署。就坚持和完善中国共产党领导的多党合作和政治协商制度，《关于建设"法治浙江"的决定》分别从"加强同民主党派合作共事，完善同各民主党派的政治协商""进一步完善人民政协政治协商的内容、形式和程序""积极推进人民政协的民主监督""深入开展人民政协的参政议政"和"加强人民政协自身建设"等五个方面提出了具体要求。

"四个加强"即"加强地方性法规和规章建设""加强法治政府建设""加强司法体制和工作机制建设"和"加强法制宣传教育，提高全民法律素质"。就加强地方性法规和规章建设，《关于建设"法治浙江"的决定》分别从健全法规规章、完善立法机制和提高立法质量等三个方面作出了部署。就加强法治政府建设，《关于建设"法治浙江"的决定》分别从深化行政体制改革、全面推进依法行政和建设一支政治合格、懂法守法、严格依法行政的公务员队伍等三个方面作出了具体部署。就加强司法体制和工作机制建设，《关于建设"法治浙江"的决定》分别从认真落实中央推进司法体制改革的各项举措、规范司法行为以及加强和规范法律服务等三个方面作了安排。就加强法制宣传教育、提高全民法律素质，《关于建设"法治浙江"的决定》分别从加强社会主义法制教育、切实加强思想道德建设以及加强法学教育和研究等三个方面提出了具体要求。

"一个确保"即"确保人民的政治经济文化权益得到切实尊重和保障"。这是建设"法治浙江"的出发点和落脚点。对此，《关于建设"法治浙江"的决定》分别从扩大基层民主、完善保障公民权益的体制机制、健全权利救济和维护机制,以及切实保障人民群众生命财产安全等四个方面作了较为系统的部署。

(四)八大抓手

建设"法治浙江"是一项长期任务,是一个渐进过程,也是一项系统工程,必须着眼长远、立足当前,把长远的奋斗目标与阶段性的具体工作有机结合起来。《关于建设"法治浙江"的决定》按照有部署、可操作、能推动、好落实的要求,针对解决浙江法治建设中存在的突出问题,从推动立法、执法、司法和普法等方面,提出了"十一五"时期建设"法治浙江"的八大抓手。

一是着眼于为浙江经济社会全面协调可持续发展提供法制保障,科学制定立法规划和年度计划,制定颁布一批急需的、条件成熟的地方性法规和政府规章,同时全面开展对现行地方性法规、规章和规范性文件的清理工作。

二是着眼于加强对权力的制约和监督,按照授予有据、行使有规、监督有效的要求,全面开展规范行政权力专项活动,进一步明确和规范政府各部门的职权及行政程序,创建依法行政示范单位。

三是着眼于维护司法公正,在各级政法机关全面开展社会主义法治理念教育,积极推进执法行为规范化建设,争取用三年左右时间把各项执法工作纳入规范有序的轨道。

四是着眼于提高全民法律素质,抓紧制定浙江省"五五"普法规划,确定每年五月份为浙江法治宣传月,动员全社会的力量,集中开展法治宣传活动。

五是着眼于维护和实现人民群众的根本利益,完善维权机制,深入持续开展依法维权活动,重点做好妇女、未成年人、老年人、残疾人、农民工等社会群体的维权工作。

六是着眼于推进地方依法治理,以严格依法行政、确保司法公正为重点,深入开展法治市、法治县(市、区)创建活动。

七是着眼于坚持和发展基层民主,以提高基层工作法治化水平为目标,以推进农村法治建设为重点,继续深化民主法治村和民主法治社区创建活动。

八是着眼于促进企业依法经营、诚信经营，以依法纳税、规范劳动用工、加强安全生产、加强环境保护、反对不正当竞争以及重合同、守信用等为重点，积极开展诚信守法企业创建活动。

三 "法治浙江"的时代意蕴

建设"法治浙江"是中共浙江省委继深入实施"八八战略"、全面建设"平安浙江"和加快建设文化大省等一系列重大战略部署以后所作出的又一重要决策，与前述三者共同有机构成了浙江经济、政治、文化和社会建设"四位一体"的总体布局。"在这个总体布局中，深入实施'八八战略'是落实科学发展观的总抓手，全面建设'平安浙江'是构建和谐社会的主要载体，加快建设文化大省是发展社会主义先进文化的重要举措，努力建设'法治浙江'是发展社会主义民主政治的有效途径。"[①] 这四者内在统一、有机联系、相辅相成、不可分割。"八八战略""平安浙江"和加快建设文化大省，为建设"法治浙江"创造基础和条件，建设"法治浙江"为其他方面提供支持和保证，加强党的执政能力建设和先进性建设又为上述四者提供根本保证。

就当时的浙江而言，中共浙江省委作出建设"法治浙江"决策的重大意义，突出表现在以下四个方面。

一是为浙江全面落实科学发展观，协调推进经济、政治、文化和社会发展提供保障。坚持以科学发展观统领经济社会发展全局，需要思想上的武装和理念上的自觉，更需要制度上的完善和法治上的保障。建设"法治浙江"，通过推进城乡发展、区域发展、经济社会、人与自然、对外开放等方面的法治建设，可以规范社会主体行为，引导各方面统筹发展；通过推进经济、政治、文化、社会生活等方面的法治建设，可以使各项建设都有法可依、有章可循，引导各方面协调发展。浙江要在完善社会主义市场经济体制上走在前列，就必须努力建设法治，必须更多地运用法律手段来调节经济、实施监管，确保政

[①] 习近平：《干在实处　走在前列——推进浙江新发展的思考与实践》，中共中央党校出版社2006年版，第352页。

府经济调节、市场监管、社会管理、公共服务职能的有效履行，维护正常的经济秩序。

二是为浙江全面构建社会主义和谐社会提供保障。实现社会和谐有赖于人们对法律的信仰和遵循。只有把社会生活的基本方面纳入法治的调整范围，经济、政治、文化和谐发展与社会全面进步才有切实的保障，整个社会才能成为一个和谐的社会。和谐社会本质上是法治社会，因为在推进和谐社会建设中，无论是人与社会之间的和谐关系、人与人之间的和谐关系、人与自然之间的和谐关系，还是公共权力与个人之间的和谐关系，无不必然表现为法律关系。而通过建设"法治浙江"，无疑又可以为浙江全面构建社会主义和谐社会提供重要保障：法治可以通过调节各种利益关系来维护和实现公平正义，可以为人们之间的诚信友爱创造良好的社会环境，可以为激发社会活力创造条件，可以为维护社会安定有序提供保障，可以为人与自然的和谐提供制度支撑。

三是为浙江发展社会主义民主政治、建设社会主义政治文明提供载体。2006年，浙江正站在"十一五"发展的新起点上，进入了全面建设小康社会的攻坚阶段和加快社会主义现代化建设的关键时期。这是经济发展的腾飞期、增长方式的转变期、各项改革的攻坚期、开放水平的提升期、社会结构的转型期和社会矛盾的凸显期。在这一时期，经济成分和经济利益格局多样化、社会生活多样化、社会组织形式多样化、就业岗位和就业形式多样化呈加速趋势，人民群众的民主愿望和利益诉求日益增长，对民主政治建设提出了新要求。为了发展社会主义民主，必须完善社会主义法治。建设"法治浙江"，就是在坚持中国特色社会主义民主政治方向的前提下，加快推进浙江人民民主的制度化、规范化和程序化，把人民群众的民主要求包括人的权利、人的利益、人的安全、人的自由、人的平等、人的发展等，全部纳入法治化轨道，使公民的政治参与既能够在具体的制度上得到保障，又能够在有序的轨道上逐步扩大，更好地调动人民群众的积极性和创造性，进一步巩固和发展浙江民主团结、生动活泼、安定和谐的政治局面。

四是为浙江改革和完善党的执政方式、提高党的执政能力提供新平台。2004年9月召开的党的十六届四中全会作出的《中共中央关于加强党的执政能力建设的决定》，明确提出了科学执政、民主执政、依法执政的要求。深入贯彻党的十六届四中全会精神，需要浙江把党的执政活动纳入法治轨道，依法掌权、依法用权并依法接受监督，在法治轨道上推动各项工作的开展，在治国理政的实践中贯彻党的执政宗旨。建设"法治浙江"，就是为了从地方党委的职责出发，使浙江各级党委的执政行为更好地适应我们党依法执政这一基本方式，不断提高科学执政、民主执政、依法执政的能力。

第二节 "法治浙江"的运行轨迹和实施成效

自2006年4月作出《关于建设"法治浙江"的决定》以来，浙江始终按照建设"法治浙江"的布局推进法治建设，一任接着一任干，不断沿着中国特色社会主义法治道路砥砺前行。2014年12月召开的省委第十三届六次全会审议通过的《中共浙江省委关于全面深化法治浙江建设的决定》（以下简称《关于全面深化法治浙江建设的决定》），根据"法治浙江"的实施情况，按照党的十八届四中全会作出的《中共中央关于全面推进依法治国若干重大问题的决定》的要求和精神，对全面深化浙江法治建设的总体要求、目标任务和具体举措作出了一系列部署；明确提出要在全面推进依法治国、建设中国特色社会主义法治体系、建设社会主义法治国家进程中继续走在前列。2017年6月召开的省第十四次党代会，明确提出要在提升各领域法治化水平上更进一步、更快一步，努力建设"法治浙江"。

一 "法治浙江"的运行轨迹

回顾十二年来"法治浙江"的展开和推进进程，我们可以清楚地发现其中贯穿着四条运行轨迹，即社会主义民主更加完善、社会主义法制更加完备、权力得到更加严格的制约、权利得到更加充分的保障。这四条主线既具有质的规定性和各自丰富的内涵，同时又相互联系、相互依存、相互作用，并统一于建设社会主义法治国家在浙江的实践。

第一，坚持党的领导、人民当家作主、依法治国的有机统一，让社会主义民主更加完善。

坚持党的领导、人民当家作主和依法治国的有机统一，一直是建设"法治浙江"的基本原则。时任浙江省委书记的习近平在2006年4月召开的专题研究和部署"法治浙江"的省委第十一届十次全体（扩大）会议上强调指出，在推进"法治浙江"建设中，要认真贯彻依法治国、执法为民、公平正义、服务大局、党的领导五个方面的内容，更好地体现党的领导、人民当家作主和依法治国的有机统一。[①]《关于建设"法治浙江"的决定》明确要坚持党的领导；在党的领导下发展社会主义民主、建设社会主义法治社会，实现坚持党的领导、人民当家作主、依法治国的有机统一。2014年中共浙江省委作出的《关于全面深化法治浙江建设的决定》在谈到全面深化法治浙江建设的指导思想时指出：深入贯彻习近平总书记系列重要讲话精神，坚持党的领导、人民当家作主、依法治国有机统一，坚定不移走中国特色社会主义法治道路。2017年6月召开的省第十四次党代会在部署今后五年的主要任务时也明确强调着力加强民主法治建设；要坚持党的领导、人民当家作主、依法治国有机统一，扩大社会主义民主，厉行社会主义法治，不断提高浙江法治建设水平。

第二，加强法规和规章建设，让社会主义法制更加完备。

2006年4月26日中共浙江省委作出的《关于建设"法治浙江"的决定》把"社会主义法制更加完备"写入建设"法治浙江"的总体要求中，并把"加强地方性法规和规章建设"确定为"法治浙江"建设的八大任务之一，分别从健全法规规章、完善立法机制和提高立法质量三个层面作出了具体部署，明确提出了"到2010年，努力形成与国家法律法规相配套、具有浙江特色、比较完备的地方性法规和规章"的目标要求。《关于全面深化法治浙江建设的决定》把"紧紧围绕科学立法，在健全地方法规规章方面走在前列"设定为全面深化"法治浙江"建设的六大目标之一，提出要遵循法定程序，完善立法

[①] 习近平：《干在实处　走在前列——推进浙江新发展的思考与实践》，中共中央党校出版社2006年版，第357页。

体制机制，推进科学立法、民主立法，统筹推进法规规章制定、评估、清理、修改、废止、解释等各项工作，形成更加完备的与法律、行政法规相配套，与经济社会发展要求相适应，具有浙江特色的地方法规规章体系。省第十四次党代会报告则强调要发挥人大立法主导作用，加强重点领域立法特别是社会治理立法，切实提高立法质量和效用。

第三，依法规范行政权力，让公权力得到更加有效的制约。

依法规范行政权力、全面建设法治政府，让公权力得到更加有效的制约，是建设"法治浙江"的主线之一。2006年4月25日，习近平指出：依法规范行政权力、全面建设法治政府，是建设"法治浙江"的关键所在。他强调，要深入贯彻国务院《全面推进依法行政实施纲要》，按照"职权法定、依法行政、有效监督、高效便民"要求，切实把依法行政落实到政府工作的各个环节、各个方面，努力建设法治政府。[1] 要树立职权法定的理念，使任何一项权力的行使都必须有法律的明确授权并符合法律的目的，使每一个执法环节都必须符合法律的要求，使每一个行为都不能超越法律的界限，一切违法行为都要毫无例外地受到法律的追究，做到职权由法定、有权必有责、用权受监督、违法要追究、侵权须赔偿。[2]

《关于全面深化法治浙江建设的决定》不但把"紧紧围绕严格执法，在建设法治政府方面走在前列"设定为全面深化法治浙江建设的六大目标之一，而且提出了各级政府依法全面履行职能，严格规范公正文明执法效果得到社会公认，依法行政水平明显提高，率先基本建成职能科学、权责法定、执法严明、公开公正、廉洁高效、守法诚信的法治政府的具体目标要求。省第十四次党代会报告也强调指出，要全面推进依法行政，坚持严格规范公正文明执法，加强行政执法监督和问责机制建设。

第四，尊重人民群众的政治、经济、文化权益，让人民权益得到

---

[1] 习近平：《干在实处　走在前列——推进浙江新发展的思考与实践》，中共中央党校出版社2006年版，第366页。

[2] 同上书，第359页。

更加充分的保障。

习近平针对"法治浙江"指出,在推进"法治浙江"建设中,要确立一切权力属于人民、来自于人民的理念,把人民当作国家的主人,把实现、维护和发展广大人民群众最根本的利益作为出发点和落脚点。[①] 为此,中共浙江省委在作出《关于建设"法治浙江"的决定》时,把"确保人民的政治、经济和文化权益得到切实尊重和保障"确定为建设"法治浙江"的八大任务之一,并围绕"扩大基层民主""完善保障公民权益的体制机制""健全权利救济和维护机制"和"切实保障人民群众生命财产安全"等四个方面作出了一系列的部署。《关于全面深化法治浙江建设的决定》则把"坚持法治为民"总结提炼为2006年以来实施"法治浙江"建设的主要经验,把"坚持人民主体地位"设定为全面深化"法治浙江"建设必须坚持的五条基本原则之一,并明确提出要维护人民群众合法权益,按照保障人民基本文化权益的要求、加强文化领域立法,保障人民群众参与司法,健全人民群众申请公开政府信息限期答复制度等。省第十四次党代会报告在表达"在提升各领域法治化水平上更进一步、更快一步,努力建设'法治浙江'"这一目标要求时,明确提出让人民群众的合法权益得到切实保护,并提出了保障人民安居乐业、在国家政治生活和社会生活中落实人民当家作主、让人民群众在每一个司法案件中都感受到公平正义等。

二 "法治浙江"的实施成效

2006年来,浙江历届省委坚持贯彻习近平提出的"法治浙江"决策,坚持将其作为一项重大任务,探索构建了党委统一领导,人大、政府、政协分口负责,逐级逐层抓落实的法治建设工作体制机制;在不断发展党内民主,有效开展党内法规制度体系建设的同时,积极运用法治思维和法治方式深化改革、推动发展、化解矛盾、维护稳定;浙江经济、政治、文化、社会和生态文明建设各个领域的法治

---

① 习近平:《干在实处 走在前列——推进浙江新发展的思考与实践》,中共中央党校出版社2006年版,第357页。

化水平得到了显著提升，成为全国公认的法治化程度最高的省份之一。

（一）中国特色社会主义民主政治不断发展，政治文明建设不断推进

历届浙江省委发挥总揽全局、协调各方的领导核心作用，在坚持和完善基层群众自治制度的同时，坚持和完善人民代表大会制度，坚持和完善中国共产党领导的多党合作和政治协商制度，大力发展中国特色社会主义民主政治，着力推进政治文明建设。

人民代表大会制度得到切实加强。十二年来，全省进一步加强和完善了党对人大工作的领导，支持和保证省和有地方立法权的市县人大及其常委会行使地方立法权，支持和保证各级人大及其常委会依法行使监督权、重大事项决定权和选举任免权。2009年6月省委出台的《关于加强和改进新形势下人大工作的意见》，从制度上保障了人大职能作用的发挥。2014年12月省委作出的《关于全面深化法治浙江建设的决定》对支持和推进人民代表大会制度与时俱进作了详细部署。省人大常委会紧紧围绕坚持党的领导、人民当家作主、依法治国有机统一的要求，通过制定地方性法规切实保障人大及其常委会依法行使四项职权。其先后于2013年7月和2016年1月两度修改《浙江省地方立法条例》，进一步保障人大及其常委会充分行使地方立法权；制定《浙江省各级人民代表大会常务委员会监督条例》和《浙江省各级人民代表大会常务委员会监督司法机关工作条例》，进一步健全人大及其常委会的监督权行使规则；制定《浙江省预算审查监督条例》，进一步健全人大及其常委会重大事项决定权的行使规则；制定《浙江省人民代表大会常务委员会任免国家机关工作人员条例》，进一步保障人事任免工作的规范化和制度化。

中国共产党领导的多党合作和政治协商制度更加完善。省委2007年1月出台的《中共浙江省委关于贯彻〈中共中央关于加强人民政协工作的意见〉的实施意见》，进一步把坚持与完善多党合作和政治协商制度纳入重要议事日程。2009年7月省委出台的《中共浙江省委关于加强和完善人民政协政治协商促进科学民主决策的意见》，明确了政治协商的原则，细化了政治协商的内容，丰富了政治协商的形式，完善了政治协商的程序，明晰了协商主体的责任，是全国第一个省级党委制定的专门规范政协政治协商工作的制度性文件。2013年11月省委出台的《中共浙江省委关于加强人民政协民主监督的意见》，从制度机制层面对政协政治协商加以规范，增强了政治协商制度的可操作性和执行力。历届省政协坚决贯彻落实中共中央和省委各项决策部署，坚持团结和民主两大主题，认真履行政治协商、民主监督、参政议政职能，不断推进中国共产党领导的多党合作和政治协商制度在浙江的坚持和完善。

（二）地方立法不断加强，法治之基逐渐夯实

地方立法工作体制机制建设的不断加强，确保了宪法、法律、行政法规和国家大政方针在浙江的有效贯彻落实，最大限度地自主解决了应当由地方性法规或地方政府规章解决的各种问题。

法规规章不断健全。2006年以来，省人大及其常委会和省政府新制定、修订和废止了大量地方性法规和政府规章。其中，省人大及其常委会新制定地方性法规96件，制定法规性决定10件，批准设区的市人大及其常委会和景宁畲族自治县人大报批的法规、单行条例194件，省政府新制定政府规章121件。[①] 这些地方立法项目，涵盖了浙江经济、政治、文化、社会和生态文明建设等各个领域，为推进全面建成小康社会和社会主义现代化浙江建设提供了坚实的法制保障。

立法工作机制不断完善。顺应浙江全面工业化、信息化、城市化、市场化、国际化的需要，不断深化对立法质量及其实现途径的认识。在实施立法草案出台前评估、立法后评估、法规或规章项目公开征集、全面推行法规草案起草小组制度等创新举措的同时，通过立法计划编制工作机制建设、专家参与立法工作机制建设、立法协调机制建设，进一步提升了立法科学化水平。通过在立法公开和立法听证两个层面的一系列探索，进一步提升了立法民主化水平。通过制定出台《浙江省人大常

[①] 对于地方性法规、政府规章的数据统计，实务部门的统计口径有多种。如对于一个内含修改三件地方性法规、政府规章的决定或政府令，有时按修改三件地方性法规或政府规章进行陈述和统计，有时则简单地将其视为一件地方性法规或政府规章。本书按照实际修改或者废止的地方性法规或政府规章件数进行统计。有关2006年以来浙江地方立法的详细情况，可参见本书第三章。

委会立法工作程序》《关于完善科学立法 民主立法工作机制的若干意见》《地方性法规规章草案公开征求意见工作规定》《浙江省人民政府地方性法规案和规章制定办法》，以及修改完善原有的地方性法规和政府规章制定、修改规则，进一步提升了立法规范化水平。

（三）依法行政不断推进，法治政府建设成效显著

围绕全面转变政府职能、规范行政权力运行和强化行政权力制约监督三条主线，不断推进依法行政，法治政府建设取得了显著成效。

在转变政府职能方面，坚持政企分开、政资分开、政事分开、政社分开，简政放权、放管结合、优化服务。通过率先启动行政审批制度改革、精简审批事项，推行强县扩权改革、调整审批权行使主体，推进相对集中行政许可权改革、优化行政审批机制，基本理顺了政府与市场、政府与社会的关系。通过率先推行权力清单、细化法定职权，率先推行责任清单、落实责任追究，较早推出负面清单、划定行为边界，努力实现政府职权的具象化。目前，浙江已成为审批事项最少、办事效率最高、投资环境最优、群众和企业获得感最强的省份之一。

在规范行政权力运行方面，通过制定出台《浙江省重大行政决策程序规定》，建立和完善行政决策规则与程序，落实《浙江省行政规范性文件管理办法》，加强对行政决策的合法性审查，实现全省市县乡三级政府法律顾问全覆盖并建立法律顾问参与决策机制，进一步健全了重大行政决策机制建设，推进了行政决策的科学化、民主化、法治化。通过围绕优化城市执法体制开展相对集中行政处罚权改革、基于全方位整合行政执法权推行综合行政执法改革，以及开展中心镇行政执法体制改革、农业行政执法体制改革、文化行政执法体制改革等一系列行政执法体制改革，在行政执法主体的结构体系、职能配置、权限划分等方面作了一系列探索实践，加快了权责统一、权威高效的行政执法体制的建设进程。通过实行行政执法主体资格和人员资格制度、加强行政执法主体管理，构建行政执法行为规范、完善行政执法过程管理，建立健全行政执法责任制、完善行政责任追究机制，有效推进了行政执法行为规范化建设，较好地坚持了严格公正文明执法。

在强化对行政权力制约监督方面，通过优化行政规范性文件的清

理机制、实行"三统一"(统一登记、统一编号、统一发布)以规范行政规范性文件的发文机制、加强行政规范性文件的备案审查工作，加强了行政规范行为文件合法性的管控，逐步建立和完善了动态、高效的行政规范性文件管理机制。通过率先设立行政复议局、构建新型行政复议体制、推进行政复议规范化，充分发挥了行政复议的层级监督功能。通过制定出台《浙江省政府信息公开暂行办法》《浙江省基层政务公开标准化规范化试点工作实施方案》和《浙江省全面推进政务公开工作实施细则》，建立健全了政务公开制度体系，推进了基层政务公开标准化建设，加强了对政务公开工作的统筹谋划。

特别是通过启动"最多跑一次"改革，以群众和企业到政府办事"最多跑一次"为理念和目标，以人民为中心集成政府自身改革目标，以"一窗受理"集成政府机构工作平台，以数据共享驱动政府机构工作方式调整，以标准化为基础集成政府机构工作机制创新，有效引导政府部门及其工作人员从传统走向智能、从粗放走向精细、从各自为政走向系统集成。从而打开了新时代不断推进依法行政、全面建设法治政府的新天地，为基本建成职能科学、权责法定、执法严明、公开公正、廉洁高效、守法诚信的法治政府奠定了良好基础。

（四）司法职能不断完善，保障了社会公平和正义

以司法理念的及时更新和全面深化改革为内生动力，锐意改革创新，先后推出"三项承诺""八项司法"和"三大机制"建设等一系列创新举措，积极稳妥地推进各项司法改革，切实提高司法能力和公信力，各项工作不断取得新突破。

2006年1月，省高级人民法院向全省人民作出了三项承诺：努力做到不使有诉求的群众因经济困难打不起官司，不使有理有据的当事人因没有关系打不赢官司，不使胜诉当事人的合法权益因执行不力、不公得不到保护。[①] 以此为主线，全省法院不断增强司法为民宗旨意识，不断丰富司法便民措施，极大地促进了法院职能的充分发挥。

2009年1月，省高级人民法院向全省人民作出了抓好"八项司

---

① 应勇：《浙江省高级人民法院工作报告（摘要）——2006年1月18日在浙江省第十届人民代表大会第四次会议上》，《浙江日报》2006年1月26日。

法"、服务科学发展的承诺。① 全省法院高度关注经济、社会形势反映到司法层面的变化发展态势，紧紧围绕"保增长、保民生、保稳定"的工作重心，抓好能动司法、和谐司法、民本司法和协同司法；紧紧围绕公正高效廉洁审判的工作要务，抓好规范司法、阳光司法、廉洁司法和基层司法，在实现法院自身科学发展的同时有效提升和促进了法院工作服务科学发展的能力和成效。

2016年9月，省高级人民法院制定出台了《关于建立健全"大立案、大服务、大调解"机制的指导意见》，提出要紧紧围绕努力让人民群众在每一个司法案件中感受到公平正义的目标，建立健全"大立案、大服务、大调解"机制。为此，全省法院牢固树立司法为民的根本宗旨，准确把握人民群众对诉讼服务的新需求、新变化，不断创新发展"枫桥经验"，着力优化司法资源配置，设法提升司法服务水平，实现了让案件立得进、办得出，让解决纠纷的渠道更多、效率更高、效果更好，树立了诉讼服务的浙江品牌，为浙江经济社会发展和浙江法治建设提供了优质高效的司法服务和保障。

"三项承诺""八项司法"和"三大机制"建设，体现了司法为民、公正司法，体现了人民法院以改革精神破解司法难题的决心和信心，取得了显著成效。2017年，浙江各级法院共受理各类案件171万件，办结166.8万件，收案数居全国第二位，结案量居全国第三位，法官人均结案数居全国第一位（人均314.9件），主要办案质量、效率、效果指标继续保持在全国法院前列。②

与此同时，浙江检察机关不断强化机遇意识、职责意识和前列意识，扎实工作，开拓创新，大力推进司法理念转变、工作思路创新、工作体制机制改革和办案方式方法改进，探索形成了顺应法治进程、符合浙江实际的体制和机制，依法充分履行了保障法律统一正确实施、维护公平正义的重要职责。

---

① 齐奇：《浙江省高级人民法院工作报告（摘要）——2009年1月18日在浙江省第十一届人民代表大会第二次会议上》，《浙江日报》2009年2月2日。
② 李占国：《浙江省高级人民法院工作报告——2018年1月27日在浙江省第十三届人民代表大会第一次会议上》，《浙江日报》2018年2月7日。

(五) 以人为本理念得到弘扬，人民权益不断得到尊重和保障

始终把以人为本、保障人民根本权益作为建设"法治浙江"的出发点和落脚点。立法机关始终坚持人民在中国特色社会主义事业中的主体地位，在选定立法项目和具体立法过程中，充分体现尊重劳动、尊重知识、尊重人才、尊重创造，把解决民生问题放在立法的重要位置，把切实解决广大人民群众最关心、最直接、最现实的利益问题作为立法的重要考量。人民法院始终以让人民群众在每一个司法案件中感受到公平正义为目标，努力让司法公正以看得见、摸得着、可预测的方式得以实现。检察机关始终围绕关系改革发展稳定和人民群众切身利益的重大问题，有针对性地调整工作重心，加大工作力度，改进工作方式，为经济社会发展营造良好的法治环境。行政执法机关不断加强执法体制改革和执法工作机制建设，着力提升公正文明执法的能力和水平，采取各种措施有效规制有法不依、执法不严、违法不究、多头执法、选择性执法、执法不规范、执法不透明等行为。司法行政机关不断加强对法律服务业的指导、管理和监督职能，有力地促成了以法律服务于人民目标的实现。各级政府把法律援助事业纳入各地经济和社会发展规划，进一步完善了法律援助工作体系和保障机制，不断扩大援助范围，努力做到"应援尽援"，有力地保障了人民群众的权益。

(六) 基层民主不断深化，有力促进基层治理的民主化、法治化

习近平在浙江工作期间，基层民主创新实践呈现出高度活跃的态势，涌现出了以温岭"民主恳谈"、武义村监会等为代表的在全国产生广泛影响的成功典型。基层民主的深化，有力地促进了基层治理的法治化。2003年，浙江在全国率先开展"民主法治村（社区）"创建工作，在扩大基层民主、维护社会稳定、提高基层法治化水平、增强干部群众法律意识和法律素质等方面取得了显著的成效。浙江从2007年开始开展法治市、县（市、区）工作先进单位创建活动。2011年，省委还制定出台了《关于加强"法治浙江"基层基础建设的意见》，进一步健全了法治基层基础建设长效机制。截至目前，全省共有"全国民主法治示范村（社区）"109个、省级"民主法治村（社区）"1196个。

第三节 "法治浙江"建设的理论意义和实践价值

一项好的决策，必然具有其相应的学理意义和实践价值。建设"法治浙江"的学理意义，在于以地方法治实践丰富了社会主义法治国家建设的理论内涵。浙江法治建设的实践价值，在于以地方法治实践拓宽了社会主义法治国家建设的进路。

一 "法治浙江"理论意义

2006年4月中共浙江省委作出建设"法治浙江"前后，"法治（区域）"的学理基础问题曾引起较为广泛的讨论。一种意见认为，"法治（区域）"的提法会破坏法治的统一性、消除法治的宪法基础甚至导致"法治割据"，故而与社会主义法治国家理论相悖。[①] 另一种意见则持首肯态度，认为法治国家的实现有时间上的阶段性和区域上的不平衡性。在社会经济相对发达的地区率先实现法治国家目标完全是可能的，也是必要的。[②] 时任浙江大学光华法学院院长孙笑侠教授也在中共浙江省委和省委政策研究室召开的有关建设"法治浙江"的小型研讨会上多次主张"法治（区域）"的提法与社会主义法治国家建设理论之间的兼容性，其观点后来被演绎成较有影响的"先行法治说"。[③] 承担建设"法治浙江"的基础理论研究任务的浙江省社会科学院法学研究所团队则认为："法治（区域）"的提法的学理基础

[①] 这方面的文献主要有：杨解君、赵会泽的《法治的界域：由"法治××（区划）"引发的思考》，《湖南社会科学》2004年第4期；杨解君的《法治建设中的碎片化现象及其碎片整理》，《江海学刊》2005年第4期；王振民的《迷失的"法治"》，《中国党政干部论坛》2003年第10期。

[②] 这方面的文献主要有邵建东的《德国"法治国家"理论与实践的经验及教训——兼对"法治江苏"建设的启示》，《江海学刊》2005年第1期。

[③] 有关孙笑侠教授的"先行法治说"，可参见其后来出版和发表的《先行法治化："法治浙江"三十年回顾与未来展望》（浙江大学出版社2009年版）、《局部法治的地域资源——转型期"先行法治化"现象解读》（《法学》2009年第12期）和《"先发"地区的先行法治化——以浙江省法治发展实践为例》（《学习与探索》2010年第1期）。

在于是否存在"地方法治",以及"地方法治"一词是否与既有法治理论之间具有相容性;存在"地方法治"从根本上讲是由我国的三项基本国情决定的,即单一制国家结构的特点、宪法和立法法赋予省级人大及其常委会和省政府有地方立法权、区域发展的不平衡及地区之间存在着一定的差异。①

中共浙江省委"法治浙江"的提出和实施,以在落实依法治国方略、执行国家法律方面走在各省市前列为目标,以在地方立法权限内(法治统一原则是其前提)创制和实施解决地方特殊事项的规则为旨趣。其理论创新之处,在于将法治建设理论从"国家法治"(或称"法治国")层面扩展到"地方法治"层面,丰富了社会主义法治国家建设的理论内涵,② 并以十二年来的实践成功回答了如下两个命题。

一是加强地方法治建设具有可行性和必要性。法治作为一种比较理想的社会状态和宏观的治国方略,其实现程度主要取决于市场经济、民主政治和理性文化的发展程度。其中,市场经济奠定了法治的经济基础,民主政治构成了法治的政治前提,而理性文化则为法治的实现创造了文化条件。在实现社会主义法治国家建设目标的过程中,由于各地经济发展程度、民主政治和文化建设程度差别较大,由此决定了在整个国家法治化的进程中,各个地区对于法治化的要求不同,实现法治的条件以及由此所决定的法治化的水平也各不相同。因而经济、文化比较发达的一些省份,在地方立法、行政执法、司法以及法治文化建设方面走在全国的前列,率先在某些方面达到法治国家的目标,不仅是可行的,也是必要的。

二是加强地方法治建设具有必然性。法治国家抽象理念在地方的具体落实、法治国家核心目标在地方的具体实现、法治国家治国模式在地方的具体运用以及法治国家生活方式在地方的深入体现,是建设社会主义法治国家的题中之义。然而,我国幅员辽阔,各地区之间在经济发展程度、社会管理模式乃至文化传统等方面存在着一定的差异性。这些差

---

① 陈柳裕等:《论地方法治的可能性——以"法治浙江"为例》,《浙江社会科学》2006年第2期。

② 在我国,改革开放以来法治建设历史中所谓的"法治建设",历来只限于国家法治建设,而摒弃"地方可以搞法治"之说。

异性决定了各地区在地方立法、执法、司法以及法治文化建设方面必然而且应当存在一定的自身特殊性，各地方必然会在保障法治统一性的前提下，在法治建设的各个层面呈现出一些地方独具的特色。

二 "法治浙江"建设的实践价值

自1997年9月召开的党的十五大把1996年3月召开的第八届全国人大四次会议在《中华人民共和国国民经济和社会发展"九五"计划和2010年远景目标纲要》中的"建设社会主义法制国家"表述改为"建设社会主义法治国家"，并提出"进一步扩大社会主义民主，健全社会主义法制，依法治国，建设社会主义法治国家"始，依法治国即被确立为党领导人民治理国家的基本方略，进而开启了我国社会主义民主法治建设的新阶段。

依法治国方略的科学内涵，就是广大人民群众在党的领导下，依照宪法和法律规定，通过各种途径和形式管理国家事务，管理经济文化事业，管理社会事务，保证国家各项工作都依法进行，逐步实现社会主义民主的制度化、法律化，使这种制度和法律不因领导人的改变而改变，不因领导人看法和注意力的改变而改变。对于一个省来说，要贯彻依法治国方略，核心在于通过切实加强立法、执法、普法等工作，强化运用法律手段管理经济和社会事务的能力。正是基于上述认识，在1999年3月第九届全国人大二次会议把"依法治国，建设社会主义法治国家"这一治国方略正式写入宪法修正案后的2000年年初，中共浙江省委作出了《关于进一步推进依法治省工作的决定》，省第八届人大常委会也于当年11月作出了《关于实行依法治省的决议》，以此统筹浙江的贯彻依法治国方略工作。

中共浙江省委作出的《关于进一步推进依法治省工作的决定》，确保了"十五"时期浙江经济、政治、文化和社会的发展，对浙江向着提前基本实现现代化宏伟目标大步前进产生了极其重要的作用。然而，随着时代的发展，依法治省的决策部署已经越来越不能充分承载共产党人关于实施依法治国方略的智慧结晶了。因为它既不能包容2002年11月党的十六大报告所提出的"依法治国是社会主义民主政治建设的重要内容和目标"的精神内核，也难以将2005年11月胡锦涛提出的开展社会主义法治理念教育及随后中央强调的弘扬法治精神等内容吸纳于其中；既未充分凸显对公民政治经济文化权益的切实尊重和保障，也未为有效监督制约公权力留下足够的制度创新空间；既没有充分彰显宪法和法律至上的法治原则，也难以在新形势下全面提升法治整体水平。究其缘由，大概在于在依法治省的话语体系下，法律仅仅是省、市、县、乡（镇）各级政府整治地方社会秩序的一种手段，尚不具有至高无上的地位。

区别于依法治省，作为落实依法治国方略新型载体的"法治浙江"建设，不再把法律仅仅视为实现某种目标的一种手段。在"法治浙江"的语境中，"法治"不再停留在"口号"的层面上，而是上升到了实质性的高度。同时，这里的"法治"从理念上讲，也更接近于"权利本位""权力制约""法律至上"和"正当程序"等现代法治精神。

区别于依法治省，"法治浙江"以从制度上、机制上实现坚持党的领导、人民当家作主和依法治国的有机统一为设计理念，通过把民主执政、科学执政、依法执政制度化、程序化，加强和改善党的领导，巩固党的执政地位，提高党的执政能力和执政水平，保证并推进上述有机统一，进而在加强共产党领导和执政的合法性建设的同时，进一步加强和改善党对社会主义民主法治建设的领导；通过加强和改善党对人大工作、行政机关工作、司法机关工作的领导，切实为中国共产党领导立法、保证执法和带头守法提供制度和机制保障，从而更充分地承载了党的十六大以来中央对依法治国方略所赋予的新含义。

第四节 "法治浙江"与法治中国的内在关系

2013年1月，习近平在就如何做好新形势下政法工作问题上的一个重要批示中，首次提出建设法治中国的宏伟目标。[①] 党的十八届三

[①] 陈冀平：《谈谈法治中国建设——学习习近平同志关于法治的重要论述》，《求是》2014年第1期。

中全会把"推进法治中国建设"上升为党中央的正式决定。党的十八届四中全会通过的《中共中央关于全面推进依法治国若干重大问题的决定》要求全党同志必须更加自觉地坚持依法治国、更加扎实地推进依法治国，努力实现国家各项工作法治化，向着建设法治中国不断前进，号召全党和全国各族人民积极投身全面推进依法治国伟大实践，开拓进取，扎实工作，为建设法治中国而奋斗。①

尽管"法治浙江"建设扎根于浙江的先进性、特殊性和改革开放以来浙江在法治建设方面所取得的突出成就，②但由于其核心思想高度吻合中国特色社会主义法治理论，其推进过程高度坚持了中国特色社会主义法治道路，决定了"法治浙江"与法治中国在精神上的契合性和思想上的传承性。这种契合性和传承性集中体现在以下三个方面。

一 坚持党的领导，实现党的领导、人民当家作主、依法治国的有机统一

《关于建设"法治浙江"决定》把"坚持党的领导"设定为建设"法治浙江"的基本原则，强调在党的领导下发展社会主义民主、建设社会主义法治社会，实现坚持党的领导、人民当家作主和依法治国的有机统一。对此，习近平曾强调：党的领导是社会主义法治的根本保证；法治建设绝不是要削弱党的领导，而是要从理念上更好地强化党的意识、执政意识、政权意识，从制度上、法律上保证党的执政地位，通过改善党的领导来有效地坚持党的领导、加强党的领导，通过完善党的执政方式来更有效地提高党的执政能力，保持党的先进性。所以，建设"法治浙江"，必须旗帜鲜明地坚持党的领导，在党的领导下发展社会主义民主、建设社会主义法治，把党依法执政的过程作为实现人民当家作主和实行依法治国的过程，作为巩固党的执政地位

---

① 《中共中央关于全面推进依法治国若干重大问题的决定》，人民出版社2014年版，第8、40页。

② 具体而言，浙江的先进性保障了出台建设"法治浙江"的可能性、浙江的特殊性决定了出台建设"法治浙江"的必然性、浙江改革开放三十年的法治建设成就奠定了建设"法治浙江"的实践基础。

的过程，作为建设社会主义政治文明的过程。① 在提出建设"法治浙江"前后，习近平还多次对坚持党的领导人、人民当家作主和依法治国的有机统一作出了阐述。②

党的十八大以来，习近平系统阐述了坚持党的领导与依法治国的关系，赋予了坚持党的领导、人民当家作主、依法治国三者有机统一新内涵和新意义。他多次重申建设"法治浙江"中党的领导是中国特色社会主义法治最根本的保证，在党的领导下发展社会主义民主、建设社会主义法治等观点，强调党的领导和社会主义法治是一致的，社会主义法治必须坚持党的领导，党的领导必须依靠社会主义法治。③ 并指出党的领导是人民当家作主和依法治国的根本保证，人民当家作主是社会主义民主政治的本质特征，依法治国是党领导人民治理国家的基本方式，三者统一于我国社会主义民主政治伟大实践。④ 指出党的领导是中国特色社会主义最本质的特征，并把党的领导贯彻到依法治国全过程和各方面，把坚持党的领导、人民当家作主、依法治国有机统一起来凝练为我国社会主义法治建设的一条基本经验。⑤ 可以说，从"法治浙江"到法治中国，坚持党的领导，实现党的领导、人民当家作主、依法治国的有机统一，是贯穿

---

① 习近平：《干在实处　走在前列——推进浙江新发展的思考与实践》，中共中央党校出版社2006年版，第358—359页。

② 如在2004年9月纪念浙江省人民代表大会成立50周年座谈会上，习近平指出，党的领导是实现人民当家作主的根本保证，中国共产党是中国特色社会主义事业的领导核心。共产党执政就是领导和支持人民当家作主，最广泛地动员和组织人民群众依法管理国家和社会事务，管理经济和文化事业，维护和实现人民群众的根本利益。（参见习近平《干在实处　走在前列——推进浙江新发展的思考与实践》，中共中央党校出版社2006年版，第371页。）在2004年2月浙江省人大常委会党组民主生活会上，习近平指出，人民代表大会制度是党领导人民当家作主的最好组织形式，体现了人民是国家的主人，享有行使管理国家事务的权利。（参见习近平《干在实处　走在前列——推进浙江新发展的思考与实践》，中共中央党校出版社2006年版，第373页。）

③ 《中共中央关于全面推进依法治国若干重大问题的决定》，人民出版社2014年版，第5页。

④ 习近平：《决胜全面建成小康社会 夺取新时代中国特色社会主义伟大胜利——在中国共产党第十九次全国代表大会上的报告》，人民出版社2017年版，第36页。

⑤ 《中共中央关于全面推进依法治国若干重大问题的决定》，人民出版社2014年版，第5、49页。

始终的最根本、最鲜明的主线。

二 坚持执法为民

《关于建设"法治浙江"的决定》在建设"法治浙江"的总体要求部分明确提出了"以执法为民为本质要求"。其同时又将"坚持以人为本"设定为建设"法治浙江"的基本原则，强调要坚持一切权力属于人民，以最广大人民的根本利益为出发点和落脚点，尊重和保障人权，做到执法为民。

党的十八大以来，关于执法为民和坚持以人为本的思想进一步深化和发展。十八届四中全会通过的《中共中央关于全面依法治国若干重大问题的决定》中，把坚持人民主体地位明确规定为全面推进依法治国必须坚持的一项基本原则。并指出：人民是依法治国的主体和力量源泉，人民代表大会制度是保证人民当家作主的根本政治制度。必须坚持法治建设为了人民、依靠人民、造福人民、保护人民，以保障人民根本权益为出发点和落脚点，保证人民依法享有广泛的权利和自由、承担应尽的义务，维护社会公平正义，促进共同富裕。必须保证人民在党的领导下，依照法律规定，通过各种途径和形式管理国家事务，管理经济文化事业，管理社会事务。必须使人民认识到法律既是保障自身权利的有力武器，也是必须遵守的行为规范，增强全社会学法尊法守法用法意识，使法律为人民所掌握、所遵守、所运用。[1]

三 坚持法治与德治相结合

《关于建设"法治浙江"的决定》把"坚持法治与德治相结合"作为建设"法治浙江"的基本原则，强调要坚定不移地实施依法治国的基本方略，充分发挥以德治国的重要作用，在加强社会主义法治建设的同时，进一步加强社会主义道德建设。关于该基本原则，习近平曾强调，从一定意义上说，依法治国是维护社会秩序的刚性手段，

---

[1] 《中共中央关于全面推进依法治国若干重大问题的决定》，人民出版社2014年版，第6页。

而以德治国是维护社会秩序的柔性手段,只有把二者有机地结合起来,才能有效地维护社会的和谐,保障社会健康协调地发展。所以,建设"法治浙江",必须把握法治和德治的互补性、兼容性和一致性,坚持一手抓法治建设、一手抓道德建设,把法律制裁的强制力量和道德教育的感化力量紧密地结合起来,把硬性的律令和柔性的规范有机地融合在一起,把树立社会主义法治理念和社会主义荣辱观结合起来。[1]

《中共中央关于全面推进依法治国若干重大问题的决定》将"坚持依法治国和以德治国相结合"设定为全面推进依法治国的基本原则,并强调指出国家和社会治理需要法律和道德共同发挥作用。必须坚持一手抓法治、一手抓德治,大力弘扬社会主义核心价值观,弘扬中华传统美德,培育社会公德、职业道德、家庭美德、个人品德。既重视发挥法律的规范作用,又重视发挥道德的教化作用,以法治体现道德理念、强化法律对道德建设的促进作用,以道德滋养法治精神、强化道德对法治文化的支撑作用,实现法律和道德相辅相成、法治和德治相得益彰。[2]

---

[1] 习近平:《干在实处 走在前列——推进浙江新发展的思考与实践》,中共中央党校出版社2006年版,第389页。
[2] 《中共中央关于全面推进依法治国若干重大问题的决定》,人民出版社2014年版,第7页。

第二章　发展民主政治,建设政治文明

2006年4月中共浙江省委作出的《关于建设"法治浙江"的决定》,从加强党的执政能力建设的高度,对坚持和完善人民代表大会制度、坚持和完善中国共产党领导的多党合作和政治协商制度、基层群众自治制度作出了全面、明确的部署。2006年以来,浙江中国特色社会主义民主政治建设的进程不断加快,人民代表大会制度、中国共产党领导的多党合作和政治协商制度、基层群众自治制度不断完善和发展,既为浙江经济社会健康发展源源不断地注入了活力,又确保了浙江经济社会发展的规范有序。

第一节　坚持和完善人民代表大会制度

人民代表大会制度是指依据宪法和有关法律规定,由人民按照一定的原则和程序,选举人民代表组成全国人大和地方各级人大,作为国家的权力机关,再由各级权力机关产生同级和其他国家机关,这些国家机关要向人民代表大会负责,并接受监督的一种国家政权组织形式。中共浙江省委2006年4月作出的《关于建设"法治浙江"的决定》把"坚持和完善人民代表大会制度"设定为建设"法治浙江"的八大任务之一,并分别就支持和保证人大及其常委会依法行使各项职权、充分发挥人大代表的作用、正确履行人大的监督职能和加强人大常委会制度建设提出了明确的目标要求。2014年12月中共浙江省委作出的《关于全面深化法治浙江建设的决定》则从全面提高依法执政能力和水平的高度,强调要支持和推动人民代表大会制度与时俱进。①

坚持和完善人民代表大会制度的核心在于坚持和加强党对人大工作的领导,其基本内涵在于充分保障人大及其常委会积极行使各项职权,健全和完善人大及其常委会组织制度和工作机制建设。本节先分别从浙江省人大及其常委会行使监督权、重大事项决定权和人大及其常委会组织及工作机制建设三个层面描述浙江人民代表大会制度的坚持和完善进程,② 再以省人大及其常委会的工作成效为视点,展现浙江人大及其常委会对"法治浙江"建设所作出的贡献。

一 实施法律监督和工作监督,促进依法行政公正司法

监督权是宪法和法律赋予地方各级人民代表大会及其常务委员会的一项重要职权,对促进行政、审判、检察机关依法行政、公正司法具有重要意义。按照第十届全国人大常委会第二十三次会议于2006年8月27日通过的《中华人民共和国各级人民代表大会常务委员会监督法》(以下简称《各级人民代表大会常务委员会监督法》)规定,人大及其常委会行使监督权的内容,总体上可以分为三个方面:一是对法律法规实施情况进行监督检查;二是对开展规范性文件的备案审查,上述两项合称"法律监督";三是对"一府两院"(同级政府和法院、检察院)的工作监督。现依次对2006年以来浙江省人大及其常委会的监督工作进行分述。

---

① 《关于全面深化法治浙江建设的决定》关于"支持和推动人民代表大会制度与时俱进"的相关内容是:坚持和完善人民代表大会制度,推动人大工作理论与实践创新。健全党委领导人大工作制度,支持和保障人大及其常委会依法行使立法、监督、决定、任免等职权。加强党委对人大选举工作的领导。推进全省各级人大"两个联系、一个发挥"工作,深化代表联络站和代表履职平台建设。加强议案和建议处理工作。加强各级人大及其常委会自身建设,优化代表、常委会组成人员和专门委员会组成人员结构,提高专职委员比例。加强对乡镇人大工作的指导。

② 按照现行宪法规定,省级地方人大及其常委会共计有地方立法权、监督权、人事任免权和重大事项决定权等四项职权,鉴于本书专设第三章"加强地方立法,夯实法治之基",而人事任免权又多涉及保密事宜,所以本节着重就监督权和重大事项决定权两个层面来介绍浙江省人大及其常委会行使职权的基本状况。

(一) 对法律法规实施情况进行监督检查

浙江是在全国率先开展执法检查工作的省份之一,早在 1987 年,浙江省人大常委会就在全省范围内首次开展了以宪法为核心的执法检查活动。《各级人民代表大会常务委员会监督法》第 22 条把对法律法规实施情况进行监督检查作出明确规定以后,浙江省人大及其常委会的执法检查工作更是趋于常态化和规范化,每年均选择若干关涉改革发展稳定大局和群众切身利益、社会普遍关注的重大问题,有计划地组织开展执法检查。[①]

2006 年 4—7 月,浙江省人大常委会以危险化学品安全管理和道路交通安全为重点,对安全生产法律法规执行情况进行了检查。本次执法检查,省人大常委会听取和审议了省政府关于安全生产执法工作的报告,提出了审议意见,同时还把这次执法检查与制定安全生产条例、实施道路交通安全法办法结合起来。本次执法检查推动了浙江安全生产工作,加强了安全生产法制建设。

2007 年,浙江省人大常委会委托教科文卫委员会对人口与计划生育法律法规执行情况进行了检查,并就不断增强各级领导和全社会的计划生育国策意识与法治意识、严格执法、坚持依法管理、健全工作机制等提出了建议。同时委托民族华侨委员会对少数民族权益保障法律法规执行情况进行了检查,并就依法保障少数民族合法权益、尊重少数民族的风俗习惯和宗教信仰、重视对散居和流动少数民族人口的管理等提出了意见。

省第十一届人大常委会期间,省人大常委会共计对二十余部法律法规的执行情况进行了执法检查。其中,2008 年 3—4 月,常委会委托内务司法委员会就《中华人民共和国村民委员会组织法》及相关法规实施情况进行了监督检查,同时委托杭州、温州、湖州、嘉兴、绍兴、衢州、舟山市人大常委会进行自查,并报送检查报告,5 月,常委会听取和审议了省民政厅受省政府委托所作的关于《中华人民共

[①] 下文根据浙江省人大常委会 2006—2018 年在浙江省人代会上的工作报告,参酌作者任执行主编的《浙江蓝皮书》系列法治卷中的"法律监督"部分,以及《浙江日报》的相关报道整理而成。

和国村民委员会组织法》及相关法规执行情况的报告。2009年，浙江省人大常委会分别组织开展了全省贯彻实施《浙江省促进中小企业发展条例》情况执法检查（2009年1—3月）、文化遗产保护法律法规执行情况执法检查（2009年3—4月）、《中华人民共和国农业法》《中华人民共和国农业技术推广法》和《中华人民共和国农民专业合作社法》等相关法律法规执行情况执法检查（2009年4—8月）。2010年4—7月，浙江省人大常委会在全省范围组织开展了《中华人民共和国水污染防治法》及《浙江省水污染防治条例》执行情况执法检查，并委托内务司法委员会对2008年以来《中华人民共和国道路交通安全法》和《浙江省实施〈中华人民共和国道路交通安全法〉办法》的执行情况进行了执法检查。2011年5—6月，浙江省人大常委会委托内务司法委员会组织开展了《中华人民共和国老年人权益保障法》贯彻实施情况的执法检查。2012年，浙江省人大常委会组织开展了"食品安全一法两规"执法检查，对《中华人民共和国食品安全法》《中华人民共和国食品安全法实施条例》和《浙江省实施〈中华人民共和国食品安全法〉办法》的执行情况进行了执法检查。

省第十二届人大常委会期间，省人大常委会组织开展了近三十部法律法规的执法检查。其中，2013年，为了配合中共浙江省委实施治水治堵治污、"三改一拆"等中心工作，围绕饮用水水源地规划建设、环境综合整治、保护能力建设及农村饮用水水源地保护等问题开展了相关法律法规执行情况的监督检查。同时还对贯彻实施《中华人民共和国气象法》《气象灾害防御条例》和《浙江省气象条例》进行了执法检查。2013年和2014年，浙江省人大常委会在2012年全省开展食品安全执法检查的基础上，继续通过全省联动，分别组织省、市、县三级人大对审议意见落实情况进行跟踪检查，开展食品安全执法检查"回头看"，进一步督促政府完善责任体系，健全监管机制，努力保障人民群众"舌尖上的安全"。

2015年，浙江省人大常委会高规格地启动了对《中华人民共和国职业教育法》执行情况的执法检查，时任省委书记、省人大常委会主任夏宝龙同志担任执法检查组组长，率队开展实地检查，督促法律全面执行，依法发展现代职业教育，提升全省人力资源整体素质，强调要推动现代职业教育与经济社会发展有机融合,变"人口红利"为"人才红利"。2016年,浙江省人大常委会围绕中共浙江省委打好"五水共治"攻坚战的部署,对《中华人民共和国大气污染防治法》执行情况进行了执法检查,根据执法检查情况于2017年11月作出了《浙江省人民代表大会常务委员会关于大气污染物和水污染物适用税额的决定》,以综合推进治水治气工作,促进环境质量持续改善。2017年,浙江省人大常委会就动物防疫法律法规执行情况开展检查,督促省政府及有关部门完善基层动物防疫体系,提高执法能力水平,强化疫病防控制度建设,促进了畜牧业转型升级。

浙江省人大常委会2006年以来开展的法律法规实施情况监督检查,一般都采取全省统一部署、省市县三级人大上下配合联动的方式;紧扣当年度中共浙江省委中心工作,注重与地方立法的结合;针对执法检查中发现的问题,适时修改相关的地方性法规,注重监督实效;从浙江经济社会发展的实际出发,视情况连续几年进行跟踪执法检查,期间又不断创新执法检查的工作方式方法。[①] 经过浙江省人大常委会的实践、探索和总结,执法检查作为法律监督的重要方式得到不断改进,选题、组织、检查、整改、督查等各个环节的工作逐步规范,为保证宪法、法律、行政法规及地方性法规在全省的贯彻实施起到了积极作用。

(二) 开展规范性文件的备案审查

2001年5月,浙江省人大常委会根据2000年3月第九届全国人民代表大会第三次会议通过的《中华人民共和国立法法》对行政法规、地方性法规、自治条例和单行条例、政府规章等规范性文件实行备案审查制度作出的规定(第89条),制定出台了《政府规章备案审查工作程序》,对省政府和杭州、宁波两市政府规章报送备案的时间、格式以及审查的程序、标准等内容作出进一步细化的规定,启动了对浙江政府规章的备案审查工作。

2006年8月全国人大常委会制定出台《中华人民共和国各级人民

[①] 如浙江省第十一届人大常委会在执法检查中开展了满意度测评和专题询问,加强对农业、水污染防治等执法检查审议意见的跟踪落实,推进监督工作。

代表大会常务委员会监督法》以后，省第十届人大常委会在修改完善2001年5月制定的《政府规章备案审查工作程序》的同时，于2007年11月通过了《浙江省各级人民代表大会常务委员会规范性文件备案审查规定》，对列入备案审查的规范性文件的范围、接收登记机构和具体审查机构、备案审查的标准、主动审查和被动审查程序、审查中与政府的沟通等具体事项作出了具体的、可操作的规定。由此构建完成了浙江省人大常委会贯彻落实《中华人民共和国立法法》《中华人民共和国各级人民代表大会常务委员会监督法》有关规范性文件（包括规章和其他行政规范性文件）的备案审查规定的制度体系。

2006年以来，浙江省第十届人大常委会在总结以往对报备规章进行被动审查的工作基础上，启动了对报备的政府规章的主动审查工作。经审查，发现《浙江省种畜禽管理办法》《浙江省雷电灾害防御和应急办法》《浙江省高速公路运行管理办法》等三件省政府规章的个别条款与上位法存在抵触情形，即责成规章制定机关作出相应的修改或予以废止。[1] 第十一届人大常委会共审查了政府规章141件，并督促省政府及时对所存在的问题予以纠正。[2] 省第十二届人大常委会共接收各个制定机关报送备案的政府规章和其他行政规范性文件616件，其中，政府规章44件，省政府及其办公厅的规范性文件451件，设区的市政府规章77件，提出了相关意见，督促制定机关及时纠正7件。[3]

近年来，浙江省人大常委会按照"规范性文件在哪里、备案审查工作就要跟到哪里，实现备案审查全覆盖"的要求，扎实推进规范性文件备案审查工作。一是于2017年6月建成并运行规范性文件备案审查系统，该系统的建成和运行，统一了全省备案审查工作程序，落实了备案审查工作的责任和要求，提升了备案审查工作质量和效率，推动了全省备案审查工作的常态化和规范化。二是建立健全了专家参

---

[1] 参见俞国行《浙江省人民代表大会常务委员会工作报告——2008年1月18日在浙江省第十一届人民代表大会第一次会议上》，《浙江日报》2008年1月2日；陈柳裕执行主编《2008年浙江发展报告（法治卷）》，杭州出版社2008年版，第40页。
[2] 参见王永明《浙江省人民代表大会常务委员会工作报告——2013年1月27日在浙江省第十二届人民代表大会第一次会议上》，《浙江日报》2013年2月5日。
[3] 参见王辉忠《浙江省人民代表大会常务委员会工作报告——2018年1月27日在浙江省第十三届人民代表大会第一次会议上》，《浙江日报》2017年2月6日。

与工作机制。为了更好地发挥专家在备案审查工作中的作用，弥补备案审查工作力量和审查能力的不足，2016年12月，浙江省人大常委会法制工作委员会组建了精干的规范性文件备案审查专家组，同时制定了《专家参与规范性文件备案审查工作规则》，进一步强化专家参与备案审查工作的力度，提升审查工作质量。三是建立健全了备案审查衔接联动机制。2016年，在中共浙江省委办公厅牵头组织下，全省进一步健全了法规、规章和规范性文件备案审查衔接联动机制，在备案审查工作通报、审查意见沟通、培训研讨等方面，建立了更加规范的衔接联动工作制度。四是对备案审查工作作出了不少有益探索，如，2014年，根据党的十八届三中全会提出的"税收法定"要求，浙江省人大常委会组织进行了以税收优惠规定为主题的专项审查，共审查涉及税收优惠规定的省政府规章7件、省政府规范性文件22件、相关条款55处。2017年，根据所有设区的市政府都制定出台了网约出租车管理细则、多数设区的市已经制定或者正在制定电梯安全管理办法的情况，分别以其中一个市的网约出租车管理规范性文件和一个市的电梯安全管理政府规章为样本进行了重点审查，并对重点审查中发现的不适当问题，在督促有关设区的市依法纠正外，分别转送省政府法制办和各设区的市人大常委会，起到很好的提醒作用。

（三）对"一府两院"进行工作监督

浙江省人大及其常委会对同级人民政府、法院和检察院的工作监督，包括《中华人民共和国各级人民代表大会常务委员会监督法》规定的听取和审议人民政府、人民法院和人民检察院的专项工作报告，审查和批准决算，听取和审议国民经济和社会发展计划、预算的执行情况报告，听取和审议审计工作报告，询问和质询，特定问题调查和撤职案的审议和决定等。

2006年以来，浙江省人大及其常委会除每年在大会期间听取和审议浙江省人民政府、浙江省高级人民法院、浙江省人民检察院[①]的工作报告并及时就其中的若干重大问题作出决定、决议，听取和审议

---

① 为行文简洁，下文一般以"省政府"指代"浙江省人民政府"，以"省高院"指代"浙江省高级人民法院"，以"省检察院"指代"浙江省人民检察院"。

省政府关于财政总预算和省级财政决算报告,听取和审议浙江省国民经济和社会发展计划以及预算执行情况,听取和审议审计工作报告的同时,历届人大常委会还采取各种措施积极加强对司法机关的工作监督,促进了浙江审判和检察机关依法行政、公正司法。

浙江省第十届人大常委会围绕严格执法、公正司法这个主题,把带有普遍性、倾向性的问题作为监督重点,切实推进司法机关的执法工作。听取和审议了省高院、省检察院关于规范执法行为、促进执法公正专项整改情况和落实"三项承诺"、加强法律监督工作情况等报告,有关专门委员会还听取关于清理超期羁押情况的汇报,开展减刑、假释、暂予监外执行专题检查,对刑事诉讼法、法律援助条例执行情况开展视察和检查。[①]

省第十一届人大常委会紧扣司法公正这个主题,以完善司法机关内部监督制约机制为重点,采取多种形式,切实增强司法监督实效。一是监督权与重大事项决定权相结合。在全面了解全省审判、检察工作情况的基础上,听取和审议民事执行、侦查监督、刑事诉讼法律监督三个报告,作出关于加强全省法院民事执行工作、检察机关法律监督工作两个决定。二是审议司法机关和行政机关专项工作报告相结合。在听取和审议省高院关于知识产权审判、行政审判工作情况报告的同时,审议省政府及其有关部门关于加强知识产权保护、贯彻行政复议法和行政诉讼法情况的报告。三是初次监督与跟踪监督相结合。省人大常委会2010年作出《关于加强检察机关法律监督工作的决定》,2011年开展该决定贯彻落实情况的监督,2012年又开展跟踪督查,着力推进长效机制建设,并就公、检、法、司四机关贯彻落实决定的情况进行满意度测评。[②]

省第十二届人大常委会坚持以人民为中心的发展思想,把满足人民日益增长的美好生活需要作为人大监督的出发点和落脚点。其2013年听取和审议了省人大内司委、省公检法司关于刑事诉讼法贯

---

① 参见俞国行《浙江省人民代表大会常务委员会工作报告——2008年1月18日在浙江省第十一届人民代表大会第一次会议上》,《浙江日报》2008年1月2日。
② 参见王永明《浙江省人民代表大会常务委员会工作报告——2013年1月27日在浙江省第十二届人民代表大会第一次会议上》,《浙江日报》2013年2月5日。

彻实施情况的报告，督促全省各级司法机关切实贯彻刑诉法，进一步端正执法理念，正确把握保障人权与打击犯罪、程序与实体、职权与责任的关系，切实提高执法和司法水平。当年，浙江省人大常委会还加强了对重大司法问题的关注和监督，主任会议听取了"两张叔侄强奸案""萧山五青年抢劫杀人案"等错案处理情况的报告，要求司法机关总结经验教训、举一反三，提高办案质量，维护司法公信力。2014年，浙江省人大常委会围绕健全司法权力运行制约和监督机制、推进规范执法公正司法，听取和审议了省公、检、法、司四机关专项工作报告，并首次举行了司法专题询问会，省人大常委会组成人员围绕规范执法公正司法制度建设、队伍建设、法律监督、刑罚执行等热点问题进行了面对面的询问，省法院、省检察院、省公安厅和省司法厅主要负责同志就破解执行难、防止"人情案关系案"和冤假错案、加强队伍建设等进行了务实回答。2015年，浙江省人大常委会开展了行政诉讼法实施情况专题调研，推动修改后行政诉讼法的实施。2015—2017年，浙江省人大常委会连续三年采取省市县三级人大联动的方式，组织开展公检法司机关工作人员依法履职、公正司（执）法、防范冤假错案专项监督，集中听取和审议了公检法司机关整改情况报告，进行了群众满意度测评，组织了专题询问，并听取了有关专门委员会的跟踪监督报告，两度提出后续整改意见，督促与支持四机关公正规范高效履职，守护社会公平正义的底线，联动推进执法司法领域普遍性突出性问题解决。①

2006年以来，浙江省人大常委会在对司法机关的工作监督过程中，注重正确处理依法监督与独立行使审判权、检察权的关系，注重督促支持司法机关完善内部制约机制。浙江省高院和浙江省检察院对于浙江省人大常委会在司法监督活动中提出的意见建议高度重视，并及时积极采取有效措施，对检查和审议中提出的问题认真进行整改。历次司法监督活动都对促进依法文明办案和公正执法起到了重要作用。

---

① 以上根据2014—2018年浙江省人大常委会在省人代会上所作的工作报告，并参酌《浙江日报》的相关报道整理而成。

二 积极行使重大事项决定权,推进决策科学化民主化

依法讨论、决定本行政区域内的经济、教育、科学、文化、卫生、环境和资源保护、民生、民族等重大事项,是省人大及其常委会的一项重要职权,是人民依法管理国家事务的重要途径。第六届全国人大常委会第十八次会议于1986年12月2日修正通过的《中华人民共和国地方各级人民代表大会和地方各级人民政府组织法》,赋予了省级人大常委会这一职权。2001年11月,省第九届人大常委会第二十九次会议通过的《浙江省各级人民代表大会常务委员会讨论决定重大事项的决定》,对讨论、决定本行政区域的政治、经济、教育、科学、文化、卫生、环境和资源保护、民政、民族等工作的重大事项进行了制度设计,从地方性法规层面保障各级人大常委会依法行使讨论、决定重大事项的职权。特别是2006年以来,历届浙江省人大常委会均高度重视重大事项决定权,为推进省委、省政府中的决策的科学化、民主化作出了应有的贡献。[①]

(一) 2006年以来行使重大事项决定权的基本情况

浙江省第十届人大常委会在行使重大事项决定权的过程中作出了《浙江省人民代表大会常务委员会关于批准2006年省级财政决算的决议》《浙江省人民代表大会常务委员会关于批准调整〈浙江省国民经济和社会发展第十一个五年规划纲要〉部分约束性指标的决定》和《关于建设"法治浙江"的决议》等决议决定共计 项。

省第十一届人大常委会在行使重大事项决定权过程中,作出了《关于保障和促进义乌市国际贸易综合改革试点工作的决定》《关于设立浙江生态日的决议》《关于加强全省法院民事执行工作的决定》《关于加强检察机关法律监督工作的决定》等决议决定共计26项。

省第十二届人大常委会在行使重大事项决定权过程中,共计作出决议决定42项。其中若干决议决定特别是法规性决定对省委、省政府重大决策的科学化和民主化,以及建设"法治浙江"的推进产生

[①] 下文根据2006—2018年浙江省人大常委会在省人代会上所作的工作报告,并参酌《浙江日报》的相关报道整理而成。

了重大积极意义。如，2013年12月，浙江省人大常委会根据《中共中央关于全面深化改革若干重大问题的决定》和《中共浙江省委关于认真学习贯彻党的十八届三中全会精神全面深化改革再创体制机制新优势的决定》精神，依法作出了法规性决定《关于促进全面深化改革再创体制机制新优势的决定》，动员全省人民积极响应省委号召，支持改革、参与改革、投身改革，进一步明确了各级"一府两院"推进深化改革的责任，强化人大依法监督改革创新的职责，推动浙江建立保障改革创新、宽容失败、允许试错的机制，为浙江全面深化改革提供法治保障。再如，2014年7月，浙江省人大常委会为了积极推进建设"美丽中国"在浙江的实践，按照中共浙江省委作出的《关于建设美丽浙江创造美好生活的决定》精神，出台了法规性决定《关于保障和促进建设美丽浙江创造美好生活的决定》，为省委作出的建设"美丽浙江"、创造美好生活重大决策提供了强有力的法制保障。

（二）浙江省人大及其常委会行使重大事项决定权的基本特点

在行使重大事项决定权方面，浙江省人大常委会除了坚持把依法行使决定权与推进国家战略举措的实施相结合，与省委重大决策部署的落实相结合，与监督、代表等重要工作相结合，进而有力地促进了决策的科学化、民主化的同时，还注意不断进行探索创新。

省第十二届人大常委会在2017年3月开始，在市、县、乡三级全面推广民生实事项目人大代表票决制。① 截至2017年年底，全省已有七个设区市、一半以上的县（市、区）和乡镇开展这项制度。政府民生实事项目代表票决制让为民办实事工程由政府单方推进变为人大代表票决，充分体现了由"为民作主"到"由民作主"和"还权于民"的深刻转变。这项工作的开展，既进一步推动了决策的民主化、科学化、法治化，也有力促进了一大批民生实事项目的实施；既更好地发挥了人

---

① 民生实事项目人大代表票决制，是指政府在广泛征求人大代表和人民群众意见建议基础上提出民生实事候选项目，经同级人大代表在人民代表大会全体会议上，以投票表决方式选择决定正式项目，交由政府组织实施，并接受人大代表和人民群众监督的制度。该项制度最早由浙江宁海县的乡镇人大于2008年进行探索实践，2016年7月被浙江省人大常委会写入地方性法规《浙江省乡镇人民代表大会工作条例》中，是浙江基层人大的一项实践创新。

民代表大会制度的优势与作用,也极大地激发了人大代表的主体意识和履职活力。

三 不断健全和完善人大及其常委会组织和工作机制

人大及其常委会的自身建设是人大及其常委会依法履行职责,发挥人民代表大会制度优越性的重要保证,直接关系到人民当家作主的实现。改革开放以来特别是2006年以来,浙江省历届人大及其常委会通过制定出台政权建设类地方性法规,加强省人大常委会履行职责过程中各环节的工作机制建设,不断健全和完善人大及其常委会的组织和工作机制。

(一) 加强人大及其常委会自身建设的基本情况

浙江省第十届人大常委会为了保障人大代表依法行使提出议案的权利,做好代表议案工作,发挥代表作用,制定了《浙江省人民代表大会代表议案处理办法》。为了进一步规范县、乡两级人大代表的选举工作,修改完善了《浙江省县、乡两级人民代表大会代表选举实施细则》[①]。同时,浙江省人大常委会还制定和完善了常委会组成人员守则、代表大会会议、常委会会议、主任会议工作程序等十多项制度,完善会议程序,严格会议制度,提高议决效率和水平。

省第十一届人大常委会期间,制定了《浙江省各级人民代表大会常务委员会监督条例》和《浙江省各级人民代表大会常务委员会监督司法机关工作条例》。五年间,省人大常委会还修改了《浙江省县、乡两级人民代表大会代表选举实施细则》和《浙江省实施〈中华人民共和国全国人民代表大会和地方各级人民代表大会代表法〉办法》两件地方性法规,[②] 制定出台了《关于在省直单位组建省人大代表专业小组的意见》《关于省人大常委会组成人员联系代表的意见》

[①] 《浙江省县、乡两级人民代表大会代表选举实施细则》由浙江省第六届人大常委会第五次会议制定于1984年2月,历经1987年1月、1995年8月和2002年6月三次修改。在2006年第四次修改后的12年间,又历经了2010年12月和2016年5月两次修改。

[②] 《浙江省实施〈中华人民共和国全国人民代表大会和地方各级人民代表大会代表法〉办法》由浙江省第八届人大常委会第八次会议1994年1月通过,曾于2001年11月修改过一次,2016年5月浙江省第十二届人大常委会第二十九次会议又修改了一次。

《浙江省人民代表大会常务委员会联系省人民代表大会代表办法》《浙江省人民代表大会代表联系原选举单位和人民群众办法》《浙江省人大常委会监督工作程序》和《浙江省人民代表大会代表建议、批评和意见重点督办工作的若干规定》等制度规定，进一步完善了人大常委会的工作机制。

省第十二届人大常委会期间，为了加强乡镇人民代表大会的工作和建设，省人大常委会制定通过了《浙江省乡镇人民代表大会工作条例》，进一步完善了乡镇人民代表大会制度。为了加强对预算的审查监督，省人大常委会制定出台了《浙江省预算审查监督条例》。为了进一步保障省人大常委会依法行使人事任免权，还修改完善了《浙江省县、乡两级人民代表大会代表选举实施细则》《浙江省实施〈中华人民共和国全国人民代表大会和地方各级人民代表大会代表法〉办法》，以及1999年12月省第九届人大常委会第十七次会议通过的《浙江省人民代表大会常务委员会任免国家机关工作人员条例》，改进了人事任免工作程序，完善了任前法律知识考试制度，建立了任命书颁发仪式制度。五年间，省人大常委会还制定了提高立法质量、增强监督实效、发挥代表作用、完善建议议案办理、改进会议组织形式、优化调查研究等方面的几十项制度规定。

2006年以来，省人民代表大会在地方性法规制定层面，还于2013年、2016年先后两次对2001年2月制定的《浙江省地方立法条例》进行了修改完善。

（二）健全和完善人大及其常委会组织和工作机制的基本特点

注重通过地方性法规的制定和修改加强省级以下地方各级人大及其常委会组织建设和工作开展，是2006年以来浙江省人大及其常委会在加强大人及其常委会自身建设方面的一个显著特征。这不仅表现在2006年以来浙江省人大常委会三次对制定于1984年2月的《浙江省县、乡两级人民代表大会代表选举实施细则》，两次对制定于1994年1月的《浙江省实施〈中华人民共和国全国人民代表大会和地方各级人民代表大会代表法〉办法》作出修改，而且表现在浙江省人大常委会在制定《浙江省预算审查监督条例》时，把以往人大及其常委会对预算审查监督的制度设计仅适用于省级人大及其常委会的模式,扩大到县级以上人民代表大会常务委员会,并明确县级以上人大常委会可对审计整改实行满意度测评、专题询问、质询或者组织特定问题调查。①

四 坚持和完善人民代表大会制度的成效

改革开放以来特别是 2006 年以来,浙江坚持党的领导、人民当家作主和依法治国有机统一这个根本原则,与时俱进,开拓创新,不断健全和完善人民代表大会及其常务委员会的各项工作制度和工作机制,在实现人民当家作主、推进建设"法治浙江"中取得了积极的成效。

(一) 坚持党的领导,保证实现人民当家作主

坚持和完善人民代表大会制度,实现人民当家作主,归根结底,必须始终坚持和依靠党的领导。2006 年以来,中共浙江省委始终高度重视和大力支持省人大及其常委会的工作和建设,在历次党代会报告中均强调要坚持和完善人民代表大会制度、与时俱进推进人民代表大会制度的生动实践、支持和保障人大代表依法履行职责,推进了全省人大常委会的组织建设和工作开展。② 浙江省人大及其常委会坚持发挥常委会党组的领导核心作用,深入贯彻党领导人大工作机制,严格执行请示报告制度,自觉将立法、监督、决定、任免、代表等各方面工作置于省委领导之下,根据省委的指示和决定依法履行职责、开展工作,把党的主张变为全省人民的行动。党从执政为民、执政兴国的高度加强领导,不仅发挥了总揽全局、协调各方的核心作用,而且

---

① 《浙江省预算审查监督条例》是对 2007 年 3 月 29 日省第十届人大常委会第三十一次会议通过的《浙江省省级预算审查监督条例》的重新制定。《浙江省省级预算审查监督条例》的适用范围仅限于省人民代表大会常务委员会履行监督预算执行、审查和批准预算调整方案及省级决算的职责,并依法撤销省人民政府关于预算、决算不适当的决定、命令。

② 参见车俊《坚定不移沿着"八八战略"指引的路子走下去,高水平谱写实现"两个一百年"奋斗目标的浙江篇章——2017 年 6 月 12 日在中国共产党浙江省第十四次代表大会上的报告》(《浙江日报》2017 年 6 月 19 日)、赵洪祝《坚持科学发展 深化创业创新 为建设物质富裕精神富有的现代化浙江而奋斗——2012 年 6 月 6 日在中国共产党浙江省第十三次代表大会上的报告》(《浙江日报》2012 年 6 月 12 日)、赵洪祝《坚持科学发展促进社会和谐 全面建设惠及全省人民的小康社会——2007 年 6 月 12 日在中国共产党浙江省第十二次代表大会上的报告》(《浙江日报》2007 年 6 月 18 日)。

使人民当家作主和民主政治建设有了根本保证。

（二）运用法治思维，推进人民当家作主的法治化进程

改革开放以来，浙江省历届人大常委会始终严格依照宪法和法律规定，认真、正确地处理人民与地方国家权力机关之间的关系，人民代表大会与常务委员会之间的关系，权力机关与行政、审判、检察机关之间的关系，以及人民代表大会及其常务委员会内部的诸关系，使人民当家作主的实践逐步走上了法治化的轨道。2006年5月25日，省人大常委会在中共浙江省委作出《关于建设"法治浙江"的决定》以后，作出了《浙江省人民代表大会常务委员会关于建设"法治浙江"的决议》，进一步明确了推进浙江民主政治建设和人大工作的新思路、新任务和新要求。十二年来，浙江省人大常委会根据建设"法治浙江"的总体部署和要求，切实加强立法工作，及时制定配套性实施性补充性法规，努力使浙江经济社会发展各个领域有法可依；切实加强法律监督，保证宪法和法律的正确实施，推进依法行政和公正司法；及时完善行使重大事项决定权的制度，推进行使重大事项决定权的程序建设；切实加强法治宣传教育，树立法治理念，弘扬法治精神，不断提高浙江各项工作的法治化水平，有效推进了人民当家作主的法治化进程。

（三）坚持开拓创新，不断丰富人民当家作主的内容和形式

改革开放以来特别是2006年以来，浙江省历届人大常委会坚持以发展人民民主为己任，高度重视保证人民当家作主的各项制度措施的落实，努力使人大工作体现人民意志、保障人民权益、激发人民创造活力。一是高度重视、充分发挥人大代表在管理国家事务中的重要作用，努力拓宽人大代表参与管理的领域，不断丰富实现形式，让人大代表有更多的知情权、参与权。如省第十二届人大常委会落实中共浙江省委关于代表联系人民群众的文件精神，健全了常委会组成人员联系代表、代表联系群众机制，建成并完善代表履职网络平台，建立代表联络站2600多个（其中网上代表联络站940多个），落实代表特别是领导干部代表进站接待人民群众制度；邀请省人大代表分专业、有重点地深度参与立法工作130多人次，参加重点执法监督检查等活

动2100多人次，①实现代表参与专门委员会活动常态化，使人民更好地通过人大代表行使管理国家和社会事务的权力。二是坚持和完善自1988年7月省第七届人大常委会首次邀请全国人大代表、省人大代表、省级群众团体负责人旁听会议的创新举措，十二年来坚持实行人大代表和公民旁听常委会会议制度。②仅在省第十二届人大常委会期间，省人大常委会就邀请了460多位③省人大代表和公民代表列席常委会会议并安排代表发表审议意见，开展网络视频直播和在线访谈，增强了人大常委会会议的民主性公开性。三是加强对市县乡人大换届选举工作的指导，落实人大组织责任，优化代表结构，完善联审把关机制，开展选举法律法规检查，充分尊重和保障人民当家作主的民主权利。④

第二节 坚持和完善中国共产党领导的多党合作和政治协商制度

中国共产党领导的多党合作和政治协商制度是我国的一项基本政治制度。⑤浙江改革开放以来，中国共产党领导的多党合作和政治协商制度不断得到坚持和完善，进而对浙江发展社会主义民主政治，建设社会主义政治文明，推进中国特色社会主义伟大事业产生了深远的影响。中共浙江省委2006年4月作出的《关于建设"法治浙江"的决定》再次明确提出要坚持和完善中国共产党领导的多党合作和政治协商制度，并分别就加强同民主党派合作共事、完善同各民主党派的

---

① 王辉忠：《浙江省人民代表大会常务委员会工作报告——2018年1月27日在浙江省第十三届人民代表大会第一次会议上》，《浙江日报》2018年2月6日。
② 公民旁听省人大常委会会议制度建立于2003年6月27日浙江省第十届人大常委会第四次会议通过的《关于建立公民旁听省人大常委会会议制度的决定》。
③ 王辉忠：《浙江省人民代表大会常务委员会工作报告——2018年1月27日在浙江省第十三届人民代表大会第一次会议上》，《浙江日报》2018年2月6日。
④ 以上根据2006年以来历届浙江省人大常委会在省人代会上的工作报告整理而成。
⑤ 中国共产党领导的多党合作和政治协商制度虽然在人民政协成立之日起就已经确立，但1989年12月制定出台的《中共中央关于坚持和完善中国共产党领导的多党合作和政治协商制度的意见》首次正式提出该制度是我国的一项基本政治制度和我国的政党制度。

政治协商，进一步完善人民政协政治协商的内容、形式和程序，积极推进人民政协的民主监督，深入开展人民政协的参政议政和加强人民政协自身建设四个方面作了部署。① 2006年以来，中国人民政治协商会议浙江省委员会（以下简称"省政协"）在中共浙江省委的领导下，坚持贯彻中国共产党同各民主党派和无党派人士长期共存、互相监督、肝胆相照、荣辱与共的方针，牢牢把握团结、民主两大主题，认真履行政治协商、民主监督、参政议政职能，不断健全和完善人民政协自身建设，彰显了中国特色社会主义协商民主的旺盛生命力，为推进法治浙江建设作出了积极贡献。

一　广泛开展多层次、多渠道的政治协商

政治协商是对国家和地方的大政方针以及政治、经济、文化和社会生活中的重要问题在决策之前进行协商和就决策执行过程中的重要问题进行协商，是人民政协的一项主要职能。2006年以来，省政协围绕省委和省政府在不同时期的中心任务，围绕全省经济、政治、文化、社会、生态建设的大政方针和人民群众关心的重大问题，以及政协工作重要任务，通过举行全体会议、常委会议、主席会议、专题协商会、专题座谈会、对口和界别协商、提案办理协商等形式，认真履行政治协商职能，逐步形成了内容宽领域、形式多层次、频次常态化的协商议政格局。现将十二年来省政协全体会议的政治协商情况分述如下。②

（一）2006—2007年全体会议政治协商情况

省政协第九届四次全体会议围绕浙江省国民经济和社会发展第十一个五年规划期间的经济社会发展情况，坚持以科学发展观统领经济社会发展全局，主要就深入实施"八八战略"，全面建设"平安浙江"、建设"法治浙江"，扎实推进社会主义新农村建设，着力推动经济社会发展切实转入科学发展轨道，努力为"十一五"发展开好局、起好步，为全面建设小康社会和提前基本实现现代化奠定坚实基

---

① 2014年12月中共浙江省委作出的《关于全面深化法治浙江建设的决定》则从全面提高依法执政能力和水平的角度，强调要坚持和完善中国共产党领导的多党合作和政治协商制度，构建程序合理、环节完整的协商民主体系。

② 下文根据2006年以来省政协所作出的历次全体会议决议整理而成。

础等重要议题，进行了协商讨论，提出了意见建议。

省政协第九届五次全体会议围绕坚持以科学发展观统领经济社会发展全局，主要就进一步构建社会主义和谐社会，全面落实"四位一体"总体布局和要求，着力推动全省经济社会又好又快发展，为继续走在全面建设小康社会和现代化建设的前列奠定坚实基础等重要议题，进行了协商讨论，提出了意见建议。

(二) 省政协第十届全体会议政治协商情况

省政协第十届一次全体会议围绕全面贯彻落实党的十七大和中共浙江省第十二次党代会的总体部署，主要就深入实施"创业富民、创新强省"总战略，着力在转变经济发展方式、实现经济社会又好又快发展上取得新成就，在保障和改善民生上取得新业绩，在增强文化软实力上取得新进展，在深化行政管理体制改革上取得新突破等重要议题，进行了协商讨论，并提出了意见建议。

省政协第十届二次全体会议围绕坚持以科学发展观为统领，主要就认真执行中央的一系列决策部署，牢牢把握"保增长、抓转型、重民生、促稳定"工作主线，努力在应对挑战上出实招，在狠抓落实上下功夫，全面实施"创业富民、创新强省"总战略，努力保持浙江经济社会平稳较快发展，以及全省经济、政治、文化、社会和生态文明建设中的重要问题等重要议题，进行了协商讨论，提出了意见建议。

省政协第十届三次全体会议围绕紧密结合浙江实际，主要就创造性贯彻落实中共中央和省委各项决策部署，深入实施"八八战略"和"创业富民、创新强省"总战略，扎实推进"全面小康六大行动计划"，坚定不移地调结构促发展，努力在贯彻落实科学发展观、加快经济发展方式转变方面走在前列，全面实现"十一五"规划目标，夺取全面建设惠及全省人民的小康社会新胜利等重要议题，进行了协商讨论，提出了意见建议。

省政协第十届四次全体会议围绕浙江国民经济和社会发展第十二个五年规划期间认真贯彻落实中共中央和省委的各项决策部署，主要就坚持以科学发展为主题，以加快转变经济发展方式为主线，以富民强省、社会和谐为根本目的，深入实施"八八战略"和"创业富民、创新强省"总战略，突出发展海洋经济、推进"四大建设"、抓好节能减排、统筹城乡和区域发展、创新社会管理、加强自主创新、深化改革开放、加强政府自身建设，着力稳增长、抓转型、控物价、惠民生、促和谐，为"十二五"时期经济社会发展开好局、起好步等重要议题，进行了协商讨论，提出了意见建议。

省政协第十届五次全体会议围绕切实按照中共中央和省委的决策部署，主要就克难攻坚，狠抓落实，确保完成经济平稳较快发展和社会和谐稳定的目标，奋力开创浙江科学发展新局面等重要议题，进行了协商讨论，提出了意见建议。

（三）省政协第十一届全体会议政治协商情况

省政协第十一届一次全体会议围绕切实按照中共中央和省委的决策部署，主要就深化改革开放、突出主题主线、坚持富民惠民，奋发有为、勤勉务实，克难攻坚、狠抓落实，奋力开创浙江科学发展新局面，以及其他浙江经济社会发展的重大问题和涉及群众切身利益的实际问题等重要议题，进行了协商讨论，提出了意见建议。

省政协第十一届二次全体会议围绕实现全面深化改革的良好开局、推动经济持续健康发展与社会和谐稳定进行协商讨论，并就切实按照中央和省委的决策部署，紧紧依靠全省人民的智慧和力量，深入实施"八八战略"，以改革统揽全局，坚持稳中求进、改中求活、转中求好，"五水共治""五措并举"，抓改革、治环境、促转型、惠民生，奋力在新一轮改革开放中抢抓新机遇、取得新突破、再创新辉煌等重要议题提出了意见建议。

省政协第十一届三次全体会议围绕全面推进依法治国，全面完成"十二五"规划，研究制定"十三五"规划等重要议题进行了协商讨论，并就深入贯彻落实中共中央和省委的决策部署，紧紧依靠全省人民的智慧和力量，坚持以"八八战略"为总纲，全面深化改革开放，大力实施创新驱动发展战略，积极参与国家重大战略实施，继续打好转型升级组合拳，促进城乡统筹发展，加大生态环境整治力度，切实增进民生福祉，加快建设法治政府，努力走出适应新常态、引领新常态的发展新路，为续写好"八八战略"这篇大文章，干好"一三五"、实现"四翻番"等省委重大决策提出了意见建议。

省政协第十届四次全体会议围绕国民经济和社会发展第十三个五年

规划期间浙江经济社会发展，并就坚定贯彻落实中共中央和中共浙江省委各项决策部署，按照"五位一体"总体布局和"四个全面"战略布局的要求，坚持以"五大发展理念"为引领，以"八八战略"为总纲，适应和引领经济发展新常态，坚定不移深化改革开放、强化创新驱动、打好转型升级系列组合拳、推动城乡区域协同发展、保障改善民生、提高发展质量效益，着力加强供给侧结构性改革，着力查找和补齐浙江各项事业发展的短板，着力深化政府自身建设，确保实现"十三五"良好开局等重大议题进行了协商讨论，提出了意见建议。

省政协第十一届五次全体会议围绕坚决贯彻落实中共中央和中共浙江省委各项决策部署，并就准确把握历史方位，坚持以"八八战略"为总纲，坚持稳中求进的工作总基调，牢固树立和贯彻落实新发展理念，坚定不移持续深入打好经济转型升级系列组合拳、全面深化改革、践行以人民为中心的发展思想、落实全面从严治党各项要求，聚焦改革、聚焦发展、聚焦民生，统筹推进"五位一体"总体布局和协调推进"四个全面"战略布局在浙江的生动实践，努力做到"秉持浙江精神，干在实处、走在前列、勇立潮头"等重要议题，进行了协商讨论，提出了意见建议。

二 持续开展民主监督的探索实践

人民政协的民主监督是我国社会主义监督体系的重要组成部分。它主要是通过对国家宪法、法律、法规的实施，对重大方针、政策的贯彻执行，以及对国家机关及其工作人员的工作提出建议和批评来实行的。改革开放以来特别是2006年以来，省政协围绕省委、省政府重要决策的落实和群众关注的热点问题，在完善民主监督机制、加大民主监督力度方面，进行了诸多积极有益的探索，特别是通过召开听证会直接听取群众意见和呼声、按年度开展专项集体民主监督活动、同主题持续开展集体民主监督活动，提高了政协民主监督的组织化程度，使民主监督工作逐步走向制度化、规范化、程序化。

（一）组织召开系列听证会

听证会是省政协在开展专项民主监督重点履职任务过程中，根据每年不同的监督主题，通过公开报名的方式邀请群众代表参加，直接听取群众意见和诉求，扩大公民有序政治参与，推进政府科学民主决策，提升政协民主监督实效的探索实践。

省政协的首次听证会是省政协民主监督组和省审批制度改革领导小组办公室联合于2002年7月就行政审批制度改革——机动车车辆年检制度改革举行的听证会，[①] 此后被长期坚持并按年度举行直至2012年。由于每次听证会的选题均紧紧围绕省委、省政府的重要决策和群众关注的热点问题，相关政府部门事后都对听证会上群众代表提出的意见建议的处理结果和整改情况进行通报反馈，所以都产生了广泛的社会影响。现将2002年以来省政协举办的历次民主监督听证会情况列表如下。

表 2-1　　　　　　　　　　省政协历次听证会情况[②]

举办时间	听证会名称	发言群众代表数
2002 年	行政审批制度改革——机动车车辆年检制度改革民主监督听证会	20
2003 年	治理医药领域乱收费和不合理收费民主监督听证会	25
2004 年	社会保障体系建设民主监督听证会	22
2005 年	生态省建设民主监督听证会	18
2006 年	建设资源节约型社会民主监督听证会	31
2007 年	发展和谐劳动关系民主监督听证会	20
2008 年	加强节能减排工作民主监督听证会	25
2009 年	"保增长、抓转型、重民生、促稳定"民主监督听证会	23
2010 年	民营经济发展环境及转型升级民主监督听证会	18
2011 年	"十二五"规划启动年有关问题民主监督听证会	19
2012 年	健全省食品安全长效管理机制民主监督听证会	21

---

① 这是全国首次就政府行政审批制度改革举行的听证会。有关该次听证会的相关情况，可参见戴学林《浙江省政协通过听证会加大民主监督力度》，《人民政协报》2002年7月13日。

② 此表根据2002年以来省政协常务委员会工作报告，并参酌《浙江日报》《人民政协报》的相关报道整理而成。

(二) 按年度开展专项集体民主监督活动

按年度开展专项集体民主监督是政协浙江省委对履行民主监督职能的一种有益探索。这种民主监督方式,是由中共浙江省委根据中心工作确定年度监督主题,省政协组织政协委员组成监督调研组,采用明察暗访、走访座谈、调研视察、委员约谈等形式开展的一项重点履职工作。

浙江是全国政协系统率先开展专项集体民主监督的省份,这项活动始于2001年,终于2012年年底,前后共计举办了12次。详见表2-2。

表2-2　　　　　省政协开展专项集体民主监督情况①

开展时间	活动名称	备注
2001年	省直机关作风建设专项集体民主监督	
2002年	深化行政审批制度改革专项集体民主监督	
2003年	制止乱收费与不合理收费专项集体民主监督	
2004年	社会保障体系建设有关问题专项集体民主监督	集中于城乡医疗保险制度建设、养老保险覆盖面、工伤保险参保等三个问题
2005年	生态省建设专项集体民主监督	集中于城乡居民饮水、农产品安全、城乡固体垃圾的处理等三个问题
2006年	建设资源节约型社会专项集体民主监督	集中于节能、节水、节地、节约林木、降低行政成本、资源循环利用等问题
2007年	发展和谐劳动关系专项集体民主监督	
2008年	加强节能减排工作专项集体民主监督	
2009年	"保增长、抓转型、重民生、促稳定"专项集体民主监督	

---

① 此表根据2001年以来省政协常务委员会工作报告,并参阅《浙江日报》《人民政协报》的相关报道整理而成。

续表

开展时间	活动名称	备注
2010 年	民营经济发展环境及转型升级专项集体民主监督	
2011 年	"十二五"规划启动年有关问题专项集体民主监督	集中于 14 个产业集聚区的规划落实、加快战略性新兴产业发展、海洋生态建设三个方面
2012 年	健全浙江省食品安全长效管理机制专项集体民主监督	

上述各年度的专项集体民主监督活动组织化程度较高。在每次活动启动前，都有较大规模的动员会暨情况介绍会，部署该次专项集体民主监督活动，并视情组建 3—7 个专题调研组。在活动展开过程中，注重政协组织的集中监督活动与委员个别监督活动的结合、集体监督建议与委员平时批评建议的结合，适时组织召开情况通报会和新闻发布会。对于专项集体民主监督活动中发现的问题，省政协都将之纳入当年度常委会的专题协商讨论议题，由省政协常委及群众代表与省政府领导和省直有关部门负责人进行双向活动交流。

在每年度的专项集体民主监督活动结束后，省政协都形成专题调研报告报送省委省政府，一般都获得省委省政府主要领导的高度肯定，进而对省委重大决策的贯彻落实起到了积极的推进作用。如 2010 年省政协在民营经济发展环境及转型升级专项集体民主监督活动结束后，形成了《优化发展环境，全力推动我省民营经济转型升级》调研总报告及《优化民营经济，发展金融环境，助推我省民营经济转型升级》《完善培养机制，优化成长环境，发挥民营企业家在经济转型升级中的积极作用》《关于浙江省财税支持民营经济转型升级的对策建议》等三个子报告，并得到了时任省委书记赵洪祝与时任省长吕祖善的肯定。

（三）同主题持续开展集体民主监督活动

围绕同主题在几年内持续开展集体民主监督活动，是政协第十一届浙江省委在总结往年按年度开展专项集体民主监督活动的经验基础上，结合浙江实际所作出的探索和创新。它更好地凸显了围绕省委省政府中心工作开展民主监督的理念，精准性更强，组织化程度更高，推动落实的效果更好，是政协第十一届浙江省委的主要民主监督形式。①

一是连续四年深化开展三级政协联动"五水共治"专项集体民主监督。2013年11月召开的中共浙江省委第十三届四次全体（扩大）会议提出，要以"五水共治"（治污水、防洪水、排涝水、保供水、抓节水）为突破口倒逼转型升级，由此吹响了浙江大规模治水行动的新号角。按照中共浙江省委的部署，"五水共治"分三个阶段实施：三年（2014—2016）：以解决突出问题、明显见效为目标；五年（2014—2018）：以基本解决问题、全面改观为目标；七年（2014—2020）：以基本不出问题、实现质变为目标。2014年以来，省政协聚焦省委省政府"五水共治"的决策部署，连续四年组织全省政协系统开展了"三级政协联动、万名委员同行、助推'五水共治'"专项集体民主监督活动。其中，2014年围绕"清三河、两覆盖、两转型"和"十百千万治水大行动"，重点就跨区域流域治水、农村水环境治理、高污染行业治理、交通相对不便的盲点死角治理等进行民主监督。2015年重点就跨区域河流共治、农村生活污水治理设施运维管理、水源地长效管治、全民参与、投融资和资金使用监管等进行民主监督。2016年重点就科学清淤治污、"河长制"落实情况经常性巡查、产业集聚区（开发区、工业园区）和农村生活污水治理设施运维管理等进行民主监督。2017年重点就建立和完善落实"五水共治"长效机制、全面剿灭劣Ⅴ类水、"河长制"全覆盖等进行民主监督。四年来，省、市、县（市、区）政协共组织11900多个监督小分队、小团组，89500多人次委员参加，6600多人次三级政协负责同志和政

---

① 政协第十一届浙江省委的另一种主要的民主监督形式是"视察监督"。本届政协省委组织委员开展了G20杭州峰会交通建设与管理和巩固成果提升城市管理水平、钱塘江流域水污染治理和加快特色小镇、舟山群岛新区、嘉善县域科学发展示范点建设等12个方面的视察监督，提出了许多建设性意见建议，推动了相关工作改进和政策完善。参见乔传秀《中国人民政治协商会议第十一届浙江省委员会常务委员会工作报告——2018年1月24日在政协第十二届浙江省委员会第一次会议上》，《浙江日报》2018年2月1日。

协委员担任"河长";查访江河湖溪 140000 多公里,实地察看小微水体 38500 多个;反映问题 36700 多个,已整改 30300 多个;提出意见建议 33400 多条,被采纳 25900 多条。①

二是连续三年跟进开展"两路两侧""四边三化"整治整改情况专项集体民主监督。2012 年 8 月,中共浙江省委办公厅和浙江省政府办公厅下发了《浙江省"四边三化"行动方案》,决定扎实开展"四边区域"(公路边、铁路边、河边、山边等区域)的洁化、绿化、美化行动。这是浙江提出的"建设美丽浙江、创造美好生活"的专项环境整治行动。2015 年,省政协启动了"两路两侧""四边三化"整治整改情况专项集体民主监督活动,当年度组织 63 名委员和有关人士分成公路和铁路两个监督组,对全省 3800 多公里高速公路、重点区域的国道省道和 2400 多公里铁路两侧的洁化、绿化、美化情况开展全方位、拉网式实地督查,梳理出问题清单汇编计 21 册,排查出公路干线、铁路沿线的问题点计 3538 个。中共浙江省委常委会会议专题听取了监督情况汇报,并专门召开省市县乡四级党政主要负责同志参加的专项整治推进会,安排省政协专题汇报监督情况和播放监督视频片,省委省政府主要领导明确要求各地逐一对标问题点限时整改到位。2016 年和 2017 年,省政协又连续两年开展整改落实情况跟踪监督,并就"四边三化"行动长效管控机制建设开展专项督察,推动了问题的有效解决。②

三是连续五年围绕全面深化改革举措落实深入开展监督。省政协在各年度均选择全面深化改革举措的若干方面进行专项集体民主监督。其中,2013 年组织开展了"城市交通拥堵惩治工程实施情况"专项集体民主监督。2015 年组织开展了"四张清单一张网"改革措施落实情况专项集体民主监督,提出的建立"四张清单"动态调整机制、拓展政务服务网功能等 23 条意见建议,被省政府制定的相关文件充分吸纳。2016 年组织开展了全面推进户籍制度改革专项集体民主监督,提出了

---

① 参见乔传秀《中国人民政治协商会议第十一届浙江省委员会常务委员会工作报告——2018 年 1 月 24 日在政协第十二届浙江省委员会第一次会议上》,《浙江日报》2018 年 2 月 1 日。

② 同上。

完善配套政策、助推改革进程加快方面的意见建议计15条。2017年按照围绕"最多跑一次"改革举措落实情况开展了专项集体民主监督，累计现场查访市、县（市、区）行政服务中心170多个，乡镇（街道）和村（社区）便民服务中心340多个，服务窗口1500多个，跟踪暗访具体审批事项370多件，随机走访企业270多家、群众1300多名，查找问题390多个，提出意见建议570多条。[①]

三　不断拓展参政议政的领域和深度

参政议政是人民政协的重要职能。它是指人民政协对政治、经济、文化和社会生活中的重要问题及人民群众普遍关心的问题，开展调查研究，反映社情民意，进行协商讨论，向党和国家机关提出意见和建议。改革开放以来特别是2006年以来，省政协围绕全省政治、经济、文化、社会、生态建设的大政方针和人民群众关心的重大问题，通过开展重大课题调研、视察考察等活动，提出建议案、提案、调研报告、视察报告，反映社情民意，开展大会发言、委员约谈，举办座谈会、研讨会、论坛等各种形式的议政会，充分发挥政协组织和政协委员履行参政议政职能的积极性，不断探索参政议政新载体，切实提高了参政议政的实效。

由于在具体实践中，参政议政始终是与政治协商、民主监督融为一体的。这里重点就2006年以来省政协组织的重大课题调研和反映社情民意情况分别介绍如下。

（一）重大课题调研情况

调查研究是人民政协履行职能的基础环节，是政协委员参政议政的重要形式。2006年以来，省政协坚持围绕中心服务大局、解放思想实事求是、把握趋势适度超前、突出重点量力而行的原则，精选调研选题，开展调查研究，努力促进调研成果转化，为中共浙江省委、省政府民主决策起到了积极的作用。[②]

---

① 参见2014—2018年省政协常委会工作报告。
② 重大课题调研包括省政协组织的重大课题调研和政协专委会组的重大课题调研两类，下文所述仅限于省政协组织的重大课题调研，数据和资料均据《浙江日报》历年来的相关报道引用整理而成。

2006年，省政协主要就"加快推进全省新农村建设""贯彻落实国务院非公经济36条，促进民营经济健康发展"两个选题组织了调研，形成的《推进我省社会主义新农村建设的若干意见建议》和《关于长三角地区"贯彻落实国务院非公经济36条促进民营经济健康发展"的调研报告》均获得了省委主要领导的高度肯定。

2007年，省政协主要就"发展和谐劳动关系""借鉴徽商、晋商以及世界著名企业发展经验，促进民营经济持续健康发展"两个选题组织了调研。调研的最终成果均获得了时任省委书记赵洪祝同志的高度肯定。

2008年开始，省政协的调研工作开始系列化，其典型表现就是聚焦浙江经济社会发展的重大问题和人民群众关注的民生问题，分别按年度组织开展"系列浙江"和"系列民生"重大课题调研。以"系列浙江"课题为例，省政协选择了"海上浙江""山上浙江""生态浙江""人文浙江""和谐浙江""创新浙江""山水浙江""智慧浙江""省外浙江"和"森林浙江"按年度进行调研，分别形成了《关于建设"海上浙江"若干问题的建议》《关于建设"山上浙江"，发展山区经济若干问题的建议书》《走"绿韵"红脉相融之路，大力推进生态浙江建设》《打造人文浙江，提升发展软实力》《适应发展形势 建设"和谐浙江"》《扬创新风帆 启转型航程》等系列调研报告，均获得了省委省政府主要领导的肯定，并被落实到各相关单位的工作中，产生了积极的参政议政效果。

（二）反映社情民意情况

反映社情民意是指政协各参加单位、各专门委员会、政协委员、各民主党派、工商联和无党派人士，围绕国家大政方针和地方的重要举措，以及经济、政治、文化、社会、生态文明建设和党的建设中的重要问题，通过政协内部适当方式向中共中央、国务院和省委、省政府及有关部门反映情况，提出意见和建议。从实践情况看，省政协历来重视汇集民意民智以促进决策的科学化。例如，2008年年初至2012年年底，省政协共编报《政协信息（专报）》925期，受理民情反映和群众来信33850件，为省委省政府准确把握社会舆情、妥善解决各种矛盾提供了有效的支撑。2013年年初至2017年年底，收集各类社情民意31200多件，编发省政协信息1170期，获中共中央政治局常委批示7件/次，被全国政协采用217期，反映社情民意信息工作位居全国各省（市、区）政协前列。[①]

四 不断加强政协自身建设

改革开放以来特别是2006年以来，省政协按照中共浙江省委《关于建设"法治浙江"的决定》有关"加强政协自身建设"的要求，不断加强自我学习和自我教育，在加强组织建设的同时，[②] 不断完善工作制度，创新工作载体，改进工作方法，夯实了政协工作的基础。

（一）完善和创新制度

2006年以来，省政协不断创新和完善委员服务管理机制，加强相关制度建设。政协第九届浙江省委在中共中央于2006年2月下发《中共中央关于加强人民政协工作的意见》以后，着力在建立健全各项配套制度上下功夫，先后制定或修订了有关党派联系、政协会议、提案信息、调研视察、委员工作、机关运作等六个方面的三十多项制度。政协第十届浙江省委先后修订完善了《提案工作条例》《专门委员会通则》《特邀委员选聘工作条例》，制定了《民族宗教委员会工作细则》《委员工作委员会工作细则》《政协浙江省委员会关于重视和发挥界别作用的意见》《关于加强办公厅、研究室和专门委员会工作协调的暂行办法》《关于进一步完善委员约谈工作的意见》《浙江省政协信息化发展规划纲要》等制度文件。政协第十一届浙江省委与中共浙江省委、省政府联合制定年度协商工作计划，并自2014年开始每年以浙委办文件形式下发，并制定出台了《政协浙江省委员会关于贯彻落实〈中共浙江省委关于加强人民政协民主监督的意见〉的实施办法（试行）》《关于进一步发挥人民政协统一战线组织团结联

[①] 以上分别参见乔传秀同志2013年在政协第十一届浙江省委第一次会议上和2018年在政协第十二届浙江省委第一次会议上的工作报告，分别载于2013年1月31日和2018年2月1日的《浙江日报》。

[②] 如，自政协第九届浙江省委开始，省政协共设立提案、经济、农业和农村工资、人口资源环境、科技教育、文化卫生体育、社会法制、港澳台侨、文史资料九个专门委员会。经2008年5月召开的政协第十届浙江省委第二次常委会议通过，新增设了民族宗教委员会、委员工作委员会。至此，省政协共有十一个专门委员会。

谊功能的意见》《关于委员履行职责的若干规定》《关于健全省政协委员退出机制的若干规定（试行）》《省政协优秀委员评选制度》《省政协委员年度述职制度》《省政协委员履职考评制度》《提案审查立案实施细则》《提案内容公开办法（试行）》《关于加强"三能"型干部队伍建设的实施意见》等40多项制度规定。省政协机关修订或制定了60多项办文、办会、办事规章制度。①

（二）创新工作载体

不断创新有助于充分履行政治协商、民主监督、参政议政职能的工作载体，是增强政协工作活力、提高履职成效的重要途径。改革开放以来特别是2006年以来，省政协大胆探索，积极开拓，创新和完善多个关注民生、为民建言的履职载体，构建了富有时代特征、政协特色、浙江特点的履职载体。②

一是探索群众代表旁听政协常委会议。这最早是由2003年12月召开的省政协第九届第五次常委会议首次尝试的。2006年以来，省政协在召开常委会时，凡是议题涉及重大民生问题和群众关注的热点问题的，均邀请群众代表旁听，并允许其在会上发言，直接提出意见建议。这一做法拓宽了群众表达利益诉求的渠道，加强了政协与各界群众的沟通联系，巩固了政协的履职基础，扩大了政协的社会影响。

二是创办《政协视线》电视专题节目。《政协视线》电视专题节目自省政协与浙江广电集团于2005年联合创办以来，坚持每周播出一期，以政协提案、视察、调研、社情民意为主要线索，以百姓最关心、最直接、最现实的利益问题为报道重点，以政协委员和政协各参加单位提出的意见建议为宣传内容，采取现场播报、跟踪采访、群众参与、委员点评等多种形式，把委员视角与百姓视角结合起来，以其贴近群众、关注民生、敢于直言的鲜明风格，得到社会各界广泛好评，起到了解疑释惑、化解矛盾、促进和谐、推动工作的积极作用，较好地实现了政协民主监督与新闻舆论监督的优势互补。

---

① 以上根据2006年以来省政协常委会工作报告，参酌《浙江日报》《人民政协报》等的相关报告整理而成。

② 同上。

三是开设"民情热线"。为了更好地倾听民声、反映民意、集聚民智，政协浙江省委于2005年5月设立了"民情热线"办公室，开通热线电话和传真、电子邮件，专门受理各级政协委员、民主党派成员和其他社会群众的来信来电。"民情热线"发挥了民情倾听者、民意反映者和民生促进者的作用，是省政协民主监督与群众监督有机结合的重要载体，是省政协参与度大、使用率高、时效性强的履职形式之一。

四是尝试提案办理网上直播。为进一步增强政协工作的开放度，扩大政协工作的社会效应，2006年7月至2007年8月，省政协通过"浙江在线"网站和省政协网站，先后就委员提交的《关于发展慈善事业的几点建议》《加强社区卫生服务体系建设的几点建议》两份提案，以网络直播的形式公开提案办理过程，访问量分别超过10万人次和7万人次。许多群众通过网络，与提案人和提案承办单位负责人交流互动，反映情况，咨询政策，提出建议，拓宽了提案人和提案承办单位的工作思路，增强了提案办理的成效。

五是成立长三角（浙江）民营经济研究会。为充分发挥人民政协优势，促进民营经济科学发展，推动长三角地区合作与交流，2006年5月，由省政协提议，与沪、苏、皖三省（市）政协共同发起成立长三角（浙江）民营经济研究会。研究会成立以来，就贯彻落实《国务院关于鼓励支持和引导个体私营等非公有制经济发展的若干意见》和促进民营经济持续发展开展专题调研，以"创新·人才"和"借鉴徽晋商·做强新浙商"为主题，成功举办了两届中国民营经济科学发展论坛。并与有关方面共同主办第五届浙江·中国民营企业峰会，初步发挥了长三角民营经济发展的"思想库""智囊团"和"助推器"的作用。

2013年以来，省政协在坚持和完善上述履职载体的基础上，又根据浙江经济社会文化发展的实际，不断创新工作载体。创设了每月一次主席办公会议，定期交流研讨工作；创办了"浙江政协·崇学讲坛"和常委会学习讲座；探索实施三级政协联动专项集体民主监督和专项督察工作；创新专题议政性常委会议；探索开展专题性季度经济调研分析，报省委省政府决策参考；创建微信群、微信订阅号、网络视频议政会、网上工作室；创新和完善了省政协履职服务综合平台等。

与工作载体创新相互动，省政协适时建立健全工作机制，改进工作方式方法，进而有效推进了政协自身建设。以第十一届浙江省政协为例，在创新工作机制方面，其完善了重点履职议题确定机制，坚持广泛征集议题、精心论证议题、深入会商议题；完善了重点履职活动组织机制，活动前注重提前发布公告，倡导委员、界别群众自选主题、自愿报名参会，活动中注重平等议商、自愿发言、互动交流、汇集众智，活动后注重及时整理报送原汁原味的履职建议，跟踪促进成果转化；完善了履职成果反馈机制；完善了履职力量协同机制，主动加强同市、县（市、区）政协的协同联动，密切与党政部门、科研院所、新闻单位等协同协作，聚合了履职力量，提高了履职效能。在工作方式方法创新方面，创新了政协全体会议，邀请省直有关部门主要负责人和省高院、省检察院处室负责人参加联组、小组讨论，探索按界别提出集体协商意见建议的方法；专题政治协商会议实行按界别推荐协商委员代表，探索了设专题分组讨论和大会预约发言与现场即席发言相结合的方式；专项集体民主监督实行以小分队、小团组方式，开展不打招呼、不定时间、不设路线的随机暗访民主监督；视察监督推行事前调查摸底、事中实地踏看、事后集体研析；为民办实事采用预约式、点单式、定制式按需服务；重点课题调研倡导蹲点式、融入式体验；提案工作探索实践全过程协商、现场协商、网络直播、同类提案打包督办、重点提案办理"回头看"；主席会议和主席办公会议邀请人民政协报驻浙记者站和联系省政协的省级新闻媒体人员列席等。

五 坚持中国共产党领导的多党合作和政治协商制度的成效

改革开放以来特别是 2006 年以来，中共浙江省委从政治和大局的高度，把坚持和完善中国共产党领导的多党合作和政治协商制度、加强社会主义基本政治制度建设作为重要工作，着力加强对政协浙江省委的政治、思想和组织领导，切实为政协履行职能、发挥作用提供坚强保证。政协历届浙江省委认真贯彻落实中共中央和中共浙江省委的各项决策部署，坚持团结和民主两大主题，认真履行政治协商、民主监督、参政议政职能，协同推进了中国共产党领导的多党合作和政治协商制度在浙江的不断坚持和完善。

第一，各级党委把坚持与完善多党合作和政治协商制度纳入党委的重要议事日程。

2006年以来，中共浙江省委高度重视共产党领导的多党合作和政治协商制度建设，先后制定出台了《中共浙江省委关于贯彻〈中共中央关于加强人民政协工作的意见〉的实施意见》《中共浙江省委关于加强和完善人民政协政治协商促进科学民主决策的意见》《中共浙江省委关于加强人民政协民主监督的意见》，自2015年始又按年度出台了《关于加强社会主义协商民主建设的实施意见》《关于加强政党协商的实施意见》和《关于加强和改进人民政协民主监督工作的实施意见》等政策文件。这些规范性文件连同1989年12月中共中央下发《中共中央关于坚持和完善中国共产党领导的多党合作和政治协商制度的意见》后中共浙江省委制定的《关于坚持和完善中国共产党领导的多党合作和政治协商制度的实施细则》《关于进一步加强新时期人民政协工作的若干意见》《关于进一步加强中国共产党领导的多党合作和政治协商制度建设的实施意见》等，对进一步完善政治协商的内容、形式和程序，充分发挥民主党派和无党派人士的参政议政作用，充分发挥民主党派的民主监督作用，加强中国共产党同党外人士的合作共事，支持民主党派加强自身建设以及政协履行职能"三化"建设等提出了重要的指导意见，促进了浙江多党合作和政治协商制度的进一步发展和完善。

2006年以来，浙江各级党委从加强政治文明建设的高度，充分认识坚持和完善中国共产党领导的多党合作和政治协商制度的重要意义，认真落实中央、省委制定的各项制度和规定，并在工作中结合实际不断创新，出台了一系列相关的配套文件。历年来，全省各级党委自觉把多党合作和政治协商摆上重要议事日程，常委会、书记办公会议每年都要专题听取统战政协工作汇报，及时研究解决有关多党合作和政治协商中存在的问题。党委主要领导带头与党外人士交朋友，认真听取民主党派、工商联和无党派人士的意见，采纳他们的意见建议，着力解决他们提出的困难和问题；党委各类重点干部培训班都把统战政协理论列入培训必修课程；将统战政协方面的宣传列入党委宣传部门和新闻单位的年度工作计划，大力宣传统一战线，大力宣传人民政协，为坚持和完善中国共产党领导的多党合作和政治协商制度营造良好的舆论环境。

第二，人民政协作为中国共产党领导的多党合作和政治协商重要机构的作用不断提升。

2006年以来，省政协始终紧紧围绕中心，高度自觉把省委工作中心作为省政协履职重心，坚持省委工作部署到哪里、省政协履职就跟进到哪里、正能量就汇聚到哪里，确保工作上同心协力、节奏上同轴运转、目标上同向推进。人民政协作为中国共产党领导的多党合作和政治协商重要机构的作用不断提升。

在政治协商方面，各级党委坚持在决策之前和决策执行过程中进行协商的原则。把政治协商纳入决策程序，在决策前就地方的大政方针以及经济、政治、文化和社会生活中的重要问题，通过政协进行充分民主协商，广泛听取政协参加单位和政协委员的意见建议。加强决策执行过程中的协商，认真听取政协的意见建议，适时调整和完善有关决策内容，及时研究解决执行过程中出现的新问题。

在民主监督方面，各级党委、政府自觉把政协民主监督作为完善权力运行制约机制的重要环节，把政协民主监督与党内监督、人大监督、法律监督和舆论监督有机结合起来，切实尊重和保障政协各参加单位和广大政协委员履行民主监督职能的权利，并积极为政协民主监督提供良好条件。

在参政议政方面，省政协建立健全了知情明政机制，明确各级党委和政府要及时向政协通报工作中存在的问题、主要困难和薄弱环节；建立健全了协调落实机制，明确党委、政府、政协要统筹协调政协参政议政议题、工作安排等重要问题；建立健全了办理反馈机制，明确政府及其部门要及时以书面、会议通报等形式反馈政协参政议政中所提出意见建议的办理、采纳和落实情况；建立健全了权益保障机制，明确党委政府要充分尊重和保障政协委员在参加参政议政工作中的知情权、参与权、表达权、监督权。

第三，中国共产党领导的多党合作和政治协商制度逐步走向制度化、规范化和程序化。

2004年9月，中共浙江省委出台了《中共浙江省委关于加强和改善党的领导,支持人民政协履行职能制度化、规范化和程序化建设的意见》,围绕加强和改善党对政协工作的领导,强调要以宪法和《政协章程》为依据,以制度建设为核心,以规范程序为抓手,减少随意性,克服盲目性,努力形成有章可循、行为规范、操作有序的工作机制。此后,中共浙江省委又多次发文,进一步明确了政协工作"三化"建设的目标,规范了政治协商、民主监督、参政议政的主要内容、形式和程序,提出了加强政协自身建设的新任务,对加强和改善党对政协工作的领导提出了具体要求,为推动浙江政协工作制度化、规范化和程序化建设提供了有力指导。

2006年以来,省政协根据中共中央和中共浙江省委关于推进政协工作"三化"建设的要求,紧密结合浙江政协事业发展实际,着眼推进政协工作制度化、规范化、程序化建设,研究制订了政治协商纳入决策程序、完善民主监督机制、提高参政议政实效的各项具体措施,人民政协履行政治协商、民主监督、参政议政三大职能的内容、形式、程序、方法和步骤等均得到了较为清晰的界定。

第四,协商民主主渠道的功能得到切实发挥。

2012年11月召开的中共十八大和2013年11月召开的党的十八届三中全会,在深刻总结我国社会主义民主政治建设的经验和规律的基础上,作出了健全社会主义协商民主制度、推进协商民主广泛多层制度化发展的重大战略部署。作为在中国共产党领导下,人民内部各方面围绕改革发展稳定重大问题和涉及群众切身利益的实际问题,在决策之前和决策实施之中开展广泛协商,努力达成共识的重要民主形式,协商民主包括政党协商、人大协商、政府协商、人民团体协商、基层协商等,但政协协商无疑是协商民主的重要渠道。

近年来,省政协积极按照党的十八大、十八届三中全会精神,以及中共中央于2015年2月印发的《关于加强社会主义协商民主建设的意见》和中共浙江省委《关于加强社会主义协商民主建设的实施意见》的规定,坚持团结和民主两大主题,坚持集协商、监督、参与、合作于一体,坚持把协商民主贯穿履行职能全过程,进一步拓展协商内容、丰富协商形式、规范协商程序、增加协商密度,提高协商能力和成效,充分发挥了人民政协在协商民主的重要渠道作用。突出表现在以下三个方面。

一是领先于全国其他省份，早在 2014 年年初就建立了省委、省政府、省政协年度协商工作计划制度。① 二是协助、推动中共浙江省委办公厅和省政府办公厅于 2014 年 8 月在率先于其他兄弟省份出台的《关于加强省直党政部门同省政协专门委员会和界别对口联系工作的意见》的贯彻落实，规范了 63 个省直党政部门同省政协专委会、界别组联系协商的内容和方式，并推动了 42 个省直党政部门制定出台具体实施意见。三是结合实际丰富协商内容，拓宽协商范围。如充分发挥政协委员、民主党派、工商联、无党派人士、人民团体等在立法协商中的作用，围绕《浙江省重大行政决策程序规定（草案）》《浙江省水综合治理若干规定（草案）》《浙江省城镇生活垃圾分类管理办法（草案）》等 27 部政府规章的制定开展对口协商，提出 500 多条意见建议，被充分吸收采纳。②

第三节　坚持和完善基层群众自治制度

基层群众自治制度是坚持中国特色社会主义政治发展道路，不断推进社会主义民主政治制度自我完善和发展的重要内容。③ 中共浙江省委 2006 年 4 月作出的《关于建设"法治浙江"的决定》对坚持和完善基层群众自治制度、扩大基层民主作了明确的部署，要求认真总

---

① 《中共浙江省委、浙江省人民政府、政协浙江省委员会 2014 年度协商工作计划》于 2014 年 1 月正式出炉，此后，浙江省委、省政府、省政协的年度协商工作计划均以浙委办发"一号文件"印发。按照《中共浙江省委、浙江省人民政府、政协浙江省委员会 2018 年度协商工作计划》，当年度的协商主要围绕 2018 年的"一府两院"工作报告、省委第十四届三、四次全会重大决策、打开"两山"转化通道助力乡村振兴，以及医养护结合加快养老失业和产业发展等民生问题展开政治协商和专题协商。

② 参见乔传秀《中国人民政治协商会议第十一届浙江省委员会常务委员会工作报告——2018 年 1 月 24 日在政协第十二届浙江省委员会第一次会议上》，《浙江日报》2018 年 2 月 1 日。

③ 党的十九大报告明确指出：必须坚持中国特色社会主义政治发展道路，坚持和完善人民代表大会制度、中国共产党领导的多党合作和政治协商制度、民族区域自治制度、基层群众自治制度，巩固和发展最广泛的爱国统一战线，发展社会主义协商民主，健全民主制度，丰富民主形式，拓宽民主渠道，保证人民当家作主落实到国家政治生活和社会生活之中。

结和推广全省各地在健全基层自治组织和民主管理制度等方面的经验和做法,坚持和完善公开办事制度,保证人民群众依法实行民主选举、民主决策、民主管理和民主监督。2014年12月中共浙江省委作出的《关于全面深化法治浙江建设的决定》强调基层群众自治制度进一步巩固和完善是确保到2020年浙江在社会主义民主政治建设方面走在前列的重要一环,并对积极探索村(社区)实现依法自治的有效途径、完善村(居)务监督委员会制度、创新基层民主建设载体以及推动市民公约、村规民约、行业规章、团体章程等社会规范的广泛运用等提出了明确的要求。

下文拟从农村村民自治建设和城市居民自治建设两个层面展现改革开放以来特别是2006年以来浙江基层群众自治制度的建设进程,并在此基础上总结提炼浙江坚持和完善群众基层自治制度的创新实践。[1]

一 农村村民自治不断推进和深化

在1982年12月第五届全国人民代表大会第五次会议通过《中华人民共和国宪法》、正式确立村民委员会为农村基层群众性自治组织的法律地位以后,浙江即开始了"文化大革命"后农村基层自治制度的恢复重建工作。自1983年10月开始,浙江先是在全省范围内开展撤社(人民公社)建乡(乡人民政府)工作,并以原人民公社的生产大队为基础建立村民委员会。随后,不断加强乡基层政权建设和村民委员会建设,逐步建立以"民主选举、民主决策、民主管理、民主监督"为主要内容的制度框架。20世纪90年代后期至21世纪初,浙江又不断完善村民民主选举、民主决策、民主管理和民主监督的制度体系。截至2005年年底,浙江建立健全了村党组织领导的农村村

---

[1] 作为我国民主政治建设的一个重要方面,基层群众自治制度包括城市居民自治制度、农村村民自治制度和以职工代表大会为基本形式的企事业单位民主管理制度。2006年4月中共浙江省委作出的《关于建设"法治浙江"的决定》正是从这三个方面对扩大基层民主作出部署的。事实上,2006年以来浙江通过制定《浙江省企业民主管理条例》(2010年3月30日省第十一届人大常委会第十七次会议通过)、修改《浙江省集体合同条例》(2010年11月25日省第十一届人大常委会第二十一次会议通过)等地方性法规,以职工代表大会为基本形式的企事业单位民主管理制度亦得到了大幅度发展。

民自治组织，构建了村民自治的各种制度，基本建成了依法实行民主选举、民主决策、民主管理和民主监督，建成了充满活力的村民自治机制。

2006年以来，浙江把发展农村群众自治制度作为发展社会主义民主政治的基础性工程进行重点推进。在民主选举方面，2008年2月，中共浙江省委办公厅、省政府办公厅转发了省委组织部、省民政厅联合制定的《关于认真做好2008年村党组织村民委员会换届选举工作的意见》，对2008年上半年全省农村进行的村民委员会换届选举工作进行部署，强调村民委员会的换届选举应在党组织的领导下，严格依法进行。要进一步完善村民委员会"海推直选"制度，积极推行"自荐海选"，不断丰富民主形式，拓宽民主渠道，切实保障村民的民主权利。2013年11月，中共浙江省委办公厅、省政府办公厅制定出台了《关于认真做好村级组织换届选举工作的意见》，对2013年年底至2014年年初全省农村进行的村党组织、村民委员会和村务监督委员会、村经济合作社换届选举作出了明确的部署，积极营造风清气正的换届环节选举环境。

在民主决策方面，中共浙江省委办公厅于2006年7月印发了《关于实施村级重大事务民主决策制度的意见（试行）》，明确村党组织在民主决策上必须坚持五个步骤，即民主提案、民主议案、民主表决、民主承诺和监督实施。

在民主监督方面，中共浙江省委办公厅、省政府办公厅在总结浙江武义县村务监督委员会经验的基础上，于2008年3月制定了《关于建立健全村级民主监督组织，加强村级民主监督试点工作的意见》，明确了加强村级民主监督的指导思想、工作目标、基本原则工作要求和工作重点，并召开全省性的专题会议进行部署。① 2010年7月，中共浙江省委办公厅、省政府办公厅又制定了《浙江省村务监督委员会工作规程（试行）》，对村务监督委员会的组织设置、任职条件、工作职责、权利义务、监督内容、工作制度等作出了明确规定。上述规

---

① 村务监督委员会是浙江省武义县的创举。在2007年全国村务公开协调小组的制度创新评选中，武义县的"村务监督委员会制度"获得制度创新奖。

定，连同中共浙江省委办公厅、省政府办公厅于2005年6月制定的《关于进一步健全完善村务公开和民主管理制度的通知》，构成了农村村民自治领域民主选举、民主决策、民主管理和民主监督的完整制度体系。

除上述外，中共浙江省委办公厅、省政府办公厅于2011年9月修订了制定于2005年4月的《浙江省村级组织工作规则（试行）》，要求各地建立健全村"两委"联系会议制度、党员大会和村民代表会议制度，以及村务、党务、财务公开等村级组织工作制度，理顺村级组织的相互关系。同时，中共浙江省委在《关于全面加强基层党组织和基层政权建设的决定》《关于深入推进农村社区建设的实施意见》等重要文件中，也对完善农村依法自治作出了相关部署。

在中共浙江省委的领导下，浙江农村基层自治制度得到长足发展。一是坚持以村党组织为核心、村民自治和村务监督组织为基础、集体经济组织和农民合作组织为纽带、各种经济社会服务组织为补充，推动建立和完善基层组织体系，使各类组织各有其位、各司其职，充分发挥在基层社会治理中的积极作用。二是完善基层民主选举、民主决策、民主管理、民主监督制度，进一步规范了村民委员会选举制度和程序，建立健全了不合格村民委员会成员、村民代表退出机制，探索和完善了罢免、辞职、停职程序。三是认真落实村级重大事项"五议两公开"决策程序，在中组部提出的"四议两公开"的基础上，结合浙江实际对村级重大事务决策提出新的更高要求，即按照"党员群众建议、村党组织提议、村务联席会议商议、党员大会审议、村民（代表）会议决议、表决结果公开、实施情况公开"的步骤进行决策。全面实施党务村务财务公开。四是围绕群众反映强烈的民生问题和重大事项，全面实施民主恳谈会、民主听证会、民主议事会和民情沟通日等制度，通过积极培育乡贤参事会这一新型农村社会组织，稳步推进基层协商民主。五是全面制定修订和实施村规民约。2014年12月中共浙江省委作出的《关于全面深化法治浙江建设的决定》，把村规民约作为加强农村基层群众自治制度建设的重要内容。2015年3月以来，浙江在全省28000多个村全面推动了村规民约的制定修订工作，各地认真贯彻落实这一部署。各县（市、区）都成立了领导小组，并通过召开推进会、现场会、法治宣传工作会议等，对制定修订村规民约进行全面动员部署。在具体制定修订村规民约过程中，各地以解决基层实际问题为导向，主动找短板、解难题，把推行村规民约与解决村务管理纠纷、婚姻家庭邻里纠纷、环境污染治理、计划生育等问题结合起来，不少地方还把"五水共治""三改一拆""四边三化"、平安建设、民主参与等重点工作要求写入村规民约。六是持续深化"民主法治村"创建活动。自中共浙江省委办公厅、省政府办公厅在2012年出台《关于深入推进"民主法治村（社区）"创建 进一步加强和创新基层民主法治建设的意见》后，各地纷纷出台相应的实施意见，截至2013年，全省有98.5%的村开展了"民主法治村（社区）"创建活动，截至2017年12月，浙江共有"全国民主法治村（社区）"109个、省级"民主法治村（社区）"1196个。①七是村民自治逐步被纳入了法制化、规范化和程序化的轨道。浙江省人大常委会于2012年3月31日对制定于1999年10月22日的《浙江省实施〈中华人民共和国村民委员会组织法〉办法》进行了进一步完善；于2007年9月修订了制定于1992年7月的《浙江省村经济合作社组织条例》；在2012年3月，继2004年9月对1999年10月浙江省第九届人大常委员第十六次会议通过的《浙江省村民委员会选举办法》进行修改后，再次对其作了修改完善。

二 城市居民自治不断发展

城市居民自治是依照宪法和法律，由居民选举的成员组成居民委员会，实行自我管理、自我教育、自我服务、自我监督，实现民主选举、民主决策、民主管理、民主监督的制度。浙江在中国城市居民自治制度建设史上具有重要地位，新中国第一个居民委员会就诞生于杭州市上城区上羊市街。②自1980年1月全国人大常委会重新颁布1954年12月制定的《城市居民委员会组织条例》，1982年《中华人

---

① 陈岚：《我省基层民主法治建设工作绘就三年发展蓝图》，《浙江法制报》2017年12月21日。

② 参见杨炳珑《"新中国第一个居委会"背后的故事》，《中国档案报》2009年12月17日。

民共和国宪法》首次以根本法的形式明确规定了居民委员会的性质、任务和作用以后,浙江城市居民自治制度逐步得到恢复、发展和完善。截至2005年年底,全省建立起了政府领导、民政部门牵头协调、职能部门分工协作、群众广泛参与的领导体制与工作机制。

2006年以来特别是中共浙江省委、省政府下发《关于推进和谐社区建设的意见》以后,浙江按照中央改革城市基层管理体制,加强社区党组织和社区居民自治组织建设,完善街道、社区居委会的管理、服务功能的要求,不断加快城市社区民主自治的制度化建设进程,逐步建立起了与社会主义市场经济体制相适应的社区建设的管理体制和运行机制。截至2012年6月中共浙江省第十三次代表大会召开前,全省各地已经基本形成以社区党组织为核心,社区居委会、居民代表会议、议事协商会议等社区自治组织有效运转的社区组织体系和工作机制,基本实行了社区民主选举、居务公开、民主管理、民主决策、民主监督制度,基本实现了城市居民对居住地公共事务管理的民主自治。如在社区选举方面,社区居委会直选工作推进顺利,宁波市因所有的城市社区居委会在2007年年底就完成了直选而成为全国首个城市社区全部实现直选的城市。全省576个设区居委会中,有507个设区实行了直选,直选比例达88.02%,并首次在15个设区居委会选举中采用电子投票方式,填补了全国基层组织选举投票电子化方式的空白。①

2012年6月以来,按照中共浙江省第十三次党代会关于"发展基层民主,推行民主恳谈会、民主听证会、民主议事会和民情沟通制度"的要求,全省城市社区民主实践不断深化扩展,城市居民自治制度得到不断发展。②

一是城市社区居民委员会选举工作稳步推进。2013年3月,浙江省民政厅制定下发了全国首个省级层面的指导城市社区居民委员会选

---

① 以上参见中共浙江省委党史研究室编《创业富民 创新强省——中共浙江省第十二次代表大会以来》,浙江人民出版社2012年版,第128页。
② 以下根据中共浙江省委党史研究室编《建设"两富""两美"浙江——中共浙江省第十三次代表大会以来》,浙江人民出版社2017年版,第106—107页;并参酌《浙江日报》的相关报道整理而成。

举的规范性文件《浙江省城市社区居民委员会选举规程（试行）》。该规程在宪法和法律的框架内，根据浙江城市社区居民委员会选举的实践经验，对社区居民委员会选举的指导机构、选举方式、组织实施、责任认定、罢免补选等各个环节作出了明确具体的规定，在社区居民委员会的直接选举、社区党组织在社区居民委员会选举中的领导地位、社区居民选举委员会的产生程序和工作职责、社区居民代表会议组织的创设、选民登记范围的扩大、候选人的提名程序、投票选举的程序、社区居民委员会成员的罢免辞职终止补选程序等八个方面进行了创新，弥补了《中华人民共和国城市居民委员会组织法》在选举程序方面的不足，推进了浙江城市社区居民委员会选举工作制度化建设进程。

二是城市社区组织体系进一步健全。截至 2017 年，浙江在全省范围内基本形成了以社区党组织为核心，社区居民委员会、居民代表会议、议事协商会议等社区居民自治组织有效运转的社区组织体系，涌现出大量社区公共服务站、和谐促进会等新的组织。

三是城市社区民主实践不断深化扩展。2012 年 6 月以来，全省各地继续建立健全社区民情恳谈会、事务协调会、工作听证会和成效评议会等"四会"制度，进一步完善社区居务公开制度，有效发挥了基层群众在社区事务管理中的主体作用。例如，中共杭州市委办公厅、市政府办公厅于 2012 年年底出台了《关于加强社区居务监督委员会建设的实施意见》，对居务监督委员会的工作职责、监督内容、工作流程都作了相应规定，向全市推广了居务监督委员会的"下城模式"[①]。宁波市积极构建基层民主的多元共治，通过建立和谐社区动态管理机制（2012），社区工作好不好让居民群众说了算，巩固提升了居民群众在社区建设中的话语权和主导权，在制度上保证了群众在社区建设中的主体地位，通过建立社区评议部门工作制度（2003），组织全市所有 500 多个社区对党政机关各部门在社区布置工作任务、

[①] 居务监督委员会的"下城模式"是指 2007 年杭州市下城区长庆街道新华坊成立的全国首个居务监督委员会，专门围绕社区居务、财务的公开和执行情况进行监督，设计出一系列居务监督制度、程序和路径。

开展创建评比、落实费随事转、服务工作作风等十个方面开展满意度评议打分,激发了居民群众的主体意识和参与民主政治建设的热情。

三 浙江坚持和完善基层群众自治制度的创新实践

同其他兄弟省(直辖市、自治区)一样,改革开放以来浙江基层群众自治制度的发展同样受困于重塑国家与社会的关系,构建平衡各方利益关系的运行机制的制约,受困于实现政府治理和社会调节、村(居)民自治良性互动等因素的制约。但正如改革开放以来浙江经济得到了令人难以置信的长足发展一样,基层群众自治制度在浙江也得到了蓬勃发展。而这自然与浙江在坚持和完善基层群众自治制度上实施了一系列探索创新直接相关。

(一)以基层党建为引领,推动基层群众自治制度不断深化

基层党组织作为基层群众自治制度建设的"领头羊",是加强和创新基层民主政治建设最基本、最直接、最关键的依靠力量。改革开放以来特别是2006年以来,中共浙江省委始终坚持党在基层群众自治制度建设中的领导核心作用,把加强基层党组织建设、巩固党的执政基础作为贯穿基层民主政治建设的一条红线,通过出台一系列文件、构建一系列制度、采取一系列举措,以基层党建创新引领和推进基层群众自治制度发展。一是加强了村(社区)为重点的基层党组织的建设。坚持和完善村(社区)党组织班子"党员推荐、群众推荐、党内选举"制度,坚持先定事、后选人,确保村(社区)干部竞职承诺、创业承诺、辞职承诺等三项承诺兑现,促进各项工作落实。同时,优化调整村(社区)党组织设置,对党员人数较多、下设党组织较多的,探索建立特色党小组制度。同时,加快农民合作社、专业协会、电子商务等农村新型经营主体的党组织建设。二是加强了党组织对各类基层组织的领导。加强村党组织对村级组织机构的领导,支持和保证村级其他机构依法依规行使职权,建立并完善村党组织书记主持村务联席会议制度。加强社区党组织对居民委员会和业主委员会的领导,建立并完善居民委员会和业主委员会的议事协调机制。三是加强基层党组织的工作载体和工作机制建设。一方面,大力加强城中村、城乡接合部、流动人口集聚地的党组织工作平台工作,

另一方面，以社区服务型党组织建设为统领，积极创建管理有序、文明和谐的新型现代化社区。推行社区"大党委制"，吸纳区域内党政机关、企事业单位、新经济组织和新社会组织党组织负责人进社区党委班子，统一调配、集约利用区域内党建资源和公共服务资源，共同参与区域管理服务。同时深化区域化党建，加强开发区（产业集聚区）、镇改街、村改居、新建社区、农村社区、商圈、楼宇党建，发挥社区党组织的覆盖作用。通过上述，浙江基本上解决了基层党组织与群众自治组织的关系不够协调、基层党组织不适当地干预群众自治等问题，有效推进了基层群众自治制度的不断深化。

（二）以"民主法治村（社区）"为抓手，探索形成"三治"结合的新样本

早在2002年，浙江领先于全国在全省开展了"民主法治村（社区）"建设活动。当年度，浙江省司法厅会同省委组织部、省民政厅等部门，首次召开了全省深化农村普法依法治理工作经验交流会，全面总结和部署"民主法治村"创建活动"。[①] 2006年4月中共浙江省委作出的《关于建设"法治浙江"的决定》，把"继续深化民主法治村和民主法治社区创建活动"设定为"十一五"时期建设"法治浙江"的八大抓手之一。2006年以来，中共浙江省委通过制定出台《关于深入推进"民主法治村（社区）"创建 进一步加强和创新基层民主法治建设的意见》，逐步把"民主法治村（社区）"创建活动打造成了浙江加强基层民主法治建设、推进基层群众自治制度的有效载体。

2003年，浙江省桐乡市鉴于社会生活中存在部分群众道德水平不高甚至出现道德滑坡的倾向、宪法和法律的尊严受到挑战而部分群众甚至"信访不信法"、许多工作对政府过于依赖而基层政府的管理治理水平又不到位等实际情况，在该市高桥镇启动了德治、法治和自治"三治合一"试点工作。2014年桐乡市在试点基础上出台了《中共桐乡市委关于推进社会管理"德治、法治、自治"建设的实施意见》和《桐乡市关于推进社会管理"德治、法治、自治"建设工作

[①] 陈柳裕执行主编：《2004年浙江发展报告（法制卷）》，杭州出版社2004年版，第99页。

方案》,对全市的"三治合一"模式建设的指导思想、目标任务和工作内容等作出全面部署,明确提出要建构形成"以评立德、以文养德、以规促德"的德治建设体系,"严格执法、公正司法、全民守法"的法治建设体系及"自我管理、自我服务、自我监督"的自治建设体系,通过实现三者的协同统一,最终形成"党委领导、政府负责、社会协同、公众参与、法治保障"的社会治理创新格局,为当地社会经济发展提供有力支撑。①

党的十九大报告表明要加强农村基层基础工作,健全自治、法治、德治相结合的乡村治理体系。尽管桐乡市所探索实践的德治、法治、自治"三治合一",是从社会治理创新的话语体系上进行表达的。但现实证明,桐乡市和浙江省的"三治合一"实践,在路径上是在以往单独强调的法治的基础上,进一步嵌入德治和自治的实践模式和举措并着力推进三者之间的有效协同的;在本质上强调"德治是基础、法治是保障、自治是目的",这种"三治合一"模式是浙江发展基层群众自治制度、推进社会主义基层民主政治建设的有力实践。

(三) 以"乡贤参事会"为载体,创新基层协商民主的新平台

2006年以来,为了促进基层和谐稳定、搭建群众参与基层社会治理的新平台,浙江各地兴起以协商民主议事会、民主恳谈会等为载体的乡村协商文化。其中,乡贤参事会是其中较有独创性的典型。

作为推进基层群众自治制度过程中培育的新型农村社会组织,乡贤参事会最早在1995年9月成立于丽水市,到2016年已经获得蓬勃发展。在当年12月由中国扶贫开发协会等单位举办的"2016第十一届中国全面小康论坛"上,浙江省民政厅选送的"乡贤参事会协商文化村治模式"获"2016中国十大社会治理创新奖"。其时,浙江全省除金华、台州外,其余九个市的基层均成立了乡贤参事会,共有乡贤参事会1690个,乡贤参事会会员24132人。②

乡贤参事会一般由热心服务本村(社区)的乡贤自愿组成,以参

---

① 以上参见严国萍《"三治合一"推进社会治理现代化——本刊专访桐乡市委书记卢跃东》,《当代社科视野》2014年第4期。
② 参见《2016中国十大社会治理创新奖发布:浙江"乡贤参事会协商文化村治模式"获奖》,《浙江日报》2016年12月18日。

与农村经济社会建设，提供决策咨询、民情反馈、监督评议及开展帮扶互助服务为宗旨，是一种公益性、服务性、互助性、联合性、地域性、非营利性的基层社会组织。尽管乡贤参事会在表现形式上各有不同，有的以挖掘故乡历史、抢救文化遗产为主，有的以助推乡风文明、调解邻里纠纷为主，有的以谋划家乡发展、助推经济繁荣为主，有的以评议监督村（社区）事务为主，但各类乡贤参事会无不以协商参与为主要运作机制，其运作过程较为充分地体现了协商民主的基本特征。

一是参与主体的平等性。在协商过程中不存在特殊成员的利益具有超越其他任何村民（居民）利益的优越性，其行为不受政治地位、经济关系、人情交往等方面的约束，所有参与者均以平等的姿态提出意见建议，依据事实进行批评或辩论，并以公共理性和公共利益为最高权威来源。二是价值取向的公共性。乡贤参事会在运行过程中，一方面肯定参与利益主体价值取向和价值偏好的多样性、特殊性，另一方面又在集体理性指导下寻求最大限度满足所有人愿望的政策措施或解决办法。三是议事机制的开放性。乡贤参事会参与协商的议题、程序、方式，以及结果的认定与执行都具有开放透明的特点。四是公共责任的分摊性。乡贤参事会在协商过程中，所有参与者通过充分交流讨论，或修正自身偏好或说服其他成员共同履行约定，对基于共识而产生的协商结果承担着相应的遵守、执行、维护、监督等责任，甚至要为决策失误承担相应的责任。

经过长期的实践，浙江乡贤参事会已经成为一个以乡村（社区）精英为主的民主协商公共平台，一个引导体制外资源包括智力、人力、物力、财力等进入乡村（社区）的制度性通道。它解决了许多现有制度安排无法解决的问题，增强了基层党组织和基层群众自治组织的权威性，巩固了执政党在基层的领导地位，是党领导下实现基层自治的有效形式。

第三章 加强地方立法,夯实法治之基

法制更加完备是建设"法治浙江"的主线之一。中共浙江省委2006年4月出台的《关于建设"法治浙江"的决定》把"加强地方性法规和规章建设"设定为法治浙江建设的八大任务之一,并就健全法规规章、完善立法机制和提高立法质量提出了明确要求。2014年12月通过的《关于全面深化法治浙江建设的决定》明确提出了"健全具有浙江特色的法规规章"任务,强调要完善地方立法体制机制,推进科学立法、民主立法,加强重点领域地方立法。十二年来,浙江不断加强地方立法工作,加快建立健全并完善地方性法规和政府规章,将浙江的经济社会发展全面纳入了法治化轨道。

第一节 浙江地方立法的基本历程

浙江地方立法始于1979年。当年12月19日浙江省第五届人大常委会第一次会议审议通过的《浙江省县以下各级人民代表大会代表选举试行细则》是新中国成立以来浙江历史上的第一部地方法规。自此以后,浙江地方立法工作逐步得到了长足进展。

一 浙江地方立法工作体制的变迁

浙江现行地方立法包括地方性法规、自治条例和单行条例、政府规章三个类型。其中,地方性法规由省、市两级人民代表大会及其常委会制定,自治条例和单行条例由景宁畲族自治县人民代表大会制定，政府规章由省、市两级人民政府制定颁布。① 这一立法体制在四十年内几经变迁，按其演变轨迹可以划分为三个阶段。

（一）初始阶段：仅有地方性法规制定权阶段（1979 年 7 月至 1982 年 12 月）

浙江地方性法规制定权的法律渊源，是第五届全国人民代表大会第二次会议于 1979 年 7 月 1 日通过的《中华人民共和国地方各级人民代表大会和地方各级人民政府组织法》。该法第 6 条规定：省、自治区、直辖市的人民代表大会根据本行政区域的具体情况和实际需要，在和国家宪法、法律、政策、法令、政令不抵触的前提下，可以制订和颁布地方性法规，并报全国人民代表大会常务委员会和国务院备案。第 27 条规定：省、自治区、直辖市的人民代表大会常务委员会在本级人民代表大会闭会期间，根据本行政区域的具体情况和实际需要，在和国家宪法、法律、政策、法令、政令不抵触的前提下，可以制订和颁布地方性法规，并报全国人民代表大会常务委员会和国务院备案。自此，浙江省人民代表大会以及于 1979 年 12 月召开的浙江省第五届人民代表大会第二次会议选举产生的浙江省第五届人民代表大会常务委员会开始拥有地方性法规制定权。

自 1979 年 12 月至 1982 年 12 月，省人大常委会共制定、颁布了 19 件地方性法规，其中经济类法规 11 件，教科文卫类法规 3 件，人大工作和民主法制类法规 5 件（详见表 3 - 1），为改革开放初期浙江经济、政治、文化和社会发展提供了基本的法制保障。②

---

① 浙江的自治条例和单行条例的制定主体仅限于景宁畲族自治县人民代表大会，由景宁畲族自治县人民代表大会依照1984 年 5 月 31 日第六届全国人大第二次会议通过的《中华人民共和国民族区域自治法》第 19 条规定和2000 年 3 月 15 日第九届全国人大第三次会议通过的《中华人民共和国立法法》规定，依照当地民族的政治、经济和文化的特点制定。浙江改革开放四十年来，景宁畲族自治县人民代表大会制定了《浙江省景宁畲族自治县自治条例》《景宁畲族自治县水资源管理条例》《景宁畲族自治县城市管理条例》《景宁畲族自治县民族民间文化保护条例》等自治条例和单行条例。为行文简洁的需要，下文所称浙江地方立法，除特别注明外，不包括上述自治条例和单行条例。

② 浙江省人民代表大会审议、通过地方性法规工作，始于省第五届人大。浙江省人大通过的第一个地方性法规是省第六届人大第一次会议于 1983 年 4 月 22 日通过的《关于处理议案和代表意见的暂行办法》。

表3-1　　浙江省第五届人大常委会审议通过的地方性法规简述

序号	法规名称	通过会议	通过日期
1	《浙江省县以下各级人民代表大会代表选举试行细则》	第五届人大常委会第一次会议	1979.12.19
2	《浙江省人大常委会关于加强与省人民代表大会代表联系的暂行办法》	第五届人大常委会第四次会议	1980.06.30
3	《杭州市革命委员会关于国家建设拆迁城市房屋暂行办法》	第五届人大常委会第六次会议	1980.12.13
4	《浙江省防治环境污染暂行条例》	第五届人大常委会第七次会议	1981.03.09
5	《浙江省排污收费和罚款暂行规定》	第五届人大常委会第七次会议	1981.03.09
6	《浙江省关于国家建设征用土地和农村社队建设用地管理办法（试行）》	第五届人大常委会第七次会议	1981.03.09
7	《杭州市城市建设征用土地暂行办法》	第五届人大常委会第七次会议	1981.03.09
8	《宁波市城市建设房屋拆迁暂行办法》	第五届人大常委会第九次会议	1981.05.22
9	《浙江省人民代表大会常务委员会关于劳动教养若干问题的决定》	第五届人大常委会第十次会议	1981.08.25
10	《浙江省城市卫生管理条例（试行草案）》	第五届人大常委会第十次会议	1981.08.26
11	《温州市城市建设房屋拆迁暂行办法》	第五届人大常委会第十一次会议	1981.11.01
12	《浙江省人民代表大会常务委员会关于刑事案件办理期限问题的决定》	第五届人大常委会第十一次会议	1981.11.01
13	《浙江省海洋水产资源保护试行规定》	第五届人大常委会第十一次会议	1981.11.01
14	《浙江省自然保护区条例》	第五届人大常委会第十二次会议	1981.12.29
15	《浙江省计划生育条例（试行草案）》	第五届人大常委会第十三次会议	1982.03.04
16	《浙江省城市卫生管理条例》	第五届人大常委会第十三次会议	1982.03.06
17	《浙江省关于保护蔬菜基地暂行规定》	第五届人大常委会第十三次会议	1982.03.06
18	《浙江省征收排污费和罚款暂行规定》	第五届人大常委会第十五次会议	1982.07.07
19	《浙江省机关、团体、企业、事业单位安全保卫责任制条例》	第五届人大常委会第十八次会议	1982.12.30

(二) 发展阶段：省和部分设区的市拥有地方性法规和政府规章制定权阶段 (1983年1月至2015年3月)

1982年12月10日，第五届全国人大第五次会议通过了《关于修改〈中华人民共和国地方各级人民代表大会和地方各级人民政府组织法〉的若干规定的决议》，其中明确：(1) 省、自治区的人民政府所在地的市和经国务院批准的较大的市的人民代表大会常务委员会，可以拟订本市需要的地方性法规草案，提请省、自治区的人民代表大会常务委员会审议制定，并报全国人民代表大会常务委员会和国务院备案；(2) 省、自治区、直辖市以及省、自治区的人民政府所在地的市和经国务院批准的较大的市的人民政府，还可以根据法律和国务院的行政法规，制定规章。自此，浙江地方立法体制上产生了两个变化：一是在地方性法规的制定主体上，新增加了杭州和宁波两市的人大常委会；二是新增了地方规章这一地方立法类型，并且，规章的制定主体包括省政府、杭州市政府和宁波市政府。从1986年12月2日开始，根据第六届全国人大常委会第十八次会议通过的《关于修改〈中华人民共和国地方各级人民代表大会和地方各级人民政府组织法〉的决定》规定，浙江地方性法规的制定主体又增加了杭州和宁波两市的人民代表大会。此后，这一立法体制被一直延续到2015年3月。

这一阶段立法体制上的另一个变化，是明确限缩了地方立法可以作出规定的事项。例如，就地方性法规而言，2000年3月以前，省人大及其常委会、杭州市人大及其常委会、宁波市人大及其常委会在制定地方性法规上遵循的是根据本行政区域的具体情况和实际需要，在不同宪法、法律、行政法规或地方性法规相抵触的前提下进行地方立法制定工作。但第九届全国人大第三次会议通过的《中华人民共和国立法法》于2000年7月1日起施行后，浙江地方性法规的规范范围开始被限定在"为执行法律、行政法规的规定，需要根据本行政区域的实际情况作具体规定的事项"以及"属于地方性事务需要制定地方性法规的事项"，而且需严格遵循不得就"法律保留事项"诸如"国家主权的事项""各级人民代表大会、人民政府、人民法院和人民检察院的产生、组织和职权""民族区域自治制度、特别行政区制度、基层群众自治制度""犯罪和刑罚""对公民政治权利的剥夺、限制人身自由的强制措施和处罚""对非国有财产的征收""民事基本制度""基本经济制度以及财政、税收、海关、金融和外贸的基本制度""诉讼和仲裁制度"等作出规定。

(三) 趋于成熟阶段：省和全部设区的市都有地方性法规和政府规章制定权阶段（2015年3月至今）

这一阶段以第十二届全国人大第三次会议于2015年3月15日通过《全国人民代表大会关于修改〈中华人民共和国立法法〉的决定》为起始标志。该《决定》规定：设区的市的人民代表大会及其常务委员会根据本市的具体情况和实际需要，在不同宪法、法律、行政法规和本省、自治区的地方性法规相抵触的前提下，可以对城乡建设与管理、环境保护、历史文化保护等方面的事项制定地方性法规，法律对设区的市制定地方性法规的事项另有规定的，从其规定；省、自治区、直辖市和设区的市、自治州的人民政府，可以根据法律、行政法规和本省、自治区、直辖市的地方性法规，制定规章；设区的市、自治州的人民政府根据本条第一款、第二款制定地方政府规章，限于城乡建设与管理、环境保护、历史文化保护等方面的事项。上述修改体现出了两点：其一，浙江所有设区的市都可以拥有地方立法权（包括地方性法规制定权和地方政府规章制定权）；其二，所有设区的市在行使地方立法制定权时，只能就城乡建设与管理、环境保护、历史文化保护等方面的事项制定地方性法规或政府规章。

2015年7月30日，浙江省人大常委会根据上述《决定》通过了《浙江省人民代表大会常务委员会关于温州等五个设区的市人民代表大会及其常务委员会开始制定地方性法规时间的决定》，赋予温州、湖州、金华、衢州、台州五个设区的市人民代表大会及其常务委员会自2015年7月30日起行使地方性法规制定权。同年9月25日，浙江省人大常委会又通过了《浙江省人民代表大会常务委员会关于嘉兴等四个设区的市人民代表大会及其常务委员会开始制定地方性法规时间的决定》。自此，浙江十一个设区的市的人大及其常委会都开始拥有地方性法规制定权，十一个设区的市的人民政府相应地拥有政府规章制定权，浙江地方立法体制臻于完备。

二 2006 年以来地方性法规制定情况

自 1979 年 12 月 19 日浙江省人大常委会审议通过浙江第一个地方性法规至 2005 年年底，浙江省人大及其常委会共制定地方性法规 217 件，修改法规 98 件，废止法规 25 件，作出批准杭州市人大及其常委会、宁波市人大及其常委会、景宁畲族自治县人大制定、修改、废止的地方性法规 206 件，为建设"法治浙江"的实施奠定了坚实的法制基础。2006 年至 2017 年年底，浙江省人大及其常委会认真履行宪法、法律赋予的地方立法职权，在不断改进和加强地方性法规清理、法规配套规范性文件制定和规范性文件备案审查工作的同时，积极推进立法工作。十二年间，浙江省人大先后于 2013 年 7 月 26 日和 2016 年 1 月 28 日两次修改《浙江省地方立法条例》，浙江省人大常委会新制定地方性法规 96 件，修改地方性法规 163 件，废止地方性法规 18 件，制定法规性决定 10 件，审议批准设区的市人大及其常委会、景宁畲族自治县人大报请审议的地方性法规计 194 件。[①] 立法的领域涵盖了政治、经济、文化、生态、教育、科学、卫生、城乡建设等各个方面，基本形成了与国家法律行政法规相配套、与浙江经济社会发展相适应的比较完备的地方性法规。

（一）2006—2007 年浙江省人大及其常委会地方性法规制定情况

2006 年，浙江省人大常委会围绕深入实施"八八战略"、全面建设"平安浙江"、加快建设文化大省和建设"法治浙江"开展地方立法，全年共制定地方性法规 14 件，修改 2 件。其中，制定经济类法规 5 件，即《浙江省安全生产条例》《浙江省促进中小企业发展条例》《浙江省实施〈中华人民共和国农村土地承包法〉办法》《浙江省企业商号保护和管理规定》和《浙江省燃气管理条例》；制定和修改社会管理类法规 4 件，新制定的为《浙江省实施〈中华人民共和国道路交通安全法〉办法》《浙江省物业管理条例》和《浙江省预防职务犯

[①] 在计算修改或废止地方性法规数量时，实务部门的统计口径有多种。下文对浙江省人大常委会立法工作的分析，按照实际修改或者废止的地方性法规件数进行统计，例如若一个决定文本中修改了 4 件法规，按照 4 件进行陈述并计算。

罪条例》，修改的是《浙江省宗教事务条例》；制定资源环境类法规3件，分别为《浙江省固体废物污染环境防治条例》《浙江省蚕种管理条例》和《浙江省温州生态园保护管理条例》；制定教育科技文化卫生类法规1件，即《浙江省艾滋病防治条例》；制定和修改政权建设类法规3件，新制定的是《浙江省人民代表大会代表议案处理办法》和《浙江省预算审查监督条例》，修改的是《浙江省县、乡两级人民代表大会代表选举实施细则》。此外，浙江省人大常委会在当年度还批准了杭州、宁波两市人大常委会报请批准的地方性法规计17件。

2007年是浙江省第十届人大常委会任期的最后一年。当年度，浙江省人大常委会认真按照省第十二次党代会关于扎实推进"创业富民、创新强省"战略的总要求，不断加强地方性法规制定工作。全年共制定地方性法规11件，修改地方性法规6件。其中，制定经济类法规4件，即《浙江省港口管理条例》《浙江省发展新型墙体材料条例》《浙江省检验机构管理条例》和《浙江省广告管理条例》，修改经济类地方性法规2件，即《浙江省城市房屋拆迁管理条例》和《浙江省村经济合作社组织条例》；制定社会管理类法规4件，即《浙江省防汛防台抗旱条例》《浙江省森林消防条例》《浙江省志愿服务条例》和《浙江全民健身条例》，修改社会管理类法规4件，即《浙江省实施〈中华人民共和国妇女权益保障法〉办法》《浙江省社会治安综合治理条例》《浙江省人口与计划生育条例》和《浙江省公路路政管理条例》；制定资源环境类法规1件，即《浙江省气象条例》；制定教育科技文卫类法规1件，即《浙江省非物质文化遗产保护条例》；制定政权建设类法规1件，即《浙江省各级人民代表大会常务委员会规范性文件备案审查规定》。此外，浙江省人大常委会在当年度还审议批准了杭州市人大常委会、宁波市人大常委会和景宁畲族自治县人大报请批准的地方性法规13件，其中，杭州市人大常委会报请审议的计5件，宁波市人大常委会报请审议的计7件，景宁畲族自治县人大常委会报请审议的计1件。

（二）第十一届人大常委会的立法工作（2008年1月至2012年12月）

浙江省第十一届人大常委会始终把立法工作作为首要任务，适应立法工作目标变化、重心调整、领域拓展等新情况，进一步明确立法工作指导思想，紧紧围绕中心，服务大局，精选、优选立法项目，五年间共制定地方性法规37件，修改地方性法规68件，废止地方性法规7件，制定法规性决定1件，批准杭州市30件报批法规、宁波市36件报批法规、景宁畲族自治县1件报批法规，为浙江经济社会又好又快发展提供了有力的法制保障。现按年度分述如下。

2008年，浙江省人大常委会共制定地方性法规6件，修改地方性法规2件。其中，制定经济类法规1件，即《浙江省水利工程安全管理条例》，修改经济类法规2件，即《浙江省职工基本养老保险条例》和《浙江省水路运输管理条例》；制定社会管理类法规2件，即《浙江省城市市容和环境卫生管理条例》和《浙江省城市管理相对集中行政处罚权条例》；制定资源环境类法规2件，即《浙江省普陀山风景名胜区条例》和《浙江省水污染防治条例》；制定政权建设类法规1件，即《浙江省各级人民代表大会常务委员会监督条例》。当年度，浙江省人大常委会还审议并批准了杭州市人大常委会报请批准的地方性法规计10件，宁波市人大常委会报请批准的地方性法规计4件。

2009年，浙江省人大常委会共制定、修改地方性法规10件。其中，制定经济类法规2件，即《浙江省高新技术促进条例》和《浙江省促进散装水泥发展和应用条例》；制定资源环境类法规3件，即《浙江省地质灾害防治条例》《浙江省松材线虫病防治条例》和《浙江省温瑞塘河保护管理条例》，修改资源环境类法规1件，即《浙江省鉴湖水域保护条例》；制定社会管理类法规4件，即《浙江省流动人口居住登记条例》《浙江省司法鉴定管理条例》《浙江省残疾人保障条例》和《浙江省义务教育条例》。当年度，浙江省人大常委会根据完善科学发展体制机制的要求，对现行有效的地方性法规进行了集中清理，并于当年11月和12月分别审议通过了《浙江省人民代表大会常务委员会关于废止〈浙江省公路养路费征收管理条例〉等七件地方性法规的决定》和《浙江省人民代表大会常务委员会关于修改〈浙江省标准化管理条例〉的决定》，共计废止地方性法规7件，修改地方性法规30件。此外，当年度浙江省人大常委会还审议批准杭州市和宁波市人大常委会报批的地方性法规计10件。

2010年,浙江省人大常委会共制定地方性法规13件,修改地方性法规3件。其中,制定经济类法规6件,分别为《浙江省城乡规划条例》《浙江省信息化促进条例》《浙江省航道管理条例》《浙江省农作物病虫害防治条例》《浙江省动物防疫条例》和《浙江省政府非税收入管理条例》;制定资源环境类法规1件,即《浙江省曹娥江流域水环境保护条例》;制定社会建设类法规4件,分别是《浙江省未成年人保护条例》《浙江省消防条例》《浙江省爱国卫生促进条例》和《浙江省预防和制止家庭暴力条例》,修改社会建设类法规1件,即《浙江省集体合同条例》;制定民主政治类法规2件,即《浙江省各级人民代表大会常务委员会监督司法机关工作条例》和《浙江省企业民主管理条例》,修改民主政治类法规2件,即《浙江省人民代表大会常务委员会议事规则》和《浙江省县、乡两级人民代表大会代表选举实施细则》。此外,浙江省人大常委会还审议批准杭州、宁波两市人大常委会制定(或者修改)的地方性法规和景宁畲族自治县人大制定的单行条例计25件。

2011年,浙江省人大常委会共制定地方性法规计4件,修改地方性法规计5件。其中,制定经济类法规1件,即《浙江省资源综合利用促进条例》,修改经济类法规2件,即《浙江省河道管理条例》和《浙江省实施〈中华人民共和国节约能源法〉办法》;制定资源环境类法规2件,即《浙江省土地利用总体规划条例》和《浙江省饮用水水源保护条例》,修改资源环境类法规1件,即《浙江省风景名胜区条例》;制定社会类法规1件,即《浙江省实施〈中华人民共和国食品安全法〉办法》,修改社会类法规2件,即《浙江省科学技术进步条例》和《浙江省禁毒条例》。当年度,浙江省人大常委会批准杭州和宁波两市人大常委会制定的地方性法规各7件(其中包括修改计3件,废止计1件)。此外,为了保障第十一届全国人大常委会第二十一次会议于2011年6月30日通过的《中华人民共和国行政强制法》的正确有效实施,浙江省人大常委会自2011年8月开始对现行有效的地方性法规中规定的行政强制进行了专项清理,截至当年年底,共计集中修改地方性法规计20件。

2012年，浙江省人大常委会共制定地方性法规5件，修改地方性法规7件。其中，制定经济类法规2件，即《浙江省可再生能源开发利用促进条例》和《浙江省农业机械化促进条例》，修改经济类法规2件，即《浙江省道路运输条例》和《浙江省盐业管理条例》；制定环境资源类法规2件，即《浙江省湿地保护条例》和《浙江省海域使用管理条例》；制定社会类法规1件，即《浙江省历史文化名城名镇名村保护条例》，修改社会类法规2件，即《浙江省国防教育条例》和《浙江省沿海船舶边防治安管理条例》；修改政权建设类法规3件，即《浙江省实施〈中华人民共和国村民委员会组织法〉办法》《浙江省村民委员会选举办法》和《浙江省实施〈中华人民共和国全国人民代表大会和地方各级人民代表大会代表法〉办法》。当年度，浙江省人大常委会为了更好地贯彻落实2011年3月4日国务院发文批复的《浙江省义乌市国际贸易综合改革试点总体方案》的精神，还制定出台法规性决定1件，即《浙江省人民代表大会常务委员会关于保障和促进义乌市国际贸易综合改革试点工作的决定》。此外，批准杭州市人大常委会报请审议的地方性法规2件，批准宁波市人大常委会报请审议的地方性法规7件。

（三）第十二届人大常委会的立法工作（2013年1月至2017年12月）

浙江省第十二届人大常委会坚持党的领导、人民当家作主、依法治国有机统一，切实加强地方立法工作。五年来，共召开常委会会议47次，新制定地方性法规37件，修改地方性法规87件，废止地方性法规11件，制定法规性决定9件，审议批准报批地方性法规97件。现按年度分述如下。

2013年是省第十二届人大常委会的开局之年。当年度，省人大常委会在全面谋划本届立法工作，精心编制《浙江省十二届人大及其常委会立法调研项目库》的同时，不断加强和改进立法工作，全年共制定或修改地方性法规计9件，通过法规性决定2件（即《浙江省人民代表大会常务委员会关于加强畜禽养殖污染防治促进畜牧业转型升级的决定》和《浙江省人民代表大会常务委员会关于促进全面深化改革再创体制机制新优势的决定》）。其中，制定经济类法规4件，即

《浙江省水文管理条例》《浙江省计量监督管理条例》《浙江省价格条例》和《温州市民间融资管理条例》；制定环境保护类法规1件，即《浙江省机动车排气污染防治条例》；制定和修改社会管理类法规各1件，前者即《浙江省违法建筑处置规定》，后者即《浙江省实施〈中华人民共和国献血法〉办法》；修改政权建设类法规2件，即《浙江省人民代表大会常务委员会任免国家机关工作人员条例》和《浙江省人民代表大会常务委员会关于政府规章设定罚款限额的规定》。同时，为了深化行政审批制度改革，促进政府职能转变，浙江省人民代表大会常务委员会还通过《浙江省人大常委会关于修改〈浙江省人才市场管理条例〉等八件地方性法规的决定》，集中修改了8件地方性法规，并批准了杭州、宁波两市人大常委会报批的地方性法规计9件。

2014年，浙江省人大常委会共制定地方性法规8件。分别为《浙江省国有土地上房屋征收与补偿条例》《浙江省电网设施建设保护和供用电秩序维护条例》《浙江省土地整治条例》《浙江省防震减灾条例》《浙江省石油天然气管道建设和保护条例》《浙江省燃气管理条例》《浙江省水土保持条例》和《浙江省社会救助条例》。修改《浙江省渔港渔业船舶管理条例》等地方性法规25件，废止《浙江省机关、团体、企业、事业单位治安保卫工作条例》等地方性法规8件。制定法规性决定2件，即《浙江省人大常委会关于保障和促进建设美丽浙江创造美好生活的决定》和《浙江省人大常委会关于授权省人民政府在部分市县暂时停止施行〈浙江省流动人口居住登记条例〉有关规定的决定》。当年度，浙江省人大常委会还审议批准了杭州、宁波两市人大常委会报请批准的地方性法规计13件。

2015年，浙江省人大常委会共制定地方性法规9件。其中，经济类法规5件，即《浙江省审计条例》《浙江省旅游条例》《浙江省绿色建筑条例》《浙江省农村集体资产管理条例》和《浙江省专利条例》；社会管理类法规4件，即《浙江省社会养老服务促进条例》《浙江省军人军属权益保障条例》《浙江省水上交通安全管理条例》和《浙江省劳动人事争议调解仲裁条例》。修改地方性法规7件，即《浙江省海洋环境保护条例》《浙江省人民代表大会常务委员会关于政府规章设定罚款限额的规定》《浙江省海塘建设管理条例》《浙江省滩涂围垦管理条例》《浙江省促进散装水泥发展和应用条例》《浙江省检验机构管理条例》和《浙江省实施〈中华人民共和国人民防空法〉办法》。当年度,浙江省人大常委会还审议批准杭州市人大常委会、宁波市人大常委会和景宁畲族自治县人大报请批准的地方性法规 15 件。

2016 年,浙江省人大常委会新制定地方性法规 5 件。其中,制定经济类法规 1 件,即《浙江省预算审查监督条例》;制定社会管理类法规 3 件,分别是《浙江省工会劳动法律监督条例》《浙江省农产品质量安全规定》和《浙江省食品小作坊小餐饮店小食杂店和食品摊贩管理规定》;制定政权建设类法规 1 件,即《浙江省乡镇人民代表大会工作条例》。修改地方性法规 17 件,分别是《浙江省人口与计划生育条例》《浙江省流动人口登记居住条例》《浙江省消防条例》《浙江省大气污染防治条例》《浙江省少数民族权益保障条例》《浙江省县、乡两级人民代表大会选举实施细则》《浙江省实施〈中华人民共和国全国人民代表大会和地方各级人民代表大会代表法〉办法》《浙江省人民代表大会代表建议、批评、意见办理的规定》《浙江省信访条例》《浙江省安全生产条例》《浙江省特种设备安全管理条例》《浙江省统计工作监督管理条例》《浙江省资源综合利用促进条例》《浙江省水文管理条例》《浙江省法律援助条例》《浙江省未成年人保护条例》和《浙江省盐业管理条例》。制定法规性决定 2 件,即《浙江省人民代表大会常务委员会关于授权省及设区的市人民政府为保障二十国集团领导人第十一次峰会筹备和举办工作规定临时性行政措施的决定》和《浙江省人大常委会关于自然灾害应急避险中人员强制转移的决定》。此外,全年还审议批准了浙江 11 个设区的市人大常委会报请批准的地方性法规计 35 件。

2017 年,浙江省人大常委会新制定地方性法规 9 件。其中,制定经济类法规 2 件,即《浙江省公共信用信息管理条例》和《中国(浙江)自由贸易试验区条例》;制定社会管理类法规 5 件,分别为《浙江省气象灾害防御条例》《浙江省学前教育条例》《浙江省房屋使用安全管理条例》《浙江省工伤保险条例》和《浙江省城市景观风貌条例》；制定资源环境类法规 2 件，分别为《浙江省无线电管理条例》和《浙江省公益林和森林公园条例》。制定法规性决定 3 件，即《浙江省人民代表大会常务委员会关于大气污染物和水污染物适用税额的决定》《浙江省人民代表大会常务委员会关于推进和保障桐庐县深化"最多跑一次"改革的决定》和《浙江省河长制规定》。修改地方性法规 27 件，分别为《浙江省社会治安综合治理条例》《浙江省促进科技成果转化条例》《浙江省实施〈中华人民共和国消费者权益保护法〉办法》《浙江省钱塘江管理条例》《浙江省台湾同胞投资保障条例》《浙江省水污染防治条例》《浙江省曹娥江流域水环境保护条例》《浙江省水资源管理条例》《浙江省防震减灾条例》《浙江省实施〈中华人民共和国节约能源法〉办法》《浙江省绿色建筑条例》《浙江省航道管理条例》《浙江省公路路政管理条例》《浙江省实施〈中华人民共和国档案法〉办法》《浙江省旅游条例》《浙江省动物防疫条例》《浙江省农业机械化促进条例》《浙江省森林管理条例》《浙江省松材线虫病防治条例》《浙江省建设工程勘察设计管理条例》《浙江省建设工程质量管理条例》《浙江省消防条例》《浙江省发展新型墙体材料条例》《浙江省促进散装水泥发展和应用条例》《浙江省审计条例》《浙江省机动车排气污染防治条例》和《浙江省南麂列岛国家级海洋自然保护区管理条例》。废止地方性法规 3 件，即《浙江省核电厂辐射环境保护条例》《浙江省水路运输管理条例》和《浙江省著名商标认定和保护条例》。全年共审议批准了浙江 11 个设区的市人大常委会报请批准的地方性法规计 25 件。

表 3-2　　　　　　　　2006 年以来浙江省人大常委会立法情况

年份 \ 类别	省级地方性法规（制定、修改、废止）				批准地市、县级地方性法规数
	制定数	修改数	废止数	法规性决定制定数	
2006	14	2	0	0	17
2007	11	6	0	0	13
2008	6	2	0	0	9
2009	9	31	7	0	10

续表

年份 \ 类别	省级地方性法规（制定、修改、废止）				批准地市、县级地方性法规数
	制定数	修改数	废止数	法规性决定制定数	
2010	13	3	0	0	25
2011	4	25	0	0	14
2012	5	7	0	1	9
2013	6	11	0	0	9
2014	8	25	8	2	13
2015	9	7	0	2	15
2016	5	17	0	2	35
2017	9	27	3	3	25
总计	99	163	18	10	194

三 2006年以来政府规章制定情况

自1982年12月10日第五届全国人大第五次会议修改的《中华人民共和国地方各级人民代表大会和地方各级人民政府组织法》第8条规定省、自治区、直辖市以及省、自治区的人民政府所在地的市和经国务院批准的较大的市的人民政府，还可以根据法律和国务院的行政法规制定规章以来，浙江政府规章建设在市场化改革的驱动下呈现渐进式态势，并且按照改革的价值取向表现出地方的积极性和创造性。特别是2006年以来，浙江省人民政府共计新制定政府规章121件，修改政府规章92件，废止政府规章38件，较好地实现了"法治浙江"关于进一步完善落实科学发展观和构建和谐社会的法制保障、在健全地方法规规章方面走在前列的目标要求。①

（一）2006—2007年的政府规章制定情况

2006年，省政府新制定政府规章10件，其中，经济类规章4件，

---

① 1982年12月以来，浙江有权制定政府规章的主体仅限于省政府、杭州市政府、宁波市政府和景宁畲族自治县政府。在2015年3月15日第十二届全国人大第三次会议通过《全国人民代表大会关于修改〈中华人民共和国立法法〉的决定》以后，其他九个设区的市的政府也开始逐渐拥有政府规章制定权。为行文简洁需要，本书仅以介绍浙江省政府制定的政府规章为限。

即《浙江省建设项目占用水域管理办法》《浙江省价格监测预警办法》《浙江省肥料登记和使用办法》和《浙江省导游人员管理办法》；资源环境类规章2件，分别是《浙江省自然保护区管理办法》和《浙江省环境污染监督管理办法》；社会管理类规章2件，即《浙江省印章刻制治安管理办法》和《浙江省信息安全等级保护管理办法》；文化类政府规章2件，即《浙江省科学技术普及办法》和《浙江省实施〈中华人民共和国国家通用语言文字法〉办法》。修改政府规章5件，分别为《浙江省公墓管理办法》《浙江省军人抚恤优待办法》《浙江省海域使用管理办法》《浙江省农业机械化促进与农业机械安全管理办法》和《浙江省城市建设档案管理办法》。废止《浙江省〈劳动就业服务企业管理规定〉实施办法》和《浙江省非机动车辆管理办法》等政府规章计2件。

2007年，浙江省政府新制定政府规章10件，其中，经济类规章3件，即《浙江省实施〈中华人民共和国种子法〉办法》《浙江省建筑节能管理办法》和《浙江省节约用水办法》；资源环境类规章1件，即《浙江省水资源费征收管理办法》；社会管理类规章3件，即《浙江省民用运力国防动员试行办法》《浙江省行政区域界线管理办法》和《浙江省医疗机构药品和医疗器械使用监督管理办法》；文化类政府规章2件，即《浙江省国家档案馆管理办法》和《浙江省体育竞赛管理办法》；政府自身建设类规章1件，即《浙江省土地权属争议行政处理程序规定》。修改政府规章1件，即《浙江省商品条码管理办法》。废止政府规章14件，分别是《浙江省乡镇人民政府暂行工作条例》《浙江省查处企业职工伤亡事故的规定》《浙江省农业承包合同管理试行办法》《浙江省测绘成果管理实施办法》《浙江省关于外商投资企业和外国企业征免地方所得税的若干规定》《浙江省外商投资企业登记管理办法》《浙江省外债管理暂行规定》《浙江省全民所有制工业企业转换经营机制实施办法》《浙江省行政复议实施办法（试行）》《浙江省事业单位登记管理办法》《浙江省耕地抛荒处罚办法》《浙江省行政审批暂行规定》《浙江省文物流通管理办法》和《浙江省劳动合同办法》。

(二) 2008年1月至2012年12月的政府规章制定情况

五年来，本届政府新制定政府规章59件，修改政府规章37件，废止政府规章16件，现分述如下。

2008年，浙江省政府新制定政府规章14件，其中，经济类规章5件，即《浙江省实施〈粮食流通管理条例〉办法》《浙江省地方储备粮管理办法》《浙江省实施〈地质资料管理条例〉办法》《浙江省测绘成果管理办法》和《浙江省著作权管理办法》；资源环境类规章3件，分别是《浙江省跨行政区域河流交接断面水质监测和保护办法》《浙江省方岩风景名胜区保护管理办法》和《浙江省江郎山风景名胜区保护管理办法》；社会管理类规章5件，即《浙江省特定种类危险化学品监督管理暂行办法》《浙江省实施〈禁止使用童工规定〉办法》《浙江省实施〈农村五保供养工作条例〉办法》《浙江省防御洪涝台灾害人员避险转移办法》和《浙江省农村公路养护与管理办法》；政府自身建设类规章1件，即《浙江省文化市场综合行政执法管理办法》。修改政府规章3件，分别为《浙江省雷电灾害防御和应急办法》《浙江省高速公路运行管理办法》和《浙江省技术秘密保护办法》。废止政府规章3件，即《浙江省关于鼓励华侨和香港澳门同胞投资的决定》《浙江省制止牟取暴利暂行办法》和《浙江省义务教育收费管理办法》。

2009年，浙江省政府新制定政府规章10件，其中，经济类规章3件，即《浙江省渔业捕捞许可办法》《浙江省公益林管理办法》和《浙江省收费公路管理办法》；社会管理类规章5件，即《浙江省建设项目安全设施监督管理办法》《浙江省实验动物管理办法》《浙江省征地补偿和被征地农民基本生活保障办法》《浙江省城镇污水集中处理管理办法》和《浙江省烟花爆竹安全管理办法》；文化类规章1件，即《浙江省文化馆管理办法》；政府自身建设类规章1件，即《浙江省加强县级人民政府行政管理职能若干规定》。修改政府规章1件，即《浙江省内部审计工作规定》。

2010年，浙江省政府新制定政府规章14件，其中，经济类规章5件，即《浙江省重点建设项目管理办法》《浙江省地理空间数据交换和共享管理办法》《浙江省地方标准管理办法》《浙江省港口岸线管理办法》和《浙江省耕地质量管理办法》；社会管理类规章5件，即《浙江省医疗纠纷预防与处理办法》《浙江省实施〈生猪屠宰管理条例〉办法》《浙江省城镇廉租住房保障办法》《浙江省综合性评标专家库管理办法》和《浙江省居住房屋出租登记管理办法》；资源环境类规章3件，即《浙江省排污许可证管理暂行办法》《浙江省农业废弃物处理与利用促进办法》和《浙江省野生植物保护办法》；政府自身建设类规章1件，即《浙江省行政规范性文件管理办法》。当年度，浙江省政府还修改了《浙江省经济适用住房管理办法》，并通过出台《浙江省人民政府关于修改〈浙江省企业工资支付管理办法〉等18件规章的决定》集中修改政府规章18件，分别是《浙江省企业工资支付管理办法》《浙江省女职工劳动保护办法》《浙江省专业技术人员继续教育规定》《浙江省测量标志保护办法》《浙江省社会消防组织管理办法》《浙江省突发公共卫生事件预防与应急办法》《浙江省社会团体管理办法》《浙江省环境污染监督管理办法》《浙江省水资源费征收管理办法》《浙江省土地复垦办法》《浙江省地方储备粮管理办法》《浙江省矿产资源补偿费征收管理实施办法》《浙江省贸易结算计量监督管理办法》《浙江省农村公路养护管理办法》《浙江省农业机械化促进与农业机械安全管理办法》《浙江省实施〈国防交通条例〉办法》《浙江省排污费征收使用管理办法》和《浙江省旅行社管理办法》。废止了《浙江省台湾船舶边防管理规定》《浙江省违反渔港水域安全管理法规处罚办法》《浙江省〈企业劳动争议处理条例〉实施办法》《浙江省实施〈中华人民共和国保守国家秘密法〉细则》《浙江省城镇房屋装修管理办法》《浙江省地质灾害防治管理办法》《浙江省流动人口计划生育管理办法》《浙江省人事争议仲裁办法》和《浙江省特定种类危险化学品监督管理暂行办法》等9件政府规章。

2011年，浙江省政府新制定政府规章7件，其中，经济类规章1件，即《浙江省林权流转和抵押管理办法》；资源环境类规章2件，即《浙江省辐射环境管理办法》和《浙江省建设项目环境保护管理办法》；政府自身建设类规章4件，即《浙江省政府投资预算管理办法》《浙江省预算执行审计监督办法》《浙江省统计违法违纪行为处分规定》和《浙江省信访事项复查复核办法》。修改政府规章14件，即《浙江省城市道路管理办法》《浙江省实施〈国防交通条例〉办法》《浙江省方岩风景名胜区保护管理办法》《浙江省烟花爆竹安全管理办法》《浙江省城市绿化管理办法》《浙江省高速公路运行管理办法》《浙江省电力设施保护办法》《浙江省水文管理办法》《浙江省建设项目占用水域管理办法》《浙江省野生植物保护办法》《浙江省实施〈中华人民共和国种子法〉办法》《浙江省环境污染监督管理办法》《浙江省烟草专卖管理办法》和《浙江省文化市场综合行政执法管理办法》。废止了《浙江省内河水域治安管理办法》和《浙江省铁路安全秩序管理办法》等2件政府规章。

2012年，浙江省政府新制定政府规章14件，其中，经济类规章5件，即《浙江省建设工程造价管理办法》《浙江省种畜禽管理办法》《浙江省交通建设工程质量和安全生产管理办法》《浙江省人民政府关于下放行政审批事项推进舟山群岛新区建设发展的决定》和《浙江省基础测绘管理办法》；社会管理类规章2件，即《浙江省档案登记备份管理办法》和《浙江省地名管理办法》；资源环境类规章2件，即《浙江省节能监察办法》和《浙江省农村供水管理办法》；文化类规章2件，即《浙江省公共视听载体播放活动管理办法》和《浙江省实施〈地方志工作条例〉办法》；政府自身建设类规章3件，即《浙江省政府信息公开暂行办法》《浙江省行政执法过错责任追究办法》和《浙江省生产安全事故报告和调查处理规定》。修改政府规章1件，即《浙江省著作权管理办法》。废止了《浙江省内河水域治安管理办法》和《浙江省铁路安全秩序管理办法》等2件政府规章。

（三）2013—2017年的政府规章制定情况

五年间，本届政府新制定政府规章42件，修改政府规章49件，废止政府规章6件。现分述如下。

2013年，浙江省政府新制定政府规章7件，其中，经济类规章4件，即《浙江省企业国有资产监督管理办法》《浙江省无居民海岛开发利用管理办法》《浙江省福利企业管理办法》和《浙江舟山港综合保税区管理办法》；资源环境类规章1件，即《浙江省实施〈公共机构节能条例〉办法》；社会管理类规章2件，即《浙江省高层建筑消防安全管理规定》和《浙江省城市交通管理若干规定》。

2014年,浙江省政府新制定政府规章10件,其中,经济类规章4件,即《浙江省出口产品反倾销应对办法》《浙江省林木采伐管理办法》《浙江省民用机场管理办法》和《浙江省企业权益保护规定》;社会管理类规章5件,即《浙江省活禽交易管理办法》《浙江省残疾人就业办法》《浙江省游泳场所管理办法》《浙江省国家安全技术保卫办法》和《浙江省综合治水工作规定》;文化类规章1件,即《浙江省科学技术奖励办法》。修改政府规章9件,分别是《浙江省林地管理办法》《浙江省实施〈粮食流通管理条例〉办法》《浙江省建设项目环境保护管理办法》《浙江省环境污染监督管理办法》《浙江省自然保护区管理办法》《浙江省城市绿化管理办法》《浙江省旅游度假区管理办法》《浙江省旅行社管理办法》和《浙江省导游人员管理办法》。废止政府规章1件,即《浙江省公共安全技术防范管理办法》。

2015年,浙江省政府新制定政府规章9件,其中,经济类规章2件,即《浙江省实施〈农业保险条例〉办法》和《浙江省重大建设项目稽查办法》;社会管理类规章1件,即《浙江省大型群众性活动安全管理办法》;资源环境类规章1件,即《浙江省畜禽养殖污染防治办法》;政府自身建设类规章5件,即《浙江省行政处罚结果信息网上公开暂行办法》《浙江省县级以上人民政府市场监督管理部门行政执法工作若干规定》《浙江省行政处罚裁量基准办法》《浙江省重大行政决策程序规定》和《浙江省机关事务管理办法》。修改政府规章24件,分别是《浙江省军人抚恤优待办法》《浙江省烟草专卖管理办法》《浙江省实施〈中华人民共和国契税暂行条例〉办法》《浙江省测量标志保护办法》《浙江省水产种苗管理办法》《浙江省农村集体经济审计办法》《浙江省归正人员安置帮教工作办法》《浙江省人民防空警报设施管理办法》《浙江省地图管理办法》《浙江省高速公路运行管理办法》《浙江省环境污染监督管理办法》《浙江省城市建设档案管理办法》《浙江省肥料登记和使用办法》《浙江省国家档案馆管理办法》《浙江省实施〈粮食流通管理条例〉办法》《浙江省实施〈地质资料管理条例〉办法》《浙江省测绘成果管理办法》《浙江省渔业捕捞许可办法》《浙江省烟花爆竹安全管理办法》《浙江省排污许可证管理暂行办法》《浙江省地方标准管理办法》《浙江省种畜禽管理办法》《浙江省政府信息公开暂行办法》和《浙江省高层建筑消防安全管理规定》。废止政府规章7件，即《浙江省行政赔偿程序规定》《浙江省森林病虫害防治实施办法》《浙江省工程建设违法行为行政处分规定》《浙江省重点建设工程发包承包管理办法》《浙江省饲料和饲料添加剂管理办法》《浙江省危险化学品安全管理实施办法》和《浙江省建设项目安全设施监督管理办法》。

2016年，浙江省政府新制定政府规章8件，其中，经济类规章2件，即《浙江省通信设施建设和保护规定》和《浙江省土地节约集约利用办法》；社会管理类规章2件，即《浙江省防空地下室管理办法》和《浙江省人民政府关于对小型航空器和空飘物采取临时性管理措施的决定》；政府自身建设类规章4件，即《浙江省行政执法证件管理办法》《浙江省人民政府关于实施重大活动临时性管理措施的决定》《浙江省行政程序办法》和《浙江省国家赔偿费用管理办法》。修改政府规章4件，分别为《浙江省渡口安全管理办法》《浙江省实施〈地质资料管理条例〉办法》《浙江省城市道路管理办法》和《浙江烟草专卖管理办法》。

2017年，浙江省政府新制定政府规章8件，其中，资源环境类规章3件，即《浙江省取水许可和水资源费征收管理办法》《浙江省餐厨垃圾管理办法》和《浙江省古树名木保护办法》；社会管理类规章4件，即《浙江省企业工资支付管理办法》《浙江省女职工劳动保护办法》《浙江省地理国情监测管理办法》和《浙江省体育赛事管理办法》；政府自身建设类规章1件，即《浙江省公共数据和电子政务管理办法》。修改政府规章12件，分别是《浙江省农业废弃物处理与利用促进办法》《浙江省无居民海岛开发利用管理办法》《浙江省自然保护区管理办法》《浙江省实施〈公共机构节能条例〉办法》《浙江省印章刻制治安管理办法》《浙江省地图管理办法》《浙江省基础测绘管理办法》《浙江省城市绿化管理办法》《浙江省收费公路管理办法》《浙江省实验动物管理办法》《浙江省最低生活保障办法》和《浙江省社会消防组织管理办法》。废止政府规章5件，分别为《浙江省国家建设项目审计办法》《浙江省地震安全性评价管理办法》

《浙江省环境污染监督管理办法》《浙江省福利企业管理办法》和《浙江省排污费征收使用管理办法》。

表3-3　　　2006年以来浙江省政府规章制定、修改、废止情况

年份\类别	省政府规章		
	制定数	修改数	废止数
2006	10	5	2
2007	10	1	14
2008	14	3	3
2009	10	1	0
2010	14	18	9
2011	7	14	2
2012	14	1	2
2013	7	0	0
2014	10	9	1
2015	9	24	0
2016	8	4	0
2017	8	12	5
总计	121	92	38

第二节　浙江地方立法工作机制建设

改革开放以来特别是2006年以来，浙江地方立法工作机制建设的主线，就是顺应浙江全面工业化、信息化、城市化、市场化、国际化的需要，认真审视和把握地方立法的基本内涵，不断深化对立法质量及其实现途径的认识，按照科学立法、民主立法、依法立法的要求，不断提升立法的科学化、民主化和规范化水平。

一　提升立法科学化水平工作机制建设

立法科学化是遵循科学的知识和理论的指导，正确认识事物存在

及其变化发展的状态、原因，准确反映经济生活发展规律，使法律制度的供给与经济社会发展的需求处于一种相对均衡的状态。就地方立法的领域而言，立法科学化集中表现在运用科学的方法及时制定出最符合地方客观实际、逻辑严密、自成体系、表述规范的地方性法规和政府规章。而其推进过程，除立法理念的先进性、立法调整对象的科学性、权利义务设定的合理性、利益调整的妥善性以及立法技术上的成熟度等以外，主要需要借助于立法工作机制的完善和调整。十二年来，浙江立法机构在实施立法草案出台前评估、立法后评估、法规/规章项目公开征集、全面推行法规草案起草小组制度等创新举措的同时，主要就以下三个领域进行了推进立法科学化的创新实践。

（一）立法计划编制工作机制建设

立法计划是立法机关关于制定、修改、废止立法的设想和方案，是为立法机关审议立法案事先所作的工作安排。编制立法计划，对于提高立法工作的计划性和科学性具有重要意义。浙江地方性法规和政府规章制定机构自拥有地方立法权之初，即各自建立有年度立法计划制度，并按届建立有五年立法规划制度。区别于兄弟省（市、自治区），浙江在立法计划编制工作上的创新举措，在于浙江省人大常委会在2003年12月即建立了替代常委会五年立法规划的五年立法调研项目库制度，并调整完善了与五年立法调研项目库相关联的年度立法计划制度。

2003年下半年，浙江省人大常委会法制工作委员会为了加强第十届人大常委会期间的地方立法工作，保证本届人大立法工作任务的完成，根据《浙江省第十届人大常委会立法工作意见》确定的十个方面立法重点，在征求省人大有关专门（工作）委员会、省有关部门和社会各方面意见的基础上，拟定了《浙江省十届人大及其常委会立法调研项目库（送审稿）》，并于2003年12月3日经省人大常委会第十四次主任会议研究通过。由此建立了浙江独特的替代以往五年立法规划并被第十一届浙江省人大常委会和第十二届浙江省人大常委会延续的立法调研项目库制度。

共有115件立法调研项目被列入《浙江省十届人大及其常委会立法调研项目库》。其中，经济类法规项目39件，资源环境保护类法规项目24件，教育科学文化卫生类法规项目22件，社会类法规项目25件，政权建设类法规项目5件。

出台于2009年4月的《浙江省十一届人大及其常委会立法调研项目库》共列了145件立法调研项目。其中，改善民生方面的法规项目23件，促进转型升级和经济建设管理方面的法规项目38件，加强资源节约和环境保护方面的法规项目22件，发展农业和新农村建设方面的法规项目15件，加强社会建设管理方面的法规项目36件，发展社会主义民主政治和加强政权建设方面的法规项目11件。

出台于2013年12月的《浙江省十二届人大及其常委会立法调研项目库》，把具有较强的立法必要性和迫切性、需要抓紧调研并适时提请审议的70件法规项目列为第一类，将需要抓紧调研、条件成熟时可以争取提请审议的50件法规项目列为第二类，将若干件立法条件尚不完全具备、需要继续研究论证的法规项目列为第三类。

与地方立法调研项目库制度相配套，浙江在年度地方立法计划制度上也作出了相应的调整。如建立了年度立法计划的立法项目一般应当从立法调研项目库中选取的原则，进而使立法计划与立法项目库较好地衔接起来。同时，还自2006年开始探索建立了年度立法项目预备安排制度。①

浙江省人大常委会建立的立法调研项目库，在性质上是根据国家立法进程和浙江经济社会发展进程的认识，对经过初步研究论证，有立法必要性和可行性的地方立法项目，按照一定的标准进行选择、分类后形成的地方立法调研项目的数据库。区别于以往的五年立法规划，立法调研项目库更强调预期性、指导性和可调整性，在制度设计上更具有动态性和开放性，可以根据一段时间的运行情况，及时对立法调研项目库作出调整，包括充实增加一部分立法调研项目或删除一些已经没有立法必要的立法调研项目。从立法调研项目库建立以来的

---

① 浙江省人大常委会探索建立的立法项目预安排制度的核心内容，是在年度立法计划执行的中期，选择立法调研项目库中部分已经完成法规前期调研和起草的二类项目，展开立法可行性研究，对其中经论证可以列入次年立法计划一类项目的法规草案，提前作出列入次年立法计划的预安排，并相应地明确提请审议的责任单位、责任人、时间要求以及负责初审的专门委员会和初审的时间要求等。

运行情况看，它避免了地方立法进程因常委会换届而作过大的调整，保证了立法工作的历史延续性，立法的重点领域和重点项目被进一步凸显，突出了立法的可行性，对浙江地方立法的科学化产生了较好的作用。

（二）专家参与立法工作机制建设

专家学者参与立法决策和立法过程，是改革和完善科学立法机制的要求，对提升地方立法的科学化水平具有重要意义。长期以来，浙江省人大常委会和浙江省法制办公室在专家参与立法工作的机制建设上均作了较好的探索，各自逐步建立了在法规/规章草案的起草和审议、修改过程中以及其他重大立法工作中，通过委托起草、委托研究、组织论证、书面征求意见、邀请参加法规/规章草案起草小组和其他重大立法活动等方式，邀请专家参与立法工作，听取专家对立法工作的意见，以及对专家意见建议进行整理、评价、使用、反馈的机制。特别是两家单位各自建立了地方立法专家库制度，对专家参与立法工作进行了系统化、规范化建设。

浙江地方性法规的立法专家库制度最早建立于2005年。当年2月，浙江省人大常委会法制工作委员会精心选择了省内具有较高声望的法学、经济学、管理学、语言学等方面的学者和具有较深理论造诣的实际工作部门的专家共64人，组建了浙江省首届地方立法专家库，并制定了《关于专家参与立法工作的若干规定》。自此，浙江专家参与地方性法规立法工作走入了经常化、制度化和规范化轨道。2008年10月，浙江省人大常委会法制工作委员会在原地方立法专家库基础上，组建成立了由83位省内专家组成的新一届地方立法专家库，其中，法学类专家41人，经济类专家16人，管理类专家11人，其他类15人，形成了以法学专业为主、其他专业为辅、专业分布广泛、结构合理、整体效能突出的地方立法专家群。

浙江政府立法专家库制度最早建立于2009年。当年9月，浙江省政府成立了浙江省政府立法咨询专家库。该专家库由40位来自法学、经济学、金融学、教育学、农学等方面的专家、学者组成。2015年5月，第二届浙江省政府立法咨询专家聘任会召开，组建成立了由38位专家组成的浙江省政府第二届咨询立法专家库，其中，法学专家14人、政治经济社会文化领域专家6人、律师10人以及其他行业专家8人。

浙江的地方立法专家库制度，既是浙江地方立法工作密切与专家联系、发挥专家作用的重要载体和平台，也是浙江坚持科学立法、提高地方立法质量的重要工作机制，对推进浙江地方立法的科学化产生了良好的支撑作用。如根据浙江省政府法制办公室统计，浙江省政府第一届立法咨询专家库40位专家五年来共召开58次立法专家论证会，参与专家360余人次，共提出意见建议1000多条，大部分得到了很好的采纳。[1]

（三）立法协调机制建设

加强立法机构之间的协调，是提升浙江地方立法科学化水平的重要环节。2006年以来，浙江地方性法规和政府规章的制定职能部门不仅注重具体立法项目之间的协调沟通，而且注重从制度层面进行构建和完善。2008年11月，浙江省人大常委会法制工作委员会与浙江省人民政府法制办公室联合制定出台了《关于进一步加强立法沟通协调改进立法工作的若干意见》，建立了两个机构之间的立法工作联系会议、立法计划实施情况通报、法规草案起草工作提前介入、立法项目起草工作精细化管理、重大问题修改协商、立法项目预安排、法规草案起草工作责任考核七项具体工作制度，进一步加强了立法工作特别是地方性法规立法工作的沟通、协调和配合，较好地克服了地方性法规年度立法计划实施不均衡、前紧后松的问题，并从一个特定的角度保障了地方性法规制定工作的科学性。同时，省人大常委会加强了人大内部立法工作的沟通、协调和配合，2009年3月，浙江省人大常委会主任会议通过了《关于进一步加强省人大专门委员会和工作委员会立法沟通协调配合的若干意见》，重点就进一步完善地方性法规立法计划编制工作机制、加强立法计划实施工作安排的沟通协调、加强立法计划实施情况通报协商、完善法规起草工作、完善法规审议情况沟通工作、完善法制委员会统一审议前法

---

[1] 参见王春、卜胜琼《浙江省政府新聘38名立法咨询专家》，《法制日报》2015年5月19日。

规修改情况沟通协商工作、加强法规重大问题沟通协商工作七个方面作出具体制度规定，有效地发挥了省人大专门委员会和工作委员会立法工作整体合力作用。

二 提升立法民主化水平工作机制建设

民主意味着主体的广泛性、行为的制约性、内容的平等性和过程的程序性，故而，民主立法至少应包含立法主体的广泛性、立法行为的制约性、立法内容的平等性和立法过程的程序性四者。在浙江地方立法的发展过程中，立法者试图通过在立法的公开度、透明度以及公众的参与程度等方面来推进立法的民主化进程。为此，我们不妨从立法公开和立法听证两个层面，来展现浙江省人大及其常委会和浙江省政府法制办公室的立法民主化机制建设状况。

（一）立法公开的实践探索

把立法的过程和有关信息向公众公开，并以一定形式允许公众参与有关活动、提出意见建议，是立法民主化的重要标志。立法公开是保障人民群众知情权、参与权、表达权和监督权，提高立法工作透明度的重要举措，历来为浙江地方性法规和政府规章制定机关所重视。2006年以来，浙江省人大及其常委会和浙江省政府法制办公室在坚持和改进法规/规章草案公开登报征求意见、向有关部门和人员书面征求意见、召开征求意见座谈会等传统的立法公开操作实践的基础上，主要进行了如下几项创新实践。[①]

一是全面实行法规草案互联网网上公开征求意见制度。浙江是全国第一个在网上公布全部法规草案的省份。2006年以来，浙江省人大常委会法制工作委员会坚持把所有的法规草案及其立法计划草案，全部在其工作网站（地方立法网）上公布，公开征求全社会的意见。互联网网上征集的意见建议，由法工委整理后印发常委会会议参考。

二是公开听取意见会制度。"公开听取意见会"（简称"公听会"）未见于现行法律法规规定，本质上是一种公开的立法座谈会。

[①] 下文根据《浙江日报》的相关报道整理而成。

2011年6月27日,浙江省人大常委会就《浙江省实施〈中华人民共和国食品安全法〉办法(草案)》举行了全国首次立法公听会,在事先公布法规草案文本的基础上,对法规草案中"建立健全食品安全监督管理机制""发挥基层组织和群众监督作用""过期变质食品问题就地销毁制度"等八个方面内容,向食品消费者、食品生产者、食品流通经营者、食品添加剂生产企业等九个群体的15个代表征求意见。

三是探索开展立法协商。2013年11月27日、12月13日,浙江省法制办先后就《浙江省防震减灾条例(草案)》和《浙江省残疾人就业办法(草案讨论稿)》会同省政协社法委组织召开民主协商座谈会。与会人员就两部法规规章草案,从立法定位、结构体系、制度设计等不同角度提出了意见和建议。浙江省政府法制办公室在上述两次立法协商会基础上,于2015年11月20日制定出台了《立法对口协商工作办法》,探索建立政府规章在提请省政府常务会议审议前省政府法制办和省政协社发委组织听取政协委员意见建议以及立法论证活动的立法协商工作机制。在地方性法规的立法协商问题上,2014年12月,浙江省人大常委会召开了首次立法协商会,就《浙江省社会养老服务促进条例(草案)》的规定,会同政协委员、民主党派、人民团体和各界群众进行了立法协商。

四是进一步拓宽公众有序参与立法的途径。这方面的实践探索,如在制定《浙江省城市市容和环境卫生管理条例》等法规时,联合浙江在线、地方立法网、浙江人大门户网等网站举办网络在线实时交流活动。在制定《浙江省消防条例》等法规时,通过举办立法活动视频直播等形式就法规草案的内容、立法理由和立法背景等与网民进行直接交流,并诠释立法所涉及的典型案例、生疏术语等。在2013年审议《浙江省计量监督条例(草案)》和《浙江省价格条例(草案)》过程中,浙江省人大常委会首次采用了立法问卷调查形式,就公众关注的民生问题设计调查问卷并通过浙江在线、浙江人大门户网站、《钱江晚报》和《都市快报》等平台予以公布并征集民众意见建议。

(二)立法听证的创新实践

立法听证是指立法机关在立法活动中,对重要法律草案中涉及多数公民利益、分歧意见较大的复杂问题，给予不同利益主体当面发表意见和展开辩论的机会，由立法机关听取意见的制度。作为一种立法民主化的机制，立法听证既有收集信息、发现事实等实体性功能，又具备协调利益、缓解矛盾、保障公民民主参与等程序性价值。就立法主体而言，可以通过立法听证充分了解实际情况，获取相关信息和资料，使立法决策的形成尽可能合乎民主与科学；就利益相关的主体而言，立法听证为之提供了直接表达立法需求、进行辩论、协商的对话平台；就公众而言，立法听证是保障公民直接参与立法、实现知情权、创制权和监督权以及增强法律认同感的有效途径。

  我国立法听证制度首次确立于2000年3月15日由第九届全国人大第三次会议通过的《中华人民共和国立法法》（以下简称《立法法》），然而，《立法法》虽然提到了"听证"是一种听取各种立法意见的方式，但是并没有把它规定为一个必须履行的程序。[①] 浙江是在全国率先制定地方立法听证规则并最早进行实践的省份。2000年4月14日，浙江省第九届人大常委会主任会议讨论通过了《浙江省地方立法听证会规则》。该规则适用于省本级人大的立法听证活动，共计14条，就省人大有关专门委员会在起草、审议地方性法规草案过程中，召开立法听证会的组织工作、参加人员、会议程序、会议发言、听证报告等事项作了规定。《浙江省地方立法听证会规则》的制定，不但规范了本省立法听证程序，而且为其后安徽、上海、河南、四川、深圳、江西、广州、郑州等省市人大制定立法听证规则提供了可资借鉴的经验。

---

  ① 2000年3月15日由第九届全国人大第三次会议通过的《中华人民共和国立法法》第35条规定：列入常务委员会会议议程的法律案，法律委员会、有关的专门委员会和常务委员会工作机构应当听取各方面的意见。听取意见可以采取座谈会、论证会、听证会等多种形式。第58条规定：行政法规在起草过程中，应当广泛听取有关机关、组织和公民的意见。听取意见可以采取座谈会、论证会、听证会等多种形式。
  立法听证制度在2015年3月15日第十二届全国人大第三次会议通过的《中华人民共和国立法法修正案》中得到了相应的完善，该法第36条规定：法律案有关问题存在重大意见分歧或者涉及利益关系重大调整，需要进行听证的，应当召开听证会，听取有关基层和群体代表、部门、人民团体、专家、全国人民代表大会代表和社会有关方面的意见。听证情况应当向常务委员会报告。

浙江地方性法规的立法听证实践始于 2000 年。当年 7 月 29 日，浙江省人大常委会法制工作委员会就《浙江省实施〈中华人民共和国消费者权益保护法〉办法（草案）》举行了浙江历史上首次，同时也是《立法法》颁行后我国举行的第一次立法听证会。[①] 此后，浙江地方性法规的立法听证一直被延续。2006 年 2 月 28 日，浙江省人大法制委员会、省人大财政经济委员会和省人大常委会法制工作委员会在杭州举办了《浙江省物业管理条例（草案）》立法听证会，在事先于《浙江日报》全文刊登该条例草案、公开征求社会各界意见的同时，就该条例草案所涉及的供水供电等设施设备的移交和维修养护、物业装修、业主大会的决定程序等三个方面意见比较多、比较复杂的问题举行立法听证会。2014 年 11 月 13 日，浙江省人民政府法制办公室会同省公安厅召开了《浙江省实施〈大型群众性活动安全管理条例〉办法（征求意见稿）》立法听证会。就该征求意见稿关于大型群众性活动按照风险程度实行安全等级管理的规定、关于大型群众性活动不予安全许可的情形的规定、关于大型群众性活动票证管理的规定等三个问题进行听证。

浙江政府规章立法听证会的实践始于 2005 年。[②] 当年 7 月 20 日，浙江省人民政府法制办公室就《浙江省实施〈中华人民共和国道路交通安全法〉办法（草案）》举行了立法听证会，重点就"吉祥"车牌能否公开竞价、自行车要不要登记管理、参加安全教育可否减少累积记分、电动自行车实行双重许可管理是否合理、机动车司机无过错赔偿责任和机动车第三者责任险等立法条文听取公众意见建议。2006 年以来，浙江政府规章的立法听证工作一直在延续。2008 年 8 月 28 日，省政府法制办公室在杭州举办了《浙江省烟花爆竹安全管理办法（草案）》立法听证会。2012 年 9 月 25 日，省政府法制办公室会同省公安厅、省消防总队举办了《浙江省高层建筑消防安全管理规定（讨论稿）》立法听证会。2012 年 12 月 6 日，省政府法制办公室在舟山市举行了《浙江省无居民海岛开发利用管理办法（讨论稿）》立法

---

① 参见汤达金《浙江省首次立法听证会》，《人大研究》2000 年第 10 期。
② 下文根据《浙江日报》的相关报道整理而成。

听证会，就无人岛使用权通过招拍挂方式出让、闲置两年收回使用权等问题进行听证。该次听证会现场设置了大屏幕，微博滚动直播讨论内容，将网友对讨论内容的评论进行实时显示，是浙江首次尝试微博直播立法听证会。还有一次政府规章立法听证会是2017年9月29日由省政府法制办公室和省体育局联合举办的《浙江省体育赛事管理办法（征求意见稿）》立法听证会。该次听证会事先在《浙江日报》、浙江省政府法制办公室门户网站、浙江省体育局门户网站、浙江在线网站等平台上全文公布了《浙江省体育赛事管理办法（征求意见稿）》。听证的主要内容是征求意见稿的如下4项规定：（1）对体育赛事实行目录制管理以及对有关赛事采取鼓励性措施的规定，是否合理和具有可操作性；（2）为赛事举办提供相关便捷行政服务的规定，是否合理和可行；（3）对举办者的权利义务所作的规定是否全面、合理；（4）有关法律责任的规定是否合理和具有可操作性。

三 提升立法规范化水平工作机制建设

立法科学化、立法民主化的工作机制，必须得到立法程序的约束和规范。只有建立健全立法的工作程序和工作机制，才能使立法真正建立在科学、民主的基础之上。改革开放以来特别是2006年以来，浙江地方立法的第三条发展演进脉络，就是致力于提升立法规范化水平工作机制的建设，以切实保障科学立法和民主立法。

（一）地方性法规立法工作规范化机制建设

改革开放以来，浙江省人大及其常委会一直注重对地方性法规立法工作的制定。在2000年3月第九届全国人民代表大会第三次会议通过《立法法》以前，浙江省人大常委会于1985年8月出台了《浙江省人民代表大会常务委员会关于制定地方性法规的程序的规定》，并于1993年2月对该规定进行了修改。2000年3月《立法法》出台后，第九届浙江省人大第四次会议于2001年2月通过了《浙江省地方立法条例》，并于2004年1月作了进一步修改完善。据统计，截至2005年年底，浙江省人大及其常委会先后制定、修改有关立法工作的地方性法规计10件。

2006年以来，浙江省人大及其常委会一方面不断完善《浙江省地方立法条例》，先后于2013年7月和2016年1月对《浙江省地方立法条例》作出了两次修改。另一方面又不断修改完善有关立法的地方性法规，如于2013年5月根据《中华人民共和国行政处罚法》的规定，对1996年8月31日省第八届人大常委会第二十九次会议通过的《浙江省人民代表大会常务委员会关于政府规章设定罚款限额的规定》进行了修改。同时，浙江在省人大常委会主任会议层面，先后制定出台了《关于进一步加强省人大专门委员会和工作委员会立法沟通协调配合的若干意见》《地方立法新闻发布会工作规则（试行）》《浙江省人大常委会组成人员、省人大代表参与立法调研工作办法》《地方性法规公布工作流程》《浙江省地方性法规立项工作规则》《浙江省地方性法规草案起草工作规则》等有关立法工作的制度规定。

特别是于2006年10月制定的《浙江省人大常委会立法工作程序》和2014年3月出台的《关于完善科学立法民主立法工作机制的若干意见》，对推进浙江地方性法规立法工作的规范化产生了重要作用。前者按照立法工作发生的先后顺序，对立法工作涉及的各个领域和环节进行了完善与规范，后者全面梳理和整合了既有立法工作机制，就改进立法选项工作机制、健全法规草案起草工作机制、改进立法调研工作机制、推进立法评估工作等19个方面进行了进一步探索，推进了科学立法和民主立法工作机制的规范化进程。

除上述外，浙江省人大常委会法制工作委员会为了确保地方性法规立法工作的规范化，自2006年以来还先后制定了《浙江省地方立法技术规范（第2版）》《法制（工作）委员会工作规则》《法制（工作）委员会办事机构职责及工作规程》《答复法律法规询问工作制度》《关于省人大代表分专业有重点参与立法工作的若干规定》《立法基层联系点工作制度》《关于加强立法调研统筹协调工作的实施意见》等。这些文本的制定，或是规范了立法技术要求，或是明确了法制（工作）委员会及其办事机构的职责、议事规则和工作规程，或是规范了各个参与立法工作主体的行为，对于切实保障立法民主和提高立法工作的科学性发挥了重要作用。

（二）政府规章立法工作规范化机制建设

自1982年12月10日第五届全国人大第五次会议通过的《关于修改〈中华人民共和国地方各级人民代表大会和地方各级人民政府组织法〉的若干规定的决议》赋予省级政府政府规章制定权以来，浙江省政府先后颁布了《关于起草地方性法规制定行政规章工作程序的规定》和《浙江省人民政府制定地方性法规草案和规章办法》，对政府规章立法工作进行了逐步规范。

2000年3月15日第九届全国人民代表大会第三次会议通过的《立法法》生效以后，浙江政府规章制定工作主要依据该法以及《浙江省地方立法条例》和2001年国务院《规章制定程序条例》中有关政府规章制定的规定进行操作，但亦在政府规章"依法立法"问题上进行了诸多探索。一是省政府法制办公室于2012年12月制定了《立法项目办理工作规程》，对立法计划确定后立法项目办理的必经程序、选择性程序、组织会审、提请省政府审议、常务会议后工作程序等各个环节及时限作了比较系统、全面的规范。二是为科学确定立法项目，提高立法草案起草质量和审核工作效率，浙江省政府办公厅于2014年4月出台了《政府立法项目前评估规则》，就立法项目前评估的总体要求、技术要求、内容要求以及评估的第三方参与机制等作出了系统全面的规定。三是为了加强和规范规章草案公开征求意见和意见采纳情况反馈工作，省政府法制办公室于2016年1月制定出台了《地方性法规规章草案公开征求意见工作规定》，明确了政府规章草案原则上应公开征求意见的要求，并就公开的平台、公开的程序、所征集意见的汇总整理采纳与反馈以及各环节的责任主体等作出了系统的规定。

2018年2月24日，浙江省政府重新制定了《浙江省人民政府地方性法规案和规章制定办法》。该政府规章明确了政府立法的宗旨、原则和相关主体的职责，规范了政府规章的立项、起草、审核、审议等各环节的政府立法活动，并明确设区的市政府制定政府规章参照本办法执行。浙江政府规章立法工作规范化建设由此走上一个新的台阶。

第三节　浙江地方立法的基本经验和启示

浙江改革开放四十年来，地方立法从无到有、从探索起步到逐渐规范、从基本成熟到完善提高，取得了长足进展。其在促进浙江经济、政治、文化、社会建设和生态文明建设中发挥了重要作用，既为建设物质富裕、精神富有的社会主义现代化浙江提供了坚实的法制保障，也为浙江继续坚定不移沿着"八八战略"指引的路子走下去，高水平谱写实现"两个一百年"奋斗目标提供了良好的制度基础。

一　浙江地方立法的基本经验

改革开放以来特别是 2006 年以来，浙江立法机关在全面推进依法治国，形成完备的中国特色社会主义法律规范体系的实践中，积累了十分丰富的精神财富，创造了非常宝贵的浙江经验。这些经验，除坚持地方立法机制创新、不断推进立法的科学化民主化规范化以外，主要还包括以下三个方面。

（一）坚持与时俱进，不断完善立法理念

科学的立法理念是不断推进地方立法工作的重要前提和根本保证。改革开放以来，浙江立法机关在立法理念上实现了两次大的转变。一是从追求"有法可依"到追求"立法速度与立法质量并重"的转变；二是从追求"立法速度与立法质量并重"到追求"质量立法"的转变。前一次转变的时间节点是 1997 年 9 月党的十五大的召开。正是党的十五大报告作出了"依法治国，建设社会主义法治国家"的战略决策，并针对作为法治基础的立法工作提出了"加强立法工作，提高立法质量，到 2010 年形成有中国特色社会主义法律体系"的总要求，浙江立法机关才逐步地并最终彻底地摒弃了"有比没有好，快搞比慢搞好"的立法理念。后一次转变的时间节点是 2006 年 4 月中共浙江省委作出《关于建设"法治浙江"的决定》。正是由于"法治浙江"把"提高立法质量"作为"加强地方性法规和规章建设"的三大任务之一，加诸 2007 年 10 月召开的党的十七大作出的报告在"坚定不移发展社会主义民主政治"版块中，提出了"坚持科学立法、民主立法，完善中国特色社会主义法律体系",浙江立法机关开始自觉地把立法工作任务从"建设"中国特色社会主义法律体系转向"完善"中国特色社会主义法律体系,浙江地方立法工作开始进入"质量立法"时代。

2006年以来,浙江立法机关围绕"提高立法质量"这一主线,不断完善立法理念。

一是坚持为发展服务的立法理念。2006年以来,浙江立法机关始终牢固树立立法为地方发展服务的理念,按照全面协调可持续发展的要求,着力把握发展规律,为转变发展方式、提高发展质量和效益、实现又好又快发展,创造良好的法制环境。

二是坚持以人为本的立法理念。2006年以来,浙江立法机关始终坚持以人为本,坚持人民在中国特色社会主义事业中的主体地位,尊重劳动、尊重知识、尊重人才、尊重创造,发挥人民首创精神,充分调动人民群众的积极性、主动性、创造性;按照立党为公、执政为民的要求,坚持权为民所用、情为民所系、利为民所谋,始终把实现好、维护好、发展好最广大人民的根本利益作为地方立法工作的出发点和落脚点;把解决民生问题放在重要位置,切实解决广大人民群众最关心、最直接、最现实的利益问题,保障人民的经济、政治、文化、社会权益,走共同富裕道路,促进人的全面发展。

三是坚持统筹兼顾的立法理念。2006年以来,浙江立法机关始终坚持从我国发展的全局和最广大人民的根本利益出发,正确反映和兼顾不同方面群众的利益,调动一切积极因素,调节并处理好各种具体的利益关系,促进整个社会协调发展。既注意统筹城乡发展、区域发展、经济社会发展、人与自然和谐发展、国内发展和对外开放,又注意统筹个人利益和集体利益、局部利益和整体利益、当前利益和长远利益;既注意统筹政府与市场的关系,又注重在工作方法上在总揽全局、统筹规划的基础上抓牵动全局的主要工作、事关群众利益的突出问题,并着力推进、重点突破。

(二)坚持从实际出发,增强地方特色

地方特色是地方立法的生命。地方立法特色越明显,针对性越强,就越能够更好地解决本地的实际问题,实施的效果也会更好,对完善中国特色社会主义法律体系的贡献也就更大。浙江较早地实施市场取向改革,也先遇到、先暴露一些社会矛盾和问题,这对地方立法的挑战性也更大。2006年以来,浙江立法机关充分发扬敢为人先的精神,在维护国家法制统一的前提下,始终坚持准确把握浙江的具体情况和实际需要,确保了所制定出来的法规/规章符合浙江实际,能够体现本地区的经济、政治、文化、社会发展和生态文明建设的特殊性,能够切实解决现实问题。

一是科学编制年度立法计划。纵观2006年以来浙江省人大常委会和省政府所编制的年度法规/规章立法计划,参酌浙江省人大常委会历年来在省人代会上的工作报告,我们可以发现,浙江立法机关在立法项目的筛选上,都坚持需要与可能相结合的原则,分清轻重缓急,突出立法的可行性,注意在体现地方特色上下功夫,在找准制度需求上下功夫,在提高立法效益上下功夫,根据浙江经济社会发展进程选择并确定立法项目。

二是善于总结经验、开拓创新。2006年以来,浙江立法机关在不断总结以往创制立法工作经验的基础上,找准浙江经济社会发展的脉搏,抓住人民群众关注的热点,努力在推进经济转型升级、促进城乡统筹发展、生态省建设、环境资源保护、基层民主建设等具有浙江特色并且已经积累了制度性成果的领域,找到了先行性立法、自主性立法的突破口。

(三) 坚持动态完善,促进法律体系科学和谐统一

经济社会转型加剧,必然引起地方立法的调整对象、适用范围、实施条件等发生新的重大变化,尤其对于经济社会发展较快的浙江而言更是如此。2006年以来,浙江立法机关高度注重法律体系的科学和谐统一,通过"立改废"结合、建立完善备案审查制度,提高了法规/规章规定与经济社会发展的适应度、法规/规章规定之间的协调度,为完善中国特色社会主义的法律体系作出了应有的贡献。[①]

[①] 按照《立法法》《各级人民代表大会常务委员会监督法》规定,对省政府规章、省政府及其办公厅的规范性文件、设区市人大及其常委会的决议决定、设区的市政府规章进行备案审查,是浙江省人大常委会确保法律体系科学、和谐、统一的一项制度设计,由于本书第二章第一节已经介绍了浙江省人大常委会建立完善备案审查制度的实践,为此,下文仅就浙江地方立法的"立改废"工作进行展开。

在"立改废"结合方面，2006年以来浙江立法机关亮点迭出。就"立"而言，2013年11月22日省第十二届人大常委会第六次会议通过的《温州民间融资管理条例》是中国第一部民间借贷的地方性法规；2014年7月31日省第十二届人大常委会第十一次会议通过的《浙江省社会救助条例》是全国首个综合性的社会救助地方性法规；2017年7月28日省第十二届人大常委会第四十三次会议审议通过的《浙江省河长制规定》，是全国首个专门规范河长制内容的地方性法规。就"改、废"而言，2006年以来浙江最显著的特点是凸显了法规/规章修改和废止的常态化。十二年来，浙江省人大常委会和浙江省政府一方面注重辩证处理法规/规章的稳定和发展之间的关系，坚持及时原则，确保法规/规章在实施中存在的明显不适应、不协调、不一致的问题得到及时解决；另一方面又注重法规/规章修改和废止工作的系统性，防止法规/规章修改和废止的"碎片化"。十二年间，这两个机构在加强法规常态化修改和废止工作的同时，组织实施了六次对地方性法规/政府规章的集中清理工作（参见表3-4）。

表3-4　　　　2006年以来浙江立法机关法规/规章集中清理情况

时间	实施机关	基本情况	修改数	废止数
2007年	省政府法制办	按照全面推进依法行政、贯彻落实科学发展观的要求，对现行有效的全部省政府规章进行集中清理	14	59（另，宣布失效1件）
2009年	省人大常委会法工委	以贯彻落实科学发展观为基本要求，对1979—2007年制定的155件现行有效的地方性法规进行集中清理	29	7
2011年	省政府法制办	围绕党的十五大提出的"2010年形成中国特色社会主义法律体系"的目标，对截至2010年6月1日制定的现行有效的151件省政府规章进行集中清理	21	11
2011年	省人大常委会法工委	按照《行政强制法》的规定，对现行有效的172件地方性法规进行集中清理	20	0

续表

时间	实施机关	基本情况	修改数	废止数
2015年	省政府法制办	按照全面深化改革的要求，对1988年1月至2015年4月30日制定的现行有效的政府规章计175件进行集中清理	30	7
2017年	省政府法制办	按照"放管服"改革要求，对截至2017年8月省政府制定的全部187件现行有效的政府规章进行集中清理	14	5

二 浙江地方立法的主要启示

改革开放以来特别是2006年以来，浙江地方立法工作总体上实现了如下三个目标：一是使宪法、法律、法规和国家大政方针在浙江得到有效贯彻；二是及时解决了中央立法不能独立解决或者暂时不宜由中央立法解决的问题；三是自主地解决了应当由地方解决的各种问题。上述三大目标的顺利实现，也给我们留下了诸多启示。

（一）坚持党的领导，保持正确方向

立法是国家重要的政治活动。坚持党对立法工作的领导，是做好立法工作必须坚持的基本原则。早在1996年4月，中共浙江省委就制定出台了《中共浙江省委关于进一步做好地方立法工作的意见》，在明确省委支持和保证省人大及其常委会充分行使立法权的同时，强调要加强省委对地方立法工作的领导。2006年4月出台的《关于建设"法治浙江"的决定》亦强调要加强党对立法工作的领导，要善于把党委的重大决策与地方立法结合起来。

2006年以来，浙江省人大常委会和省政府坚持重大立法问题报请省委决定，不断改进和加强党对立法工作的领导。凡是确定和调整地方立法工作的方针、重要法规制定的指导思想和原则、地方立法工作的年度计划和立法调研项目库等，均事先报中共浙江省委审定。凡是制定、修改或废止政治方面的法规/规章、重大的经济和行政方面的法规/规章、有关国民经济发展和宏观管理的经济方面的法规/规章、有关管理体制和涉及公民权利义务的行政方面的法规/规章、涉台涉侨涉外和涉及军事方面的法规/规章，均主动事先提交省委讨论决定。2018年2月省政府制定的《浙江省人民政府地方性法规案和规章制定办法》更是把坚持党的领导作为最重要的一项立法原则加以明确。正是因为浙江立法机关长期以来深刻认识党的领导对立法工作的重要意义，在地方立法中牢固树立党的观念，在实践中坚持党的领导、依法治国、保障人民当家作主有机统一，保证了浙江地方立法正确的政治方向，更好地发挥了地方立法的引领推动作用。

（二）围绕中心工作，加强重点立法

围绕中共浙江省委、省政府中心工作，按照立法决策与改革、发展、稳定重大决策相结合的要求，努力把省委、省政府的重大决策和战略部署上升为地方性法规/政府规章，是浙江立法机关之所以能够卓有成效地开展工作的另一个重要原因。

从2006年以来浙江立法机关的地方立法工作实践看，中共浙江省委《关于建设"法治浙江"的决定》确定的下列地方立法重点任务，均已经得到较为充分的完成。一是加强了市场主体、产权、市场交易、信用、知识产权保护、国有经济、民营经济以及政府职能转变等方面的立法，进一步巩固和发展了浙江的体制机制优势；二是加强了自主创新、生态环境保护、资源节约、发展循环经济、发展服务业等方面的立法，进一步推进了经济结构调整和经济增长方式转变；三是加强了新农村建设、城市规划建设管理等领域的立法，进一步推进了城乡统筹发展；四是加强了劳动就业、社会保障、科教文卫体、安全生产、社会救助、社会管理、维护社会稳定、应对突发事件等社会发展领域的立法，进一步促进了浙江经济社会的协调发展。

2013年以来，浙江立法机关更加凸显了为中心工作服务的意识，考察浙江省第十二届人大常委会期间浙江地方性法规和省政府规章的制定、修改、废止的情况，我们可以清晰地发现这一特征。现分析如下。

围绕中央和省委重大决策，五年来出台有《温州市民间融资管理条例》《中国（浙江）自由贸易试验区条例》《浙江省违法建筑处置规定》《浙江省河长制规定》《浙江省综合治水工作规定》《浙江省渔港渔业船舶管理条例》《浙江省人民代表大会常委会关于授权省及设区的市人民政府为保障二十国集团领导人第十一次峰会筹备和举办工作规定临时性行政措施的决定》和《浙江省人民政府关于对小型航空器和空飘物采取临时性管理措施的决定》等法规/规章，推进了国家自由贸易区战略和"三改一拆""五水共治""一打三整治"以及保障二十国集团会议顺利召开等重大决策的贯彻落实。

围绕推进"最多跑一次"和"放管服"改革，五年来浙江省人大常委会作出了《浙江省人大常委会关于促进全面深化改革再创体制机制新优势的决定》和《浙江省人民代表大会常务委员会关于推进和保障桐庐县深化"最多跑一次"改革的决定》，并修改相关法规75件，废止11件。这些法规的制定、修改和废止，有力地推进了简政放权、放管结合、优化服务，提升政府治理体系现代化水平，确保了浙江行政许可审批制度改革取得明显成效。

围绕民生保障和保护人民群众生命财产安全，五年来制定或修改了《浙江省社会救助条例》《浙江省社会养老服务促进条例》《浙江省工伤保险条例》《浙江省学前教育条例》《浙江省农产品质量安全规定》《浙江省食品小作坊小餐饮店小食杂店和食品摊贩管理规定》《浙江省残疾人就业办法》《浙江省防震减灾条例》《浙江省气象灾害防御条例》《浙江省安全生产条例》《浙江省特种设备安全管理条例》《浙江省消防条例》《浙江省房屋使用安全管理条例》《浙江省人大常委会关于自然灾害应急避险中人员强制转移的决定》《浙江省高层建筑消防安全管理规定》《浙江省大型群众性活动安全管理办法》和《浙江省烟花爆竹安全管理办法》等法规/规章，确保了人民群众共享改革发展的成果，增进民生福祉，进一步提升了公共安全管理和应对水平，增强公众安全感。

围绕加强生态文明建设，五年来制定或修改了《浙江省机动车排气污染防治条例》《浙江省大气污染防治条例》《浙江省水土保持条例》《浙江省土地整治条例》《浙江省绿色建筑条例》《浙江省公益林和森林公园条例》《浙江省建设项目环境保护管理办法》《浙江省环境污染监督管理办法》《浙江省自然保护区管理办法》《浙江省城市绿化管理办法》《浙江省畜禽养殖污染防治办法》和《浙江省排污许可证管理暂行办法》等法规/规章，守护了浙江绿水青山，进一步完善了人与自然和谐发展现代化建设新格局。

围绕推进创新驱动发展战略，五年来制定或修改了《浙江省专利条例》《浙江省促进科技成果转化条例》《浙江省科学技术奖励办法》等法规/规章，通过立法加强科技创新保护，推进大众创业、万众创新，推动释放制度红利，推进经济转型升级。

（三）坚持人大主导，提高立法质量

基于人民代表大会制度在中国政治制度中的核心地位以及《宪法》《立法法》的文本规定，人大主导立法既是立法的基本原则，也是立法的重要价值追求。但由于我国无论是在国家层面还是地方层面，绝大多数立法都是由政府动议、人大审议通过的，以至于"立法工作中部门化倾向、争权诿责现象较为突出"[①]。

2006年以来，中共浙江省委高度注意由省人大主导地方立法问题，明确提出要支持和保证浙江省人大及其常委会依法行使地方立法权。在中共浙江省委的支持下，浙江省人大常委会及专门委员会的立法能力不断增强，常委会组成人员和专门委员会组成人员中增加了有法治经验的委员，安排法制工作委员会负责人兼任常委会委员，探索建立与立法工作相关的考核机制，切实增强组成人员向人民、向宪法及其他法律负责的意识，对常委会组成人员和专门委员会组成人员开展不定期的立法能力培训，不断提升其在立法各个环节中发挥的实体性作用。同时，加强常委会法制工作机构和立法队伍建设，完善其内设机构设置，增加立法工作机构的领导职数和工作人员编制。

浙江省人大常委会积极主动构建由人大主导地方立法的工作体制和机制。一是在2016年1月28日通过修改《浙江省地方立法条例》，明确规定了"省、设区的市人民代表大会及其常务委员会和景宁畲族自治县人民代表大会应当加强对地方立法工作的组织协调，健全地方立法工作机制，发挥在地方立法工作中的主导作用""省人民代表大会常务委员会通过立法调研项目库、年度立法计划等形式，加强对省的地方立法工作的统筹安排"等内容。二是完善了立法各个环节的工

---

① 这是党的十八届四中全会列举的我国在法治建设中存在的不适应、不符合问题的主要表现之一，参见《中共中央关于全面推进依法治国若干重大问题的决定》，人民出版社2014年版。

作机制,保障人大全方位、全过程地主导立法。在立项机制上,紧紧抓住年度立法计划和立法规划的主导权、决策权,主动提早谋划,通过对立法规划计划的编制、公布和督促落实,加强对立法工作的统筹安排。在起草机制上,建立了综合性、全局性、基础性等重要法规草案由人大专门委员会组织起草,对政府负责起草的法规草案的具体起草活动,由人大提前介入等规则和运作模式。三是建立并完善了政府和社会各方参与立法工作机制,提高人大主导地方立法的水平和效率。继 2008 年 11 月出台的《关于进一步加强立法沟通协调改进立法工作的若干意见》建立浙江省人大常委会法制工作委员会与浙江省人民政府法制办公室之间的立法协调机制以后,省人大又于 2014 年 3 月制定出台《关于省人大代表分专业有重点参与立法工作的若干规定》,在全国率先推出省人大代表分专业、有重点地参与立法的工作机制。经过长期以来的实践探索,浙江人大全过程、全方位地主导立法的机制基本确立,政府和社会各方在人大主导下积极参与立法的格局基本形成,人大主导立法的作用得到充分全面的体现。

第四章　推进依法行政,建设法治政府

依法规范行政权力,全面建设法治政府,是推进"法治浙江"建设,建设"法治中国"的核心要义之一。2006年4月中共浙江省委作出的《关于建设"法治浙江"的决定》提出"到2010年,国务院提出的建设法治政府的基本要求得到全面落实",并就深化行政体制改革、全面推进依法行政和建设一支政治合格、懂法守法、严格依法行政的公务员队伍等三个方面提出了具体的要求。2014年12月中共浙江省委作出的《关于全面深化法治浙江建设的决定》,按照党的十八届四中全会作出的《关于全面推进依法治国若干重大问题的决定》对于法治政府建设所提出的要求,提出到2020年,浙江要力争紧紧围绕严格执法,在建设法治政府方面走在前列。各级政府依法全面履行职能,严格规范公正文明执法效果得到社会公认,依法行政水平明显提高,率先基本建成职能科学、权责法定、执法严明、公开公正、廉洁高效、守法诚信的法治政府。该决定同时就推进政府职能转变、完善行政决策机制、改革和完善行政执法体制、规范行政执法行为和创新和完善政府管理服务方式五个方面对"加快建设法治政府"作出了部署。2006年以来,浙江各级政府坚持深入推进依法行政,围绕依法全面履行政府职能、规范行政权力运行和加强行政权力监督三条主线,有效推进法治政府建设,为到2020年基本建成职能科学、权责法定、执法严明、公开公正、廉洁高效、守法诚信的法治政府奠定了良好基础。

第一节 深化政府改革,全面履行政府职能

改革开放以来特别是2006年以来,浙江政府为了依法全面履行宏观调控、市场监管、社会管理、公共服务、环境保护等职责,牢固树立创新、协调、绿色、开放、共享的发展理念,坚持政企分开、政资分开、政事分开、政社分开,简政放权、放管结合、优化服务,先后通过持续推进行政审批制度改革、推行"三张清单"改革(权力清单改革、责任清单改革、负面清单改革)、启动"最多跑一次"改革,基本理顺了政府与市场、政府与社会的关系,有效地转变了政府职能。

一 推进行政审批制度改革,厘定政府—社会—市场关系

行政审批是现代国家管理社会政治、经济、文化等各方面事务的一种重要的事前控制手段,特指行政审批机关作为行政主体对相对人实施的具体行政行为。按照国务院行政审批制度改革工作领导小组2001年12月印发的《关于贯彻行政审批制度改革的五项原则需要把握的几个问题》,行政审批是指行政审批机关(包括有行政审批权的其他组织)根据自然人、法人或者其他组织依法提出的申请,经依法审查,准予其从事特定活动、认可其资格资质、确认特定民事关系或者特定民事权利能力和行为能力的行为。这一概念包括行政法学上的行政许可(准予从事特定活动)、行政认可(认可资格资质)和行政确认(确认特定民事关系或者特定民事权利能力和行为能力)三者。对包括行政审批的设定权限、设定范围、实施机关、实施程序、监督和审批责任等内容在内的行政审批制度进行改革,是改革开放以来浙江全面转变政府职能和深化行政体制改革的重大举措。

(一)率先启动审批制度改革,精简审批事项

尽管行政审批制度自1978年就随着改革开放的推进逐步调整,但国家大规模集中性的行政审批制度改革始于2001年。当年9月,国务院成立了行政审批制度改革工作领导小组,并于当年10月批转了监察部、国务院法制办、国务院体改办和中央编办共同制定的《关

于行政审批制度改革工作的实施意见》，启动了迄今已经进入到第七轮的行政审批制度改革。

浙江的行政审批制度改革远早于国家层面。先是由县、市政府先行开展自发式、分散式、探索性的，以调整投资类行政审批为主要内容的行政审批制度改革。如在1997年5月，金华市为了加快吸引外商投资，对外商投资项目开展了简化审批手续的改革。再如，1998年，萧山等经济发达县市对重大经济建设项目采取了特事特办的方式，实行了简化审批环节的改革。自1999年开始，浙江省政府领先于全国，启动了集中式、规范式的较大规模的行政审批制度改革。当年7月9日，浙江省人民政府下发了《关于开展省级政府部门审批制度改革试点工作的通知》，在省计经委、省外经贸厅、省人事厅、省劳动厅、省文化厅、省工商厅、省土管局等七个部门和宁波市启动了政府审批制度改革试点。1999年10月，在总结试点工作经验的基础上，省政府成立了审批制度改革领导小组及其办公室，在全省各级政府全面推行行政审批制度改革。

这次改革，要求切实改革和完善政策管理方式和手段，简化审批环节和程序，使政府部门从繁忙的审批事务中解脱出来，转到加强宏观调控、制定市场规则、实施监督管理上来，逐步建立适应社会主义市场经济发展的政府审批制度，更好地发挥政府在推进经济建设和管理社会事务中的职能和作用，并就取消部分审批事项、继续搞好对重要事项的审批、对继续保留审批的事项和进一步规范审批行为、加强对审批行为的监督作了明确的部署。通过这次改革，浙江进一步规范了审批行为，较大程度上杜绝了交叉审批、重复审批现象，对每一项审批都限定了审批时限，对每项审批都制定了相应的内部约束和监督措施。在精简审批事项方面，截至2000年年底，省政府各部门（含具有审批事项的非政府部门）共减少审批、审核、核准等事项1277件，其中审批事项和核准事项减少幅度分别为50.6%和58.0%。[①]

自2001年10月国务院下发《国务院批转关于行政审批制度改革

[①] 参见浙江省政府志编纂委员会编《浙江省政府志》，浙江人民出版社2014年版，第1288页。

工作实施意见的通知》以后，浙江省政府于次年1月15日印发了《关于深化省级行政审批制度改革的意见》，提出要在2002年年底前，省级部门审批等事项在前阶段工作的基础上，再削减1/3以上，审批时限力争提速20%，审批环节明显减少，审批效率明显提高，部分部门网上审批全面起步，监督制约机制基本形成，初步建立起结构合理、配置科学、程序严密、制约有效的与社会主义市场经济体制相适应的省级行政审批制度，并把这项工作列为对省级各部门年度目标责任制考核的重要内容。通过这轮改革，省政府50个部门（含具有审批事项的非政府部门）共取消和调整843个审批项目，削减幅度达到52.5%，审批时限提速27.8%；保留审批项目856项，其中属于国家设定的742项，占86.7%；地方设定的114项，占13.3%。同时，各部门制定了保留审批项目"一事一表"和"建章立制"相结合的改革方案，规定了较为严密的审批操作规程，并将各个审批事项的申报条件、办事流程、承诺时限、责任处室、收费依据以及标准等向社会公开。①

自2002年这轮行政审批制度改革开始，浙江的行政审批制度改革基本上按照国务院的七轮行政审批制度改革的统一部署进行。纵观浙江行政审批制度改革历程，我们可以在总体上把它划分为三个阶段：在2005年年底以前（其间国务院又分别于2003年和2004年启动了第二轮和第三轮行政审批制度改革），行政行审批制度改革主要围绕取消或调整行政审批事项展开，旨在改变行政审批事项繁杂多滥的问题；2006年至2012年年底（其间国务院分别于2007、2010、2012年启动了第四轮、第五轮和第六轮行政审批制度改革），行政审批制度改革的重点在于推进行政审批制度的法制化，并进一步取消和调整了一批行政审批项目；自2013年国家启动第七轮行政审批制度改革以来，浙江行政审批制度改革主要是围绕打造"审批事项最少、办事效率最高、投资环境最优"的改革目标要求，以简政放权为主线，制度创新为支撑，强化监管为保障，持续深入推进改革，并最大

---

① 参见浙江省政府志编纂委员会编《浙江省政府志》，浙江人民出版社2014年版，第1288—1289页。

限度地按照政府、社会、市场之间的应然关系的要求，取消和调整行政审批项目。根据省政府办公厅 2017 年 10 月 11 日公布的《浙江省人民政府办公厅关于公布取消和调整行政审批事项目录及全省行政许可事项目录（2017 年）的通知》，浙江全省行政许可事项减少到 459 项。在 2018 年 1 月召开的省第十三届人代会上，浙江省政府正式宣布，浙江已成为审批事项最少、管理效率最高、服务质量最优的省份之一。①

（二）推行强县扩权改革，调整审批权行使主体

上文所述浙江行政审批制度改革历程，所遵循的主线在于：凡是公民、法人或者其他组织能够自主决定的、市场竞争机制能够有效调节的、行业组织或者中介机构能够自律管理的，以及行政机关采用事后监督等其他行政管理方式能够解决的行政审批事项，均纳入改革范围，并通过多轮改革及时根据经济社会发展进程进行动态调整。但由于行政审批制度改革的价值追求，在于理顺政府、社会、市场三者之间的关系，构建中国特色社会主义的行政管理体制；为此，除了清理和调整行政审批项目、规范行政审批行为、加强对行政审批行为的监督以外，还必须适度调整行政审批权的行使主体，以便使政府的行政审批权行使过程最大限度地匹配和促进经济社会发展。在浙江，这一目标最先是通过以纵向调整行政审批的实施机关为主要内容的强县扩权改革来完成的。

强县扩权改革是指在暂时不涉及行政区划层级调整的情况下，将一部分归属于地级市的经济管理权和社会管理权直接赋予经济强县（市）。这一改革的直接目标是推进县域经济发展，但它暗合了国家行政审批制度改革的基本精神。国务院行政审批制度改革工作领导小组于 2001 年 12 月印发的《关于贯彻行政审批制度改革的五项原则需要把握的几个问题》明确指出，国务院批转的监察部等四部委共同制定的《关于行政审批制度改革工作的实施意见》所称行政审批制度，包括行政审批的实施机关等内容。同时，自国务院 2003 年启动第二轮行政审批制度改革开始，下放行政审批事项的管理层级就成为我国

---

① 袁家军：《政府工作报告——2018 年 1 月 25 日在浙江省第十三届人民代表大会第一次会议上》，《浙江日报》2018 年 2 月 5 日。

行政审批制度改革的主要工作内容之一。其中，国务院《关于第三批取消和调整行政审批项目的决定》下放47项，2007年以来国务院先后分12批下放国务院部门的行政审批事项计344项。

浙江是全国最早启动强县扩权改革的省份。早在1992年，省政府就出台了《关于扩大十三个县市部分经济管理权限的通知》，对萧山、余杭、慈溪等13个县市扩大了基本建设项目、技术改造项目和外商投资项目的审批权，并简化了相应的审批手续。1997年，省政府出台《关于在萧山和余杭两市试行享受市地一级部分经济管理权限的批复》，启动了第二轮强县扩权改革，试行萧山、余杭两市享受地级市部分经济管理行政审批权。2002年、2006年和2008年，中共浙江省委、省政府先后联合出台《关于扩大部分县（市）经济管理权限的通知》《关于开展扩大义乌市经济社会管理权限改革试点工作的若干意见》和《关于扩大县（市）部分经济社会管理权限的通知》，启动了后三轮强县扩权改革。其中，2002年的改革向17个县（市）和3个区下放了12个方面313项经济社会行政审批权。2006年的改革原则上除规划管理、重要资源配置、重大社会事务管理等事项外，赋予义乌市与设区市同等的经济社会管理权限，共向义乌市下放了603项经济社会行政审批权。2008年的改革在全省推开扩大县级政府经济社会管理权限工作，除义乌市经济社会管理权限调增为618项外，共向其他各县（市、区）下放权限443项。①

浙江五轮强县扩权改革，总体上呈现两条运行轨迹。一是从注重经济管理职能向全面履行政府职能转变。前三轮强县扩权所下放的行政审批权限主要是经济管理权限，社会管理和公共服务类权限相对较少，改革的主要目的是增强县级政府的经济性公共服务能力。从第四轮强县扩权改革开始，改革的目的转向为全面提高县级政府的履职能力和行政效能，以扩大县级政府的公共服务和社会管理权限为重点。二是从行政性分扩权向法治化扩权转变。前三轮强县扩权更多地采取行政化的扩权方式，主要依靠省委、省政府的行政权威，将原属于地

---

① 马斌：《政府间关系：权力配置与地方治理——基于省、市、县政府间关系的研究》，浙江大学出版社2009年版，第160—165页。

级市政府的行政审批权下放到经济强县，2006年开始的第四轮强县扩权改革，则强调按照"依法放权，能放则放"的要求，实行法治化分权，体现依法行政和改革创新的结合。《关于开展扩大义乌市经济社会管理权限改革试点工作的若干意见》明确规定：凡法律法规明确规定由县级以上人民政府及其主管部门批准和管理的事项，均由义乌市政府及其主管部门行使批准和管理权；有关法规和部门规章规定与国家法律不一致的，服从上位法的规定。法律法规规定由设区市政府及其主管部门批准和管理的事项，无禁止委托条款的，由金华市政府及其主管部门委托义乌市政府及其主管部门行使批准和管理权，具体实施情况报金华市政府及其主管部门备案；属于禁止委托的，由金华市政府及其主管部门向义乌市延伸机构行使批准和管理权。

2009年6月，省政府出台《浙江省加强县级人民政府行政管理职能若干规定》，明确规定省、设区的市人民政府通过明确管理权限、简化管理程序和依法下放权力等方式，增强县级人民政府的行政管理职能。其第3条又规定：县级人民政府或其工作部门对依法有权管理的事项，应当积极履行相应的管理职责；依法由省人民政府或者其工作部门审批的有关事项，县级人民政府或其工作部门可以直接报省人民政府或者其工作部门审批；依法由上级人民政府或者其工作部门管理的有关事项，上级人民政府或者其工作部门可以通过法定委托、授权等形式交由县级人民政府或者其工作部门办理，县级人民政府或者其工作部门应当依法予以办理。浙江行政审批权下放问题就此被纳入了法制化轨道。

（三）推进相对集中行政许可权改革，优化审批机制

通过权力下放调整行政审批权行使主体，可以使政府在行使行政审批职权时最大限度地实现扁平化管理，为浙江各地政府及其部门更好地发挥政府作用提供潜在可能。但由于传统的行政审批是以部门分割为基础进行设定的，为适应多头管理，立法上将本可以一体进行申报的审批事项或在一个环节可以完成的审批事项人为地"肢解"为若干个审批事项或若干个审批环节并分配给不同的审批部门，这大大增加了当事人办理行政审批事项的负担和成本，为此，还需要对行政审批权限进行横向配置的创新实践。这就是浙江启动相对集中行政许

可权改革的缘由。

浙江相对集中行政许可权改革的历史，总体上经历了三个阶段。第一个阶段表现为行政许可权在空间场所上的集中。这一阶段的改革通过把具有审批事项的部门在"行政服务中心"或"政务服务中心"设立窗口，把行政审批事项集中起来进入窗口办理，实行"一站式"办公来完成。1999年9月，上虞县在全国县域层面上成立了第一家规范意义上的政府集中办事机构（上虞市便民服务中心）。1999年年底，金华市在全国地市级层面上首先成立了首家政府集中办事机构。当年，金华市把46个具有行政审批权的部门的审批办证窗口全部集中到政府办事大厅，建成了全国首家综合行政审批办证中心，实行"一站式"办公和"一个窗口受理、一次性告知、一条龙服务、一次性收费、限时办结"的运行模式。这一阶段的改革，旨在减少和避免审批对象在各个部门之间的来回奔波，对于浙江金华改善投资环境、提高行政审批效率产生了积极意义。

第二个阶段始于浙江省政府办公厅于2010年10月下发的《浙江省行政审批服务管理办法》，表现为职能部门内部的集中。在该阶段，浙江按照《中华人民共和国行政许可法》第26条第1款关于"行政许可需要行政机关内设的多个机构办理的，该行政机关应当确定一个机构统一受理行政许可申请，统一送达行政许可决定"的规定，将涉及多个内设机构的行政审批职责权限整合到一个内设机构，并进驻行政服务中心。①

第三个阶段以中共浙江省委全面深化改革领导小组于2016年5月通过省相对集中行政许可试点方案，浙江省政府办公厅下发《关于温州经济技术开发区、嘉兴市南湖区、绍兴市柯桥区、天台县相对集中行政许可权试点方案的复函》为起始标志。在该阶段，浙江按照《行政许可法》第25条关于"经国务院批准，省、自治区、直辖市

---

① 《浙江省行政审批服务管理办法》第12条规定：市、县（市、区）政府各部门、法律法规授权的组织应当推行行政审批职责权限整合和集中工作，原则上应将涉及多个内设机构的行政审批职责权限整合到一个内设机构，并进驻行政服务中心。第13条规定：纳入行政服务中心集中办理的行政审批事项，政府各部门、法律法规授权的组织一般不得在本机关或者其他场所办理。

人民政府根据精简、统一、效能的原则，可以决定一个行政机关行使有关行政机关的行政许可权"的规定，在温州经济技术开发区、嘉兴市南湖区、绍兴市柯桥区、天台县分别启动了成立行政审批局的试点。① 此后，相对集中行政许可权制度还分别被写入浙江省人大常委会 2017 年 7 月 28 日和 12 月 27 日通过的《关于推进和保障桐庐县深化"最多跑一次"改革的决定》和《中国（浙江）自由贸易试验区条例》。

浙江实行的相对集中行政许可权改革试点，从实现行政许可申请的受理权、行政许可决定的送达权等的集中，到一个行政机关中的多个内设部门分头行使审查权、决定权等权能的一个内设部门行使审查权和决定权；从成立行政审批局以实现行政审批职权从多个行政机关向一个行政机关的权力转移，到上升为地方性法规作为一项法律制度，逐步实现了行政审批流程的优化，为今后进一步探索高效审批服务和强化事中事后监管新路子奠定了坚实基础。

二 推行"三张清单"改革，实现政府职权具象化

把政府权力自觉地限制在法律的范围内，严格依法办事，防止权力滥用，既是转变政府职能时必须遵循的基本原则，也是全面充分履行政府职能的保障。长期以来，浙江政府按照法治政府建设的基本要求，努力在制度建设上实现行政机构依法设立（组织法定）、行政权力依法取得（职权法定）、行政程序依法确定（程序法定）、行政行为依法作出（行为法定）、行政责任依法承担（责任法定），取得了明显的成效。但行政法上的上述"五法定"原则，只有转化为具象化、可操作的规则体系，才能被行政机关及其工作人员一体遵循。在浙江，这一转化是通过推行权力清单、责任清单和负面清单来实现的。

（一）率先推行权力清单，细化法定职权

权力清单是政府各个部门按照法定职责，梳理和界定其权力边

---

① 2016 年 7 月 7 日，浙江省第一个行政审批局——天台县行政审批局挂牌成立。新组建的行政审批局共接收了该县 22 个县级部门 31 枚印章管理的 178 项行政审批职能，按照"一个窗口受理、一个科室审批"格局进行运转。参见刘乐平等《天台试水相对集中行政许可权》，《浙江日报》2016 年 7 月 8 日。

界，并按照行政权力基本要素，将梳理出来的权力事项进行规范，以列表清单形式公之于众的行政权力清单。浙江是党的十八届三中全会以后公布首份县级政府权力清单和首份省级政府权力清单的省份。

2013年11月召开的党的十八届三中全会提出要推行地方各级政府及其工作部门权力清单制度，依法公开权力运行流程。会议结束后第二天，浙江省政府常务会议要求省级各部门用一个月时间，把"家底清理一遍"，结果发现省级57个部门有12333项权力。① 2014年1月8日，省政府办公厅下发了《关于在富阳市推行权力清单制度试点的通知》，确定富阳市为浙江建设县级权力清单制度的唯一试点地区。2014年3月7日，富阳市在其政府门户网站晒出了全国首份县级政府行政权力清单，公开征求社会公众意见。这份公布的权力清单共列明了38个政府部门的4825项行政权力，其中常用权力1474项，非常用权力3351项。

2014年3月27日，省政府下发了《关于全面开展政府职权清理推行权力清单制度的通知》，明确要以法律法规规章为依据，按照全面深化改革、加快转变政府职能的要求，积极有序开展政府职权清理、推行权力清单制度，并从总体要求、范围内容、工作任务和时间安排四个方面对清理政府职权、推行权力清单制度的工作进行了统筹安排。经历了依据各部门的"三定"方案（职能、机构、编制）和各相关法律法规规定梳理工作职责、分析履职情况、开展职权清理、制定权力运行流程、建立事中事后监管五个环节，2014年6月，浙江在网上服务平台——浙江政务服务网上公布了各省级部门的权力清单以及每项权力的运行流程图，行政权力由12333项减少为4236项。这是党的十八届三中全会以后公布的首份省级政府权力清单。

浙江对权力清单的率先探索和实践，目前已经全面覆盖省、市、县、乡（功能区）四级政府部门。它旨在细化政府各部门的法定职权，完善和明晰行政机关的权力配置网络，使各项行政权力更加合理有效地运行。既全面贯彻落实了党的十八届三中全会作出的《中共中

---

① 参见李玉梅、晓海《全面改革的浙江实践——浙江省省长李强答本报记者问》，《学习时报》2014年12月22日。

央关于全面深化改革若干重大问题的决定》有关"推行地方各级政府及其工作部门权力清单制度,依法公开权力运行流程"的规定,也与党的十八届四中全会《中共中央关于全面推进依法治国若干重大问题的决定》作出"推行政府权力清单制度,坚决消除权力设租寻租空间"规定相一致。

(二)率先推行责任清单,落实责任追究

为了加强对权力的制约,必须保证责任与权力相匹配,掌握多大权力,就要承担多大责任。面对在政府责任建设中存在的政府权责不一(如"有权无责"和"有责无权"现象不同程度地存在)、责任边界模糊(如部分领域存在职责交叉、重叠、真空等现象)、责任履行虚化、责任落实不力等问题,必须合法、合理、清晰地界定各政府部门的责任,将责任具体化。

浙江是率先发布首张省级政府责任清单的省份之一。[①] 经过梳理行政职责、调整行政职责、依法审核确认等环节,2014年10月31日,浙江在浙江政务服务网上向社会公布了省级各政府部门的责任清单。这张省级部门责任清单,将43个省级政府部门的543项主要职责,细化为3941项具体工作事项,与部门实际工作对应,以确保可量化、可检查、可评价。为最大限度地保证可操作性,该责任清单还对市场监管、食品安全、安全生产、环境保护等重点领域,明确了各政府部门间的职责边界,并在165项职责边界中附加了案例说明。在责任清单中的公共服务事项板块,提供了省级43个部门405项不属于法定履行、但能给群众生产生活带来便利的服务项目,其中每一项都写明主要内容、承担单位、联系电话,以方便群众办事、投诉。截至2017年年底,浙江省、市、县各级政府部门均向社会公布了政府责任清单。

区别于以张扬"法无规定不可为"为目标指向的权力清单,责任清单旨在弘扬"法定职责必须为",即通过以清单形式的列举,对政府部门的行政不作为、消极履职、权力迷恋等予以刚性的责任约束。

---

① 安徽省级政府责任清单的公布与浙江同期,也在2014年10月。其后,江苏(2014年11月)、广东(2015年2月)、湖南(2015年2月)、河北(2015年4月)、山东(2015年6月)也先后公布了省级政府责任清单。

责任清单的全面推行,使对责任主体的具体责任考量和明确问责有据可行,走出了浙江长效问责机制构建的关键一步。

(三) 较早推出负面清单,划定行为边界

负面清单是企业投资负面清单或市场准入负面清单的简称。负面清单制度设计的旨趣在于:以清单方式列明禁止和限制投资的行业、领域、业务等,并依法采取相应的管理措施或进行相应的制度安排;负面清单以外的行业、领域、业务等,各类市场主体皆可以依法平等进入。

负面清单制度的原则之一是"非禁即入",即在制定过程中,贯彻法律法规没有作出禁止和限制事项以外的领域可以由市场主体自由进入的原则;在实施过程中,贯彻凡是没有被列入负面清单的行业、领域,企业进行投资时只需备案无须审批。原则之二是"公开透明",这不仅表现在负面清单本身对社会公开,政府对清单内容进行充分披露;而且表现在制定环节上,政府要对清单中有关解决市场准入和投资程序方面的内容表述加以明确和规范化,对各项禁止或限制领域、行业也要清楚列明,使之没有歧义;也表现在实施过程中,对列入清单的行业和领域的管理程序和办法制度高度公开透明,对没有列入清单的行业和领域,政府不得干预或设置条件。正是因为负面清单是"非禁即入"原则和"公开透明"原则的统一,它对于划定政府行为边界具有十分重要的意义。

浙江是国内较早提出并实行负面清单管理的省份之一。[①] 2013年12月,浙江省深化行政审批制度改革现场推进会提出要参照《中共中央关于全面深化改革若干重大问题的决定》第14条的规定,制定负面清单。2014年2月,浙江选定舟山群岛新区、嘉善县、海宁市、绍兴市柯桥区为负面清单管理模式试点地,要求上述四地在国务院已经发布的《政府核准的投资项目目录(2013年本)》基础上制定各自的负面清单。2014年6月,浙江省政府发布实行《浙江省企业投资项目核准目录(2014年本)》,这是继2005年之后第二个全省通用的

---

① 此前,中国(上海)自由贸易试验区自2013年9月成立起就实行了外商投资准入负面清单管理,广东省佛山市和中山市分别于2013年12月和2014年2月起实行了企业投资负面清单管理。

企业投资核准目录。其中明确：探索实行负面清单管理方式，企业投资建设成本核准目录外的项目，实行备案管理。自此，负面清单管理模式在浙江全面铺开。2015—2016 年，浙江按年度编制并公布了"浙江省企业投资项目核准目录"。2017 年，浙江按照"能减则减、能合则合、能共享则共享"原则，梳理了企业投资项目全流程行政审批事项，规范后事项合计为 54 项、115 个子项，推出了《浙江省投资项目行政审批、备案事项目录（2017 年）》。

三 启动"最多跑一次"改革，集成政府改革创新

为了进一步加强政府自身改革，浙江在 2016 年年底启动了"最多跑一次"改革，以集成浙江历年来的法治政府改革创新。目前，这项改革尚在不断深化过程中，但已经取得了明显的阶段性成效。就被纳入"最多跑一次"的事项而言，截至 2017 年年底，省本级"最多跑一次"事项达到 665 项，设区市平均达到 755 项，县（市、区）平均达到 656 项，全省"最多跑一次"实现率达到 87.9%，办事群众满意率达到 94.7%。[①] 2018 年 1 月 23 日，中央全面深化改革领导小组第二次会议专门听取了《浙江省"最多跑一次"改革调研报告》，中央深改办建议向全国复制推广。在 2018 年 3 月召开的第十三届全国人大第一次会议上，由浙江倡导并实践的"最多跑一次"改革，被写入政府工作报告："深入推进'互联网+政务服务'，使更多事项在网上办理，必须到现场办的也要力争做到'只进一扇门'、'最多跑一次'。"[②]

（一）"最多跑一次"改革的实施过程

"最多跑一次"是指通过优化办理流程、整合政务资源、融合线上线下、借助新兴手段等方式，在申请材料齐全、符合法定受理条件的情况下，使群众和企业（自然人、法人和其他组织）到政府办理"一件事情"时，从受理申请到作出办理决定、形成办理结果的全过程一次上门或零上门。

[①] 袁家军：《政府工作报告——2018 年 1 月 25 日在浙江省第十三届人民代表大会第一次会议上》，《浙江日报》2018 年 2 月 5 日。

[②] 李克强：《政府工作报告——2018 年 3 月 5 日在第十三届全国人民代表大会第一次会议上》，《人民日报》2018 年 3 月 23 日。

在2016年12月7日召开的经济工作会议上,浙江省委首次提出了"最多跑一次"改革,要求到2017年年底,能够基本实现群众和企业到政府办事"最多跑一次是原则、跑多次是例外",覆盖80%左右行政权力事项的目标。2017年1月召开的浙江省第十三届人大第一次会议上,浙江省政府正式向全省人民承诺:加快推进"最多跑一次"改革。按照"群众和企业到政府办事最多跑一次"的理念和目标,从与企业和人民群众生产生活关系最紧密的领域和事项做起,逐步实现全覆盖。全面推进简政放权,继续精减行政事业收费,倒逼各级各部门减权、放权、治权,加快形成覆盖行政许可、行政处罚、行政征收、行政裁决、行政服务等领域的"一次办结"机制;全面推行"双随机、一公开",制定实施全省统一的节能节地节水、环境、技术、质量、安全等市场准入标准,杜绝多头执法、重复检查,形成"部门联合、随机抽查、按标监管"的"一次到位"机制;全面推行"互联网+政务服务",逐步形成各项便民服务"在线咨询、网上办理、证照快递送达"的"零上门"机制,通过改革给人民群众带来更多获得感。[①] 由此拉开了浙江"最多跑一次"改革的序幕。

2017年2月16日,浙江省政府办公厅印发《关于加快推进"最多跑一次"改革全面梳理公布群众和企业到政府办事"零上门"和"最多跑一次"事项的通知》,要求各地政府及其部门、承担行政职能的事业单位、乡镇/街道政府/办事处对"最多跑一次"事项进行梳理并公布。此后,浙江各地各部门以浙江政务服务网公布的权力清单和公共服务事项目录为基础,对群众和企业到政府办事事项进行了全面梳理,并分期分批公布了群众和企业到政府"最多跑一次"办事事项。在此基础上,各地各部门对于暂时难以达到"最多跑一次"要求,且群众和企业常办、难办的事项,进行了深入研究,提出了一

[①] 车俊:《政府工作报告——2017年1月16日在浙江省第十二届人民代表大会第五次会议上》,《浙江日报》2017年1月22日。需要说明的是,浙江"最多跑一次"改革有一个逐步变化发展的过程。从上文表述可知,它最初是作为政府自身建设特别是法治政府建设的一项举措提出的,但在2017年6月召开的中共浙江省第十四次党代会上,"最多跑一次"改革已经演变为浙江四大工作导向之一的"改革强省"的突破口。为叙述方便,本著仅把"最多跑一次"改革作为法治政府建设的创新举措来论述。

系列深化改革、提高效率、优化服务的具体措施。

2017年2月20日，浙江省政府下发《加快推进"最多跑一次"改革实施方案》，对"最多跑一次"改革进行了全面部署。该方案明确了改革的指导思想、基本原则、实施范围、职责分工、实施步骤，并明确提出以切实增强群众和企业获得感为衡量标准，检验和评价改革的成效，到2017年年底基本实现群众和企业到政府办事"最多跑一次是原则、跑多次是例外"的要求。

2017年7月18日，浙江省政府办公厅印发了《关于加快推进企业投资项目"最多跑一次"改革的实施意见》，对加快推进企业投资项目"最多跑一次"改革作了专题部署，提出：按照企业投资项目开工前审批全流程、多层级、多部门"最多跑一次"的标准和要求，全面推广应用"一口受理、在线咨询、网上办理、代办服务、快递送达"办理模式，推动实体办事大厅与投资项目审批监管平台线上线下融合发展。到2017年年底前，实现企业投资项目全流程、多层级、多部门"最多跑一次"改革目标，全面提升项目建设、竣工验收等事中事后监管服务阶段工作效率，努力把我省打造成为全国审批事项最少、办事效率最高、投资环境最优、企业获得感最强的省份。该实施意见同时明确了加快建设浙江政务服务网投资项目在线审批监管平台，大力推进企业投资项目承诺制改革，加快推进项目审批标准化及简化优化工作，积极开展项目联合测绘、联合踏勘、联合验收，深入推进涉政中介机构改革，规范完善企业投资项目代办制度，加强社会信用体系建设和制定企业投资项目"最多跑一次"负面清单等八项重点任务。此后，浙江省政府办公厅先后下发了《企业投资项目"最多跑一次"改革实施方案》《绍兴市柯桥区开展以"最多跑一次"为目标的企业投资项目行政审批集成式改革实施方案》等，进一步对加快推进企业投资项目"最多跑一次"作出部署。

2017年12月22日，浙江省委全面深化改革领导小组第三次会议强调：深入推进"最多跑一次"改革，着力在攻克"信息孤岛"、企业投资项目审批、商事制度审批三大难关上取得重大突破，充分发挥改革撬动作用，不断增强改革的系统性、整体性、协同性。2018年1月2日，浙江省全面深化改革大会在杭州召开，会议要求推动"最多跑一次"改革向纵深发展,并对2018年加快推进"最多跑一次"改革作出了部署。

(二)"最多跑一次"对政府改革创新的集成

"最多跑一次"改革,以"群众和企业到政府办事最多跑一次"为理念和目标,有效地引导政府行为从传统走向智能、从粗放走向精细、从各自为政走向系统集成,打开了新时代不断推进依法行政、全面建设法治政府的新天地,为基本建成职能科学、权责法定、执法严明、公开公正、廉洁高效、守法诚信的法治政府奠定了良好基础。这项改革主要是通过集成政府机构工作平台、驱动政府机构工作方式调整、集成政府机构工作机制创新三个途径达致其旨趣的。

一是以"一窗受理"集成政府机构工作平台。"最多跑一次"改革初期的主要内容是推行"一窗受理、集成服务"。所谓"一窗受理",是指行政服务中心分领域设置若干综合窗口,群众来办事,无须到多部门或多窗口分头跑,只需将材料提交给综合窗口,由行政服务中心进行全流程协调,按责转办。"集成服务"是各部门协同作战,开展并联审批、模拟审批、容缺预审、全程代办等,为群众和企业提供高效集成的政务服务。"一窗受理、集成服务"改革,旨在实现受理与审批分离、审批与监督评价分离,改变当前部门自我受理、自我审批、自我评价的工作格局,以全面提升政府行政效能。这一改革举措的内在机理如图4-1所示。

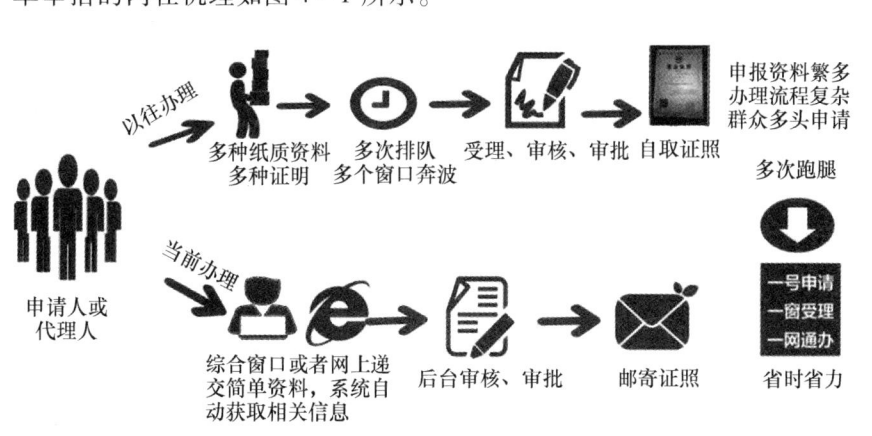

图4-1 "一窗受理"改革前后审批流程变化

经过这一阶段的改革，由于群众只需进行政服务中心"一个门"、到综合窗口"一个窗"就能把"一件事"办成，实现了群众办事从"找部门"到"找政府"的转变，取得了良好的效果。① 更为重要的是，"一窗受理"的变革还触发了政府部门层级之间的职权整合。这集中表现在经过这项改革，许多权力的运行轨迹已经从处科股之间的"小循环"演变成政府部门内的"中循环"，部分权力的运行甚至已经演变为跨政府部门的"大循环"（如政府部门的联合办公、并联审批、综合执法等），部门主导的碎片化管理（集中表现为政府部门职能分工过细、各自为政、办公场所分散等）由此逐渐被凝聚成了用户导向的"整体性治理"。

二是以数据集聚共享驱动政府机构工作方式调整。"一窗受理"仅仅是将高度相关的职能部门物理整合到了一个窗口，但窗口的背后，是各职能部门之间工作人员将众多审批材料的重复复印、交互传递审核审批，用工作人员的"辛苦指数"换来了企业群众的"满意指数"。为此，必须破解数据资源的集聚和共享难题，以数据共享驱动政府机构工作方式调整，进而真正促使职权、流程、标准、审批方式等发生质变。在这一方面，浙江主要是通过以下三者予以推进的。首先是2017年1月6日制定出台的《浙江政务服务网电子文件管理暂行办法》，以确保浙江政务服务网上的电子文件的真实、完整、有效和安全。其次是2017年3月16日制定出台的全国首部专门规范公共数据的省政府规章《浙江省公共数据和电子政务管理办法》，对公共数据的获取、归集、共享、开放、应用等各环节的管理进行规范，对电子文件、电子证照、电子签名等电子材料在政务活动中的法律效力作出规定，较好地解决了制约网上政务服务的法律障碍。最后是在2017年11月，由省数据管理中心联合26个省级有关部门、各省级部门门户网站软件的开发公司和阿里巴巴公司团队一起进行集中攻关，针对省级与群众办事最密切的100个事项这一突破点，按照统一标

---

① 以最先实行这一改革的衢州市为例。根据该市行政服务中心的介绍，实行"一窗受理，集成服务"以来，群众办事平均少跑3个窗口、6次以上，特别是不动产登记业务由原来3个窗口跑8次变为1个窗口跑1次。而且，办事窗口的归并还有效精简了一式多份的办件材料，缩减了冗长的审批时间，节省了大量审批相关费用。

准,逐项逐条改格式、改接口、改系统,让70多亿条数据汇入统一的数据仓,实现共通共享共用。

经过努力,截至2017年年底,全省已建成省市县一体化公共数据交换共享平台,公布两批《省级公共数据共享清单》,向政府机关开放57个省级单位、3600余个公共数据项的共享权限,并依托省、市、县、乡、村五级联动的浙江政务服务网,推进权力事项集中进驻、网上服务集中提供、政务信息集中公开、数据资源集中共享,做到"一网通办"。数据集聚共享改革举措不仅大幅提升了减事项、减材料、减时间的效率,还推动行政审批模式从"面对面"的现场办理变成了"不见面"的网上审批。这种审批模式将行政主体与相对人的办事成本降到了最低,更重要的是极大地提升了审批行为的标准化、规范化程度,压缩了权力寻租的空间,推进了法治政府建设的进程。

三是以标准化为基础集成政府机构工作机制创新。标准是法治政府建设的应有要素。"一窗受理、集成服务"离不开标准,数据集聚和共享也离不开标准。浙江抓住作为全国唯一的国家标准化综合改革试点省的机遇,以"互联网+行政审批+标准化"为手段,为全国以数字治理推动"放管服"改革提供了借鉴。2017年5月21日,浙江发布了政务标准化和规范化的全国首个省级地方标准——《政务办事"最多跑一次"工作规范》。2017年11月30日,浙江省质监局发布《法人库数据规范》,并对《政务服务网电子文件归档数据规范》进行公示,这些省级地方标准构成了法治政府建设的基础性规范。

标准化在提高政务服务效率、提升公共治理绩效的同时,也通过规范化形成了对权力行为的有效约束。它通过全面整合、优化、细化、固化审批流程,扎紧扎密了制度的笼子,使权力运行变得更加规范有序、公平透明。它让"最多跑一次"改革更多地显现了"治权"功能,让改革的过程同时成为健全结构合理、配置科学、程序严密、制约有效的权力运行机制的过程。

第二节 规范权力运行,推进依法行政

规范行政权力运行,推进依法行政,是法治政府建设的核心之

一。改革开放以来特别是 2006 年以后，浙江政府通过健全重大行政决策机制建设、深化行政执法改革、规范行政执法行为，推进了行政决策的科学化、民主化、法治化建设，健全了行政执法体制，坚持了公正文明执法，取得了明显的成效。

一 健全依法决策机制，推进行政决策科学化、民主化、法治化

行政决策是行政权力运行的起点。改革开放以来特别是 2006 年以来，浙江不断完善重大行政决策程序制度，明确决策主体、事项范围、法定程序、法律责任，规范决策流程，强化决策法定程序的刚性约束，推进了行政决策的科学化、民主化、规范化建设。

（一）建立和完善行政决策规则与程序

早在 2009 年 3 月，浙江就制定了《浙江省县级重大事项社会稳定风险评估办法（试行）》，规定在作出事关人民群众切身利益，牵涉面广、影响深远，容易引发不稳定问题的重大决策以前，应围绕可能存在的稳定风险开展合法性、合理性、可行性、可控性等评估工作，分析研究可能存在的不稳定隐患和问题，科学评判后果的风险程度和可控范围。2017 年 11 月 30 日，省第十二届人大常委会第四十五次会议通过了对制定于 2001 年 11 月 2 日的《浙江省各级人民代表大会常务委员会讨论决定重大事项的规定》的修订草案的第一次审议，启动了政府重大决策出台前向本级人大报告制度的构建。

在制定和完善行政决策规则和程序上，浙江最具有实质性意义的动作是于 2015 年 8 月 31 日出台了省政府规章《浙江省重大行政决策程序规定》。该规章就县级以上人民政府及其部门作出重大行政决策时的程序作出了系统规定，把除法律法规已有决策程序规定的事项（如突发事件应对、立法、城乡规划、土地利用总体规划、土地和房屋的征收与补偿、政府定价、地方标准制定等）以外的、学界和社会各界基本达成共识的浙江各级政府的各种重大行政决策，全部纳入了法治化轨道。它不但以列举方式明确了重大决策事项的类型，如经济和社会发展等方面的重要规划和重大改革措施，社会保障、卫生和计划生育、教育等民生领域和环境保护、资源分配等方面的重大政策，

以及由政府组织实施的对相关群体利益可能造成较大影响的重大建设项目等,而且还以"兜底"的方式,把县级以上人民政府及其部门根据上述规定并结合决策中的相关因素,认为是重大行政决策的"其他决策事项"纳入了调整范围,并明确规定乡镇人民政府、街道办事处的重大决策活动参照该规定执行。

在重大行政决策的程序上,该规章明确了公众参与、专家论证、风险评估、合法性审查、集体讨论决定等五大程序的工作目标、内容、方式、要求和工作主体,设定了五大程序的基本标准,并明确规定除依法应当保密或者为了保障公共安全、社会稳定以及执行上级机关的紧急命令需要立即作出决定的情形外,决策工作应当遵循上述五大程序的规定。此外,该规章同时对决策中的协商民主、决策公开、决策后评估等作出了规定,并建立了重大行政决策的责任追究和倒查机制。规定在重大行政决策过程中,决策机关应当广泛听取人大代表、政协委员以及民主党派、工商联、人民团体等方面的意见和建议;在重大行政决策作出后,决策机关应当按照规定制发公文,其中属于最终决定的,除依法不公开的外应当通过浙江政务服务网以及其他途径公布,便于公众知晓和查询;决策机关应当跟踪决策事项的实施情况,通过征求公众意见、专家论证或委托第三方评估等方式对实施效果、存在问题等进行总结评估,并根据情况完善、调整措施;对重大行政决策严重失误造成重大损失、恶劣社会影响的,应当追查责任、实行终身责任追究,依法追究行政首长、负有责任的其他负责人和相关责任人员的责任。

(二) 加强对行政决策的合法性审查

浙江对行政决策进行合法性审查的实践始于 2000 年 5 月省政府发布的《浙江省行政规范性文件备案审查规定》。自 2004 年 3 月 22 日国务院发布的《全面推进依法行政实施纲要》规定重大行政决策在决策过程中要进行合法性论证,特别是国务院于 2008 年 5 月下发的《关于加强市县政府依法行政的决定》规定"建立重大行政决策的合法性审查制度。市县政府及其部门作出重大行政决策前要交由法制机构或者组织有关专家进行合法性审查,未经合法性审查或者经审查不合法的,不得作出决策"以后,浙江的重大行政决策合法性审查工作开始步入制度化和规范化。

出台于2010年7月20日的《浙江省行政规范性文件管理办法》第11条规定：行政规范性文件草案应当由制定机关的法制机构进行合法性审查，未经合法性审查的，不得提请审议。这一政府规章明确了合法性审查是重大行政决策的主要类型即"制定行政规范性文件"的必经程序。其后，省政府办公厅下发了《关于进一步规范行政规范性文件报送工作有关事项的通知》，就起草上报行政规范性文件送审稿向省政府各部门提出了具体要求，并向厅业务处（室）下发《关于规范省政府及省政府办公厅行政规范性文件制定程序的通知》，规定凡属于行政规范性文件的，都应由省政府法制办公室出具合法性审查意见书。2009年和2010年，浙江省政府法制办分别收到省政府及其办公厅送审的行政规范性文件26件和43件，自2011年开始，浙江实现了对省政府及其办公厅制定的行政规范行为文件进行合法性审查的全覆盖。[①] 同时，浙江省政府法制办于2011年聘请13名法律、经济、社会等领域专家学者，成立省政府行政规范性文件合法性审查专家组，制定了《专家参与行政规范性文件合法性审查规定》，建立了专家参与行政规范性文件合法性审查的工作机制。

2017年，省、市、县三级政府法制机构共审查行政规范性文件2976件，经审查，省、市、县三级政府共制发规范性文件2728件（详见表4-1）。就省本级而言，2017年省政府法制办共出具对"区域能评+区块能耗标准""多证合一、一照一码""减负降本"以及"最多跑一次"改革等政策的合法性审查意见书46份，出具对科技创新、小微企业、航空业、信息软件产业等产业促进和转型升级方面政策的合法性审查意见书26份，出具对民生保障、乡村振兴、绿色发展、环境治理等重点工作方面政策的合法性审查意见书91份。

---

① 以上参见陈柳裕、唐明良执行主编《2014年浙江发展报告（法治卷）》，浙江人民出版社2014年版，第164页。

表4-1　　2017年浙江政府法制机构行政规范行为文件合法性审查表

办理机构 \ 基本情况	本级政府制发的规范性文件数量	经合法性审查的规范性文件数量
省法制办	117	116
设区市法制办	462	581
县（市、区）法制办	2149	2279
合计	2728	2976

资料来源：浙江省人民政府法制办公室。

自2015年8月浙江出台《浙江省重大行政决策程序规定》规定合法性审查是作出重大行政决策的必经程序之后，浙江对重大行政决策的合法性审查开始制度化地从仅限于制定行政规范性文件的重大决策扩大到覆盖由该规章明确的所有重大行政决策。以2017年为例，省政府法制办就对省政府与阿里巴巴集团深化全面战略合作协议、省行政事业单位公共交通意外险框架协议等以行政合同形式体现的重大行政决策进行了合法性审查。

（三）建立法律顾问参与决策机制

积极推行政府法律顾问制度，保证法律顾问在制定重大行政决策、推进依法行政中发挥积极作用，是党的十八届四中全会作出的《中共中央关于全面推进依法治国若干重大问题的决定》的明确要求。2014年5月，浙江省政府就组建了由七位法律专家组成的法律顾问组，构建起了由法律顾问参与重大行政决策的模式，并明确省政府法律顾问负有为省政府的重大决策提供法律咨询意见，参与省政府立法项目的研究、论证和重要规范性文件的合法性审查工作等职责。2015年6月，浙江省政府领先于各省（市、自治区）出台了《浙江省人民政府办公厅关于全面推行政府法律顾问制度的意见》，要求到2015年年底，基本实现全省市、县、乡三级政府法律顾问全覆盖；到2017年年底，政府主要部门普遍建立政府法律顾问制度。截至2017年年底，浙江各级政府及其部门实现法律顾问制全覆盖。省政府还于2017年8月组建了第二届省政府法律顾问组，聘请九位法学专家担任省政府法律顾问。

截至 2017 年年底，全省共有 1478 个乡级以上政府机关、4088 个县级以上政府部门分别聘请了法律顾问 1971 人、7277 人，省、市、县、乡四级及政府主要部门实现了法律顾问全覆盖，初步形成了以政府法制机构为主体、外聘专家和律师为补充的法律顾问工作格局。各级政府法律顾问围绕参与重大涉法事务处理、重大问题协商、重要政策措施制定等积极建言献策，较为充分地发挥了智囊作用。以 2017 年为例，全省乡级以上政府机关、县级以上政府部门聘请的法律顾问，参与办理各类法律事务 18980 件，其中，省本级组织召开法律顾问座谈会和例会 4 次，组织参与审查规范性文件等法律事务 26 件/次。[1]

二 深化行政执法体制改革，健全行政执法体制

改革开放以来特别是 2006 年以来，浙江为了加快建立权责统一、权威高效的行政执法体制，在行政执法主体的结构体系、职能配置、权限划分等方面作了一系列探索实践，先后实施了罚款决定与罚款收缴分离改革、[2] 相对集中行政执法权改革、交通行政执法体制改革、中心镇行政执法体制改革、[3] 农业行政执法体制改革、文化行政执法体制改革、[4] 综合行政执法改革等一系列行政执法体制改革。回顾浙江行政执法体制改革历程，我们可以发现其基本取向在于根据不同层级政府的事权和职能，减少行政执法层级，整合行政执法队伍、提高行政执法效率；同时，下移执法重心，着力加强基层执法力量，提高基层行政执法能力和水平。而论及对推进依法行政、加快建设法治政府最有影响者，除本章前文已经述及的相对集中行政许可权改革以外，首推相对集中行政处罚权改革和综合行政执法改革。现重点就该

---

[1] 上述数据由浙江省人民政府法制办公室提供。
[2] 此项改革依据国务院 1997 年 11 月颁布的行政法规《罚款决定与罚款收缴分离实施办法》而进行。
[3] 此项改革依据中共浙江省委、省政府《关于进一步加快中心镇发展和改革的若干意见》的要求而进行，主要依据浙江省政府法制办和省编办制定出台的《关于建立完善小城市培育试点镇和中心镇行政执法体制改革的指导意见》进行推进。
[4] 此项改革依据 2004 年 8 月中共中央办公厅、国务院办公厅转发的中央宣传部等七部委《关于在文化体制改革综合性试点地区建立文化市场综合执法机构的意见》而启动，宁波市于 2005 年 5 月在全国率先完成了此项改革。

两项改革的实施情况概述如下。

(一) 围绕优化城市执法体制,开展相对集中行政处罚权改革

2000年年底,为了解决城市管理中存在的职能交叉、多头执法的状况,理顺行政执法体制,精简行政执法机构和队伍,浙江省政府法制办按照《中华人民共和国行政处罚法》第16条规定和《国务院关于贯彻实施〈中华人民共和国行政处罚法〉的通知》精神,[1] 向国务院法制办提交了《关于报请批准〈杭州市城市管理综合执法试点方案〉的请示》。同年12月21日,国务院法制办下发了《关于在浙江省杭州市开展相对集中行政处罚权试点工作的复函》。2001年9月,杭州市组建成立城市管理行政执法局,由此拉开了浙江相对集中行政处罚权改革的序幕。

浙江相对集中行政处罚权改革试点的基本运作模式,可以表述为成立独立机构、归并行政处罚权、独立行使行政处罚权、财政全额保障四项。一是成立城市管理行政执法局,作为只属于本级政府的集中行使行政处罚权的独立行政机关。二是集中行使原本依法应由其他行政机关行使的行政处罚权,主要包括:(1) 行使市容环境卫生管理方面法律、法规、规章规定的行政处罚权,强制拆除不符合城市容貌标准、环境卫生标准的建筑物或者设施;(2) 行使城市规划管理方面法律、法规、规章规定的行政处罚权;(3) 行使城市绿化管理方面法律、法规、规章规定的行政处罚权;(4) 行使市政管理方面法律、法规、规章规定的行政处罚权;(5) 行使环境保护管理方面法律、法规、规章规定的对社会生活噪声污染和建筑施工噪声污染的行政处罚权、对城市饮食业排污行为的行政处罚权;(6) 行使工商行政管理方面法律、法规、规章规定的对无照商贩的行政处罚权;(7) 行使公安交通管理方面法律、法规、规章规定的对侵占道路行为的行政处罚

---

[1] 1996年3月17日第八届全国人大第四次会议通过的《中华人民共和国行政处罚法》第16条规定:国务院或者经国务院授权的省、自治区、直辖市人民政府可以决定一个行政机关行使有关行政机关的行政处罚权,但限制人身自由的行政处罚权只能由公安机关行使。当年4月,国务院根据该规定发布的《关于贯彻实施中华人民共和国行政处罚法的通知》明确:各省、自治区、直辖市人民政府要认真做好相对集中行政处罚权的试点工作,结合本地方实际提出调整行政处罚权的意见,报国务院批准后施行。由此确立了相对集中行政处罚权制度。

权。与此同时，原享有相应行政执法权的有关部门不得再行使已经统一由城市管理行政执法局行使的行政处罚权；仍然行使的，作出的行政处罚决定一律无效。三是城市管理行政执法局依照行政处罚法和有关法律、法规规定的程序，实施行政处罚。对城市管理行政执法局作出的行政处罚决定不服提出的行政复议申请，由本级政府依法受理。四是城市管理行政执法局所需经费由政府财政全额拨款，不得以收费、罚没收入作为经费来源，罚款、没收违法所得或者没收非法财物拍卖所得款项全额上缴国库。

截至2008年9月，浙江全省共有10个设区的市及其所辖的27个区，以及富阳、建德、桐庐、东阳、嵊州等14个县（市）开展了此项改革试点。浙江相对集中行政处罚权的改革试点，对于解决行政管理中长期存在的多头执法、职责交叉、执法扰民和行政执法机构膨胀等问题，提高行政执法效率和水平，降低行政执法成本，建立"精简、统一、效能"的行政执法体制发挥了积极作用。

为了规范和推进城市管理相对集中行政处罚权工作，浙江省第十一届人大常委会第六次会议于2008年9月19日审议通过了《浙江省城市管理相对集中行政处罚权条例》。该地方性法规分"总则""职责与权限""执法规范""执法协作""执法监督""法律责任"和"附则"等七章，按照既要考虑加强城市管理，促进市容市貌提升，又要考虑方便群众生活，照顾弱势群体就业；既要严格执法，提高执法效率和水平，又要规范执法工作，促进文明执法、科学执法的总体思路，对开展相对集中行政处罚权工作的原则、政府职责、执法部门职责、执法部门与原行政管理部门的职责划分、执法程序、执法规范、执法协作、便民措施、当事人合法权益保护、执法监督等事宜作出了具体规定，从地方性法规层面最大限度地破解了相对集中行政处罚权改革实践中存在的执法机构的机构性质和职能权限不够明确、执法机构的执法监督和执法规范不够完善、执法机构与有关行政管理部门之间的协调或配合不够顺畅等问题，有力地推进了相对集中行政处罚权改革的法治化进程。

（二）基于全方位整合行政执法权，推行综合行政执法改革

综合行政执法改革最先由2002年10月11日《国务院办公厅转

发中央编办关于清理整顿行政执法队伍实行综合行政执法试点工作意见的通知》所提出。2004年12月,衢州市根据《浙江省人民政府关于衢州市开展综合行政执法试点工作的批复》成立了市综合行政执法局,启动了浙江综合行政执法改革试点。

衢州综合行政执法改革的基本运行模式是"一级执法、二级政府、三级管理"。所谓"一级执法",即成立直属于市政府的、具有行政执法主体资格的衢州市综合行政执法局,实行以市为主、统一领导、垂直管理、一级执法的管理体制。所谓"二级政府",即合理划定所属各分局的管辖区域,明确市、区综合执法工作管理职责,市、区两级加强协作。分局的日常管理以区(管委会)为主,业务指导、业务考核、教育培训由市综合行政执法局负责,组织、人事、财务、后勤等由市综合行政执法局统一管理。所谓"三级管理",即在综合行政执法局直属的分局之下,再设执法大队,分局和大队在管辖范围内代表市综合行政执法局行使相应的行政处罚权以及与之相关的监督检查权,形成以"市为主导、区为重点、乡镇(街道)为核心"的三级管理、城乡联动执法模式。就综合行政执法局行使的行政执法权而言,主要是将与城市管理有关的行政执法职能进行调整综合,市综合行政执法局集中行使市容环卫、园林绿化、市政、建筑施工、房地产、城乡规划、工商、环保、公安交通等方面法律、法规、规章规定的全部或者部分的行政处罚权以及与之相关的监督检查职能。2012年始又将人防(民防)管理、犬类管理方面的行政处罚和与之相关的行政强制、监督检查职能并入该局。

衢州市启动综合行政执法改革试点后不久,浙江旋即在义乌启动了综合行政执法改革试点,并在总结上述两地试点经验的基础上,在2014年下发了《浙江省人民政府办公厅关于在嘉兴市、舟山市全面开展综合行政执法试点工作的通知》,在嘉兴和舟山两市启动了全面开展综合行政执法试点工作。2015年2月17日,浙江省政府印发了《关于深化行政执法体制改革全面推进综合行政执法的意见》,在全省范围内启动了城乡统筹的跨部门、跨领域的综合行政执法改革。与此同时,相对集中行政处罚权改革画上了句号。

浙江综合行政执法改革以推动行政执法重心下移、相对集中行政执法权、整合规范执法主体、优化执法力量配置为主要内容。在推动行政执法重心下移方面，要求强化行政执法属地管理，加强市县两级政府行政执法管理职能，旨在解决基层"看得见、管不着"和执法力量分散薄弱等问题，加快建立统一高效的基层行政执法体系。在相对集中行政执法权方面，要求把在基层发生频率较高、与人民群众日常生产生活关系密切、多头重复交叉执法问题比较突出、专业技术要求适宜的公共安全、生态保护、城镇管理、社会管理、民生事业等领域的行政执法权，最大限度地纳入综合行政执法的范围。具体而言，包括市容环境卫生、城乡规划、城市绿化、市政公用、环境保护、工商行政管理（室外公共场所无照经营）、公安交通（人行道违法停车）、土地和矿产资源、建筑业、房地产业、人防（民防）、水行政、安全生产、石油天然气管道保护、陆域渔政、林政、教育、商务、旅游、价格、体育管理等 21 个方面的法律、法规、规章规定的全部或部分行政处罚及相关行政监督检查、行政强制职权。① 在整合规范执法主体方面，要求开展综合行政执法的市、县（市、区）整合相关执法机构和职责，组建综合行政执法局；作为同级政府直属的行政机关，依法独立行使有关行政执法职权，并承担相应法律责任。在优化执法力量配置方面，要求已经开展城市管理相对集中行政处罚权的市、县（市、区）将相关工作统一纳入综合行政执法范围，将已设立的城市管理行政执法局名称统一规范为综合行政执法局，并在现有基础上进一步整合行政执法职权和相应执法队伍。

在推进综合行政执法改革的基本原则上，设定了"三个坚持"。一是坚持"两个相对分开"。按照决策权、执行权、监督权既相互制约又相互协调的要求，深化行政执法体制改革，转变行政执法管理方式，实现政策制定、行政审批与监督处罚职能相对分开，监督处罚与技术检验职能相对分开，从而规范行政执法行为。二是坚持权责统一、精简高效。合理划分不同层级部门的行政执法职责权限，理顺职责关系，减少执法层次，整合行政执法资源，落实执法责任，进一步提升执法效能。

---

① 对上述 21 类中不适宜实行综合行政执法的职权，需经省政府批准后方可重新划归相关业务主管部门行使。

三是坚持统筹协调、稳步推进。将综合行政执法工作与政府职能转变和机构改革、事业单位改革、规范行政权力运行、加强事中事后监管有机结合,总体设计,分步实施,重点突破,有序推进。

自2015年2月部署全面实施综合行政执法体制改革以后,浙江全省综合行政执法工作得到了有序推进。2016年9月,浙江省委、省政府印发《关于深入推进城市执法体制改革改进城市管理工作的实施意见》,提出要构建权责明晰、服务为先、管理优化、执法规范、安全有序的综合行政执法体制。2017年4月,浙江成立了省综合行政执法指导局,负责协调和指导全省综合行政执法工作。截至2017年年底,浙江59个市县实现了城市管理和综合行政执法机构职能整合,98个市县完成挂牌,乡镇(街道)综合行政执法中队派驻覆盖率达97.9%,实现了执法资源有效整合,推动了执法力量向基层下沉,提升了基层群众的改革获得感。

二 规范行政执法行为,坚持公正文明执法

行政执法是行政机关在执行宪法、法律、行政法规所采取的具体办法和步骤,是为了保证行政法规的有效执行,而对特定的人和特定的事件进行处理并直接影响相对人权利与义务的具体行政法律行为。规范行政执法行为,是推进依法行政工作以及建设法治政府的重点环节和重要组成部分。改革开放以来特别是2006年以来,浙江分别从实行行政执法主体资格和行政执法人员资格制度、构建规范行政执法行为规范、建立健全行政执法责任制三个层面,有效推进行政执法行为规范化建设,较好地坚持了公正文明执法。

(一)实行行政执法主体资格和人员资格制度,加强行政执法主体管理

按照职权法定原则,从事行政执法的主体必须依法享有行政执法权,否则不得实施行政执法。基于上述,浙江一贯重视行政执法主体的清理工作。早在1996年,浙江为了贯彻实施当年3月17日第八届全国人大第四次会议通过的《行政处罚法》的要求,对全省各级政府组织了行政处罚法实施主体清理。2004年1月,浙江省政府印发《关于贯彻实施〈中华人民共和国行政许可法〉的通知》,启动了行

政许可项目、行政许可规定、行政许可实施主体和行政许可收费依据的"四项清理"工作。

就行政许可实施主体的清理而言，省本级承担行政许可职能的机构从92家减少至67家。2006年，根据国务院进一步推行行政执法责任制的要求，浙江又对行政执法主体实施了一次全面清理。其间，省、市、县（市、区）三级联动，分级对法定行政机关、法律法规授权的组织和依法受委托执法的组织的执法资格进行摸底调查，结合行政执法依据、职权梳理，予以确认公布。经认定，省本级具有行政执法主体资格的单位和组织共76个，其中属于法定行政机关的40个，属法律、法规授权的其他机关、下设机构或组织36个。浙江进行的最近一次行政执法主体的全面清理，是在2017年根据2016年10月出台的省政府规章《浙江省行政程序办法》第33条规定，[①] 为全面落实行政执法责任制和行政执法公示制度的要求而进行的。当年6月，浙江省政府法制办印发《关于深化开展行政执法主体资格确认公告工作的通知》，启动了新一轮行政执法主体资格确认公告工作。经核查确认，全省各级确认公布行政执法主体共计8674个，其中法定行政执法单位4687个，根据法律、法规、规章的额授权，具有行政执法职能的单位1897个，依据法律、法规、规章的规定，受委托从事行政执法活动的单位2090个。[②] 通过对行政执法主体清理、确认和公告，职能法定原则得到了有效贯彻，对解决乱执法现象起到了正本清源的作用。

浙江省是全国率先建立行政执法人员资格管理制度的省份之一。早在1997年5月，浙江就出台了政府规章《浙江省行政执法证件管理办法》，规定本省行政执法人员必须参加全省统一的行政执法资格考试合格并领取省政府核发的行政执法证方可上岗执法。从1997年10月开始，全省按照统一部署、统一教材、分级培训、严格考试的原则，规定除法律、法规和国家部委以上规定的并且由国家部委核发

[①] 《浙江省行政程序办法》第33条规定：县级以上人民政府应当按照行政执法责任制的规定，依法确认本行政区域内行政机关的行政执法主体资格，并向社会公告。

[②] 上述数据由浙江省人民政府法制办公室提供。

的行政执法证件继续有效外，全省其他各部门或市县政府自行规定和制作的行政执法证件一律无效，行政执法人员上岗执法必须统一使用由省政府制发的"浙江省行政执法证"或其他有效证件，自觉接受社会各界监督。

自此以后，浙江先后对全省所有行政执法人员分期进行培训和考试，加强行政执法人员管理。2016年6月，浙江重新制定出台了省政府规章《浙江省行政执法证件管理办法》，开始全面推进行政执法机关"全员领证"制度，并进一步严格行政执法证件申领标准，明确要求行政执法机关在编工作人员应当参加省政府法制办统一组织的行政执法资格考试，经考试合格按照规定程序领取浙江省行政执法证。截至2017年年底，浙江全省取得浙江省行政执法证的行政执法人员近15万人，行政执法机关持证率达80%以上。[1]

（二）构建行政执法行为规范，完善行政执法过程管理

通过建立健全行政执法监督机制，不断构建行政执法行为规范，是改革开放以来特别是2006年以来浙江完善行政执法过程管理机制的主线。1994年1月浙江省政府颁布的《浙江省行政执法监督办法》，以政府规章的形式首次规定了行政执法监督层级制度，明确了行政执法监督的范围、内容、程序和方式。2000年12月，浙江省第九届人大常委会制定颁布了《浙江省县级以上人民政府行政执法监督条例》，对行政执法层级监督的主体、对象、范围、内容、程序和监督处理的方式等作了全面具体的规范。2004年7月，浙江省政府颁布了省政府规章《浙江省行政许可监督检查办法》，专门对行政许可行为规定了一整套的监督检查制度。在实施上述地方政府规章和地方性法规的过程中，浙江各地各部门不断规范行政法行为，完善行政执法过程管理，促进了规范公正文明执法。

浙江近年来在规范行政执法行为领域实施的创新举措，领先于全国建立健全了行政执法全过程记录、重大执法决定法制审核。[2] 2016

---

[1] 上述数据由浙江省人民政府法制办公室提供。
[2] 在国家层面，这两项制度在2017年才开始进行试点。参见《国务院办公厅关于印发推行行政执法公示制度执法全过程记录制度重大执法决定法制审核制度试点工作方案的通知》。

年8月省政府办公厅转发省政府法制办的《关于浙江省行政执法全过程记录工作办法（试行）》和《浙江省重大行政执法决定法制审核办法（试行）的通知》，分别建立了行政执法全过程记录制度和重大行政执法决定法制审核制度。就行政执法全过程记录制度而言，该通知明确要求全省各行政执法机关通过文字、音像等记录形式对行政执法的全过程进行记录，以实现行政执法过程的全程"留痕"以及可追溯、可评查、可举证。该通知同时按照行政执法的流程先后对主要执法环节的记录提出了具体要求，明确了音像记录的适用情形，并对行政执法过程中形成的文字和音像记录进行立卷、归档、保管和存储等作出了具体规定。对于重大执法决定法制审核制度，该通知要求行政执法机关在作出重大行政执法决定前，对其进行合法性审核，旨在保证重大行政执法决定合法、有效。该通知同时就纳入法制审核范围的重大行政执法决定的类型、法制审核的工作流程和主要内容等作出了具体规定。截至2017年年底，浙江省本级已出台《报送省政府审批的行政执法决定事项目录（试行）》和《报送省政府审批的行政执法决定法制审核规程（试行）》，并进行了14个审批事项的法制审核，全省已有80%的市、县（市、区）出台了法治审核规程。

（三）建立健全行政执法责任制，完善行政责任追究机制

1996年年底，浙江率先在工商、建设、国土和卫生四个省级部门开展行政执法责任制试点工作。1998年9月，省政府在总结省属部门行政执法责任制试点工作经验的基础上，出台了《关于全面推行行政执法责任制工作的通知》，决定在具有明确行政执法职能和行政执法任务较重的32个省直部门和全省各地全面推行行政执法责任制，着力解决当时一些行政执法机关和执法人员中存在的"有法不知道、知道不执行、执行不正确"等问题。此后，省政府法制办下发了《关于抓紧抓好行政执法责任制实施工作的通知》，要求全省各级行政机关按照"全面部署、重点推进、条块结合、上下联动、一级抓一级、层层抓落"的原则，推进行政执法责任制建设。

2005年7月《国务院办公厅关于推行行政执法责任制的若干意见》下发以后，浙江制定了《浙江省人民政府办公厅关于进一步深化完善和全面推行行政执法责任制的实施意见》，明确要求全省各级

政府所属部门和法律、法规授权的组织，凡依法行使行政许可、行政监督、行政处罚、行政强制、行政确认（登记）、行政征收、行政给付、行政裁决及其他具体行政执法职能之一的，都应当建立和完善行政执法责任制，对执法主体、执法依据、执法职权和执法责任进行认真细致的梳理、分解和落实，并向社会公布。

此后，浙江各级政府部门积极按照该《实施意见》要求，实施了三项工作。一是梳理行政执法依据，即对照法律、行政法规、国务院部委规章、地方性法规和地方政府规章规定，按照执法主体或受委托执法组织、具体执法职能、执法标准和执法责任分类梳理行政执法依据。二是明确执法主体、职责、权限和责任，即根据梳理出来的法律、法规和规章，整理并明确界定行政执法主体和行政执法部门职责、权限、责任。三是分解执法职权，确定执法责任，即根据本单位执法机构和执法岗位的设置情况，将其法定职权分解到具体执法机构和执法岗位，并按权责统一要求，明确相应的执法责任。四是向社会公布，即各级行政执法部门把梳理的行政执法依据、职责、权限和责任，以及本部门的行政执法责任制实施方案，在报同级政府法制机构备案的同时向社会进行公布。

在建立并逐步完善行政执法责任制，梳理行政执法依据、明确执法主体、界定执法职权、规范执法程序和执法行为、落实执法责任的过程中，浙江同时建立了行政执法评议考核机制，由省政府法制办按年度对省政府各部门和各地政府的行政执法责任制的实施情况进行考核评议。考核评议的主要内容包括行政执法的主体资格是否符合法律规定，行政执法人员是否持有合法有效的执法证件；行政执法部门和行政执法人员是否依法行使执法职权和履行法定义务；行政执法行为是否符合执法权限；适用法律依据是否正确、规范；行政执法程序是否合法；行政执法决定的内容是否合法、适当；行政执法机关的监督管理措施是否落实；重大具体行政行为是否报送备案；对行政执法监督检查中发现的问题是否及时整改；行政执法决定的行政复议和行政诉讼结果及其履行情况；行政执法责任追究是否落实；行政执法案卷是否完整、规范等。

2012年12月，省政府出台了规章《浙江省行政执法过错责任追究办法》，对行政执法机关及其工作人员在行政执法活动中应当予以追究行政执法过错责任的情形、行政执法过错责任的种类和适用范围、追究行政执法过错责任的程序等作出了详细规定。

第三节 加强监督机制建设，强化权力制约监督

行政权的管理领域广、自由裁量度大、以国家强制力保证行使等特点，决定了它既是与公民、法人切身利益最密切相关的一种国家权力，又是最动态、最容易违法或滥用的一项权力。建立健全对行政权力的制约和监督机制，是推进依法行政、建设法治政府的必然要求。改革开放以来特别是2006年以来，浙江除不断充分发挥我国社会主义政治制度的优势，不断完善人民代表大会制度、不断完善中国共产党领导的多党合作和政治协商制度、不断完善中国特色社会主义司法制度来加强对行政权力的制约和监督以外，主要通过加强行政规范行为文件合法性的管控、发挥行政复议的层级监督功能等来推进行政机关内部监督机制的完善；通过推进阳光政务建设，让权力在阳光下运行的途径来充分发挥人民群众监督、新闻舆论监督等社会监督机制的功能作用，从而有效加强对行政权力的制约和监督。

一 规范红头文件管理，控制行政违法之源

红头文件特指行政机关以及法律法规授权组织制定的，涉及公民、法人或者其他组织权利和义务，在一定时期内反复适用并具有普遍约束力的，除行政法规、规章以外的行政规定。红头文件是法治政府建设进程中一个具有两面性的特殊对象。一方面，行政管理的复杂性、易变性和地区差异性，决定了法律、法规、规章难以穷尽所有具体管理事务，也决定了行政规范性文件具有存在的必要性；另一方面，由于红头文件是从传统政府管理模式延续下来的，在市场化、法治化背景下，负面反应日益增多，相互"打架"、曲解法律法规规定、擅自设定职权和行政措施等问题也较为普遍，以至于被法学界普遍视为行政违法之源，必须尽可能将其纳入法治化轨道。

改革开放以来特别是2006年以来，浙江通过先后制定出台《浙

江省行政执法监督办法》《浙江省行政规范性文件备案审查规定》《浙江省县级以上人民政府行政执法监督条例》《浙江省行政规范性文件管理办法》及其相关配套规定,在建立健全行政规范性文件公众异议审查申请处理机制、[①] 行政规范性文件制定后评估工作机制的同时,优化了行政规范性文件的清理机制,规范了行政规范性文件的发文机制,加强了行政规范性文件的备案审查工作,逐步建立和完善了动态、高效的行政规范性文件管理机制。

(一) 定期与专项结合,优化行政规范性文件的清理机制

为解决行政规范性文件存在的与法律法规不一致、与经济社会发展不适应、相互之间不协调等问题,2010年7月出台的《浙江省行政规范性文件管理办法》建立了行政规范性定期清理制度。该办法第29条规定:制定机关应当按照国家有关规定,每隔两年组织清理本机关制定的行政规范性文件;法律、法规另有规定的,从其规定。对不符合法律、法规、规章规定,以及不适应经济社会发展要求的行政规范性文件,应当予以修改或者废止。第30条规定:行政规范性文件进行清理后,制定机关应当及时公布继续有效、废止和失效的行政规范性文件目录,并定期汇编本机关已公布和清理的行政规范性文件。未列入继续有效的文件目录的行政规范性文件,不得作为行政管理工作依据。

自2010年确立定期清理制度以来,省政府办公厅与省政府法制办先后于2010、2012、2015年和2016年共同启动开展了四次行政规范性文件集中清理,废止和宣布失效了一大批行政规范性文件。其中,2010年集中审查清理了2010年6月30日以前由省政府及其办公厅制定的1811件行政规范性文件;2012年集中审查清理了2012年6月30日以前由省政府及其办公厅制定的1419件行政规范性文件;2015年集中审查清理了2014年12月31日以前省政府及省政府办公厅制发的1541件行政规范性文件;2016年集中清理了浙江与"放管服"改革和"最多跑一次"改革决策不一致、与生态文明和环境保护要求不相符的省政府及省政府办公厅行政规范性文件。有关上述四

---

① 该机制通过省政府法制办公室制定的《浙江省行政规范性文件异议审查处理办法》而建立。

次集中清理的结果,详见表4-2。

表4-2 2010年来浙江省政府及其办公厅行政规范性文件清理情况①

清理结果 公布文号	继续有效	失效	废止	暂时保留
浙政办发〔2011〕80号	953	182	369	307
浙政办发〔2013〕130号	1217	142	60	—
浙政办发〔2015〕100号	1272	100	84	35
浙政办发〔2017〕125号		9	20	9

在进行集中清理的同时,浙江还按照国务院及有关部委的统一部署,于2010年以来先后开展了涉及乙肝项目检测有关规定、违反土地房屋征收规定、行政强制规定、招标投标规定、行政许可规定、涉及公路收费、财政税收优惠政策、擅自设置工商登记前置审批事项等方面的八次行政规范性文件专项清理。② 通过定期清理与专项清理的结合,浙江基本解决了行政规范性文件底数不清、前后不一致、违反法律法规规定以及与经济社会发展进程不同步等问题,并建立了行政规范性文件数据库,为进一步加强行政规范性文件的管理奠定了基础。

(二)编制制定主体清单,推行"三统一"

行政规范性文件不仅层级多——行政规范性文件历来是政府职能履行的重要依据,从中央至地方的各级政府和政府部门以及法律法规授权组织都具有行政规范性文件制定权;而且种类多——常见的行政规范性文件包括通知、意见、办法、规定、批复、纪要等文种,有的以政府令、公告等形式发布,有的以抄告单明确所决定的事项并作为下级行政机关的执行依据,客观上呈现出诸多乱象,如无权主体擅自制定、制定程序不规范、公众查询不方便等。

---

① 所谓"暂时保留"的文件,是指因个别内容与法律法规不一致,但其他内容仍需作为管理依据,要求在限定的时间内进行修改后重新发布或者废止的文件。

② 如2017年,浙江省政府法制办与浙江省工商行政管理局共同对擅自设置工商登记前置审批事项涉及的行政规范性文件进行了专项清理。经清理,决定停止执行前置审批事项59项,亟须保留实施10项;予以废止或修改完的文件68件,继续保留12件。

为了构建行政规范性文件的管理机制，浙江建立了行政规范性制定主体清单制。如根据省政府法制办公室2016年8月制定的《关于公布省本级行政规范性文件制定主体清单的通知》，省政府及省政府办公厅之外的省本级行政规范性文件制定主体计75家，其他未列入本主体清单的省其他单位、机构（包括各类临时机构、议事协调机构及其办公室，部门的内设机构、派出机构，部门管理的二级单位，受行政机关依法委托的行政执法机构）不得以本单位、本机构名义制发行政规范性文件，以利于从源头上规范发文主体。同时，建立了行政规范性文件的"三统一"制度。2012年12月省政府出台的《关于推行行政规范性文件"三统一"制度的意见》规定，省政府及省级部门的行政规范性文件自2013年1月1日起、各设区市人民政府于2013年6月30日前、县（市、区）人民政府于2013年12月31日前，实行行政规范性文件的统一登记、统一编号、统一发布制。省政府法制还同时出台了《浙江省行政规范性文件统一编号规定》《行政规范性文件管理文书参考格式》。

（三）加强行政规范性文件的备案审查工作

自1994年1月制定的《浙江省行政执法监督办法》规定"有规章制定权的市人民政府制定的规章和各级人民政府制定的其他具有普遍约束力的规范性文件，应当分别报送上一级人民政府备案；各级人民政府所属行政执法机关制定的具有普遍约束力的规范性文件应当分别报送本级人民政府和上一级行政主管部门备案"以后，浙江从当年10月1日起就启动了行政规范性文件备案审查工作实践。2000年5月，浙江出台了《浙江省行政规范性文件备案审查规定》，就行政规范性文件备案审查工作作出了系统的专门规定，进一步健全了行政规范性文件备案审查工作机制。

2006年以来，浙江行政规范性文件备案审查工作的力度得到不断加强。一是在2006年1月1日起在全省范围内实行依法行政工作考核之初，把行政规范性文件是否按时报送备案以及备案审查纠错情况作为其中的考核指标。二是逐步规范了备案审查工作流程。2011年，省政府办公厅下发了《关于进一步规范行政规范性文件报送工作有关事项的通知》；省政府法制办先后出台了《浙江省行政规范性文件备案审查实施办法》《浙江省政府法制办行政规范文件备案审查规程》《浙江省行政规范性文件备案审查实施办法》和《关于建立行政规范性文件备案审查工作情况统计制度的通知》，使行政规范性文件报备审查流程不断明确和细化。三是工作机制不断创新。在按年度做好行政规范性文件备案审查工作的基础上，于2016年4月启动了对2010—2015年审查备案的行政规范性文件的"回头看"专项检查工作。通过专项检查共梳理出存在问题的文件300件，并按照"有件必报备、有备必审、有错必纠"的原则，对有内容违法问题的行政规范性文件完成纠错。2017年，省、市、县三级政府法制机构共收到各类报送备案的规范性文件6245件，准予备案登记5931件，经审查发现内容违法或程序违法的问题文件314件，发现问题率5%，并及时进行了督促纠正（详见表4－3）。

表4－3　　2017年浙江政府法制机构行政规范性文件备案审查情况

基本情况 办理机构	收到下一级政府报送备案数	收到本级政府部门报送备案数	收到报送备案规范性文件总数	准予备案文件数	备案发现问题文件数	问题率
省法制办	531	440	971	903	68	7.0%
设区市法制办	2680	982	3662	3472	190	5.2%
县（市、区）法制办	314	1298	1612	1556	56	3.4%
合计	3525	2720	6245	5931	314	5.0%

资料来源：浙江省人民政府法制办公室。

二　建立健全行政复议体制机制，加强行政层级监督

行政复议是指公民、法人或者其他组织认为行政主体的具体行政行为侵犯其合法权益，依法向特定行政机关提出申请，由受理该申请的行政机关对原具体行政行为依法进行审查并作出复议决定的一种法律制度。长期以来，浙江在行政复议领域实施了诸多创新，充分发挥了行政复议对于加强行政机关内部监督，促进行政机关合法、正确地

行使职权,维护社会经济秩序,维护公民、法人和其他组织的合法权益的重要作用。

(一) 率先组建行政复议机构,推进行政复议规范化

浙江的行政复议实践起始于省政府办公厅于1990年6月公布的《关于加强行政复议工作的通知》,其中明确:省政府决定建立省人民政府行政复议办公室,省政府法制局适当增配人员,承担省政府行政复议办公室日常工作;各市、县人民政府(地区行署)亦应建立行政复议办公室。该《通知》同时明确了行政复议机构的基本职责和任务。1990年10月,省政府成立省人民政府行政复议办公室。至1991年年底,全省11个市(地)和86个县(市、区)全部建立了行政复议机构(与政府法制机构"对内一套班子,对外两块牌子")。

1990年12月国务院以行政法规形式颁布《行政复议条例》之后,浙江行政复议工作逐步走向制度化、规范化的运行轨道。1994年2月,省政府颁发了《浙江省行政复议实施办法(试行)》,结合浙江实际就贯彻实施国务院颁布的《行政复议条例》进行了全方位的细化规定。并于2012年12月发布《浙江省行政复议责任追究办法》,建立了行政复议机关、被申请人及相关行政机关的行政行为存在违法或不当时的行政责任追究制度。

省政府法制办通过先后制定下发《关于行政复议工作中请示和咨询等有关问题的通知》(2003)、《浙江省行政复议和解调解指导意见》(2008)、《浙江省行政复议决定备案办法》(2008)、《关于规范行政复议具体应用法律问题询问请示事项和程序的通知》(2011)、《行政复议申请乡(镇、街道)受理点工作规则》(2011)、《关于行政复议答复工作的意见》(2013)、《关于落实重大行政复议决定备案制度的通知》(2013)、《浙江省行政复议听证规则(试行)》(2015)等,对内改进行政复议审理方式、规范行政复议工作程序,对外畅通行政复议渠道、建立行政复议建议制度,不断加强和规范行政复议工作,充分发挥了行政复议制度的各项功能。

(二) 加强合作机制建设,有效提升层级监督实效

1990年以来特别是2006年以来,省政府法制办在不断完善行政复议内部工作机制的同时,着力通过下述两个合作机制建设来激发行

政复议制度的层级监督功能。一是与浙江省信访局建立了信访与行政复议联席会议制度。双方于 2010 年 10 月 8 日召开联席会议第一次会议，就健全信访与行政复议协作机制工作进行了讨论研究，并于当年联合下发了《关于健全信访与行政复议协作机制做好矛盾纠纷化解工作的通知》，积极引导符合行政复议受理条件的信访事项通过行政复议途径解决。二是与浙江省高院建立了行政复议与行政诉讼联席会议制度。旨在有效预防和化解行政争议，推进政府依法行政水平的政府法院联席会议制度，是浙江在全国的首创。

自省政府法制办与省高院于 2008 年首次召开行政复议与行政诉讼联席会议第一次会议以来，截至 2017 年已经分别召开了 14 次会议，每次会议都重点研究解决若干个行政复议中遇到的一些带有普遍性或者影响社会稳定的问题，① 构建了司法与行政的良性互动机制。截至 2017 年年底，浙江 11 个地市政府的法制部门也分别与 11 个地市中级人民法院建立了行政复议与行政诉讼联席会议制度。上述两个机制的建立，对浙江充分发挥行政复议制度的功能产生了较好的促进作用。现将 2006 年以来浙江行政复议工作情况列表如下。

表 4-4　　　　　　　　浙江行政复议工作情况简介②

年份 \ 基本情况	省本级受理数	全省受理数	全省纠错率
2006	134	4190	21.6%
2007	202	3795	19.6%

---

① 如 2017 年 6 月在浙江临海召开的浙江省行政复议与行政审判联席会议第十四次会议，围绕加强行政复议与行政审判衔接协调，统一行政复议与行政审判法律适用，就行政复议机关共同被告有关问题、滥用政府信息公开申请权的规制、行政复议申请期限的理解把握、集体土地征收有关问题以及《行政复议工作备忘（稿）》等进行了交流讨论。

② 本表由省政府法制办（行政复议局）提供，其中，2006—2014 年的"全省纠错率"为综合纠错率，即行政复议书载明的复议结果为确认违法、撤销、变更或责令履行的行政复议案件，以调解方式结案的行政复议案件，以及被申请人改变行政行为后申请人撤回申请的行政复议案件三者之和，在当年度受理的全部行政复议案件中的比率。2015—2017 年的"全省纠错率"为直接纠错率，即行政复议书载明的复议结果为确认违法、撤销、变更或责令履行的行政复议案件在当年度受理的全部行政复议案件中的比率。

续表

基本情况 年份	省本级受理数	全省受理数	全省纠错率
2008	295	4958	30.5%
2009	318	4222	31.5%
2010	405	4136	13.9%
2011	425	4170	15.1%
2012	364	4172	22.0%
2013	448	4690	13.2%
2014	389	6433	9.4%
2015	523	8612	14.3%
2016	534	8641	13.4%
2017	771	11769	15.8%

(三) 设立行政复议局，构建新型行政复议体制

自1999年《中华人民共和国行政复议法》施行以来，我国行政复议体制呈条块结合格局，即申请人对地方政府部门的具体行政行为不服的，可以向该部门的本级政府申请行政复议，也可以向上级主管部门申请行政复议。这种复议体制下行政复议职能过于分散，由此带来了复议效率不高、专业化程度不强、"条线"监督纠错不够有力等问题，难以充分发挥行政复议作为解决行政争议的主渠道作用。

2015年8月，省政府批复《义乌市行政复议体制改革试点工作方案》，同年9月，义乌市成立了全国首家行政复议局，浙江以成立统一的行政复议机构为核心的行政复议体制改革试点由此启动。2016年7月，浙江在嘉兴的桐庐、台州的黄岩两个区县政府以及省政府本级扩大这一改革试点。

本项改革试点的核心要义有三。一是设立专职复议机构。试点地方分别成立"行政复议局"，挂牌在政府法制办并设置相应内设机构，统一办理本级政府的行政复议案件。二是集中复议职责。试点地方分别由政府统一办理本辖区的行政复议案件（应由国务院部门受理的除外），政府部门不再办理行政复议案件。三是优化办案机制。在按照国务院"放管服"改革要求，优化建立"统一受理、统一审理、

统一决定"行政复议工作流程的同时，根据案件具体情况选择听证、调解、专家论证等适当的审理方式。

在试点的基础上，2017年6月，省政府印发《关于深化行政复议体制改革的意见》，对全省深化行政复议体制改革作出全面部署，要求全省11个设区市开展行政复议体制改革，有条件的县（市、区）同步推进，并要求在2018年全省基本完成此项改革。截至2017年年底，浙江全省11个设区市都已将改革工作方案上报省政府，其中金华、台州等8个设区市改革工作方案已经省政府同意，7个设区市和50个县（市区）挂牌成立了行政复议局。

设立行政复议局是党的十八届三中全会决定提出"改革行政复议体制，健全行政复议案件审理机制，纠正违法或不当行政行为"要求以后，浙江以最大限度破解现行行政复议体制存在的弊端为问题导向，旨在进一步提升行政复议能力，发挥行政复议在推进依法行政、解决行政争议中的重要作用，实现政府"一个窗口化争议"的创新实践，[1] 获得了中央全面深化改革领导小组办公室和国务院法制办的肯定，对确保浙江行政复议工作继续走在全国前列具有重要意义。

三　推进政务公开，让权力在阳光下运行

政务公开是行政机关在履行行政管理职能和提供公共服务过程中，向社会公众以及管理、服务对象公开相关政务信息的活动，表现为行政过程由一种政府自我运作的相对封闭形态走向政府面向公众的相对开放状态。全面推进政务公开，让权力在阳光下运行，对于增强政府公信力执行力，保障人民群众知情权、参与权、表达权和社会监督渠道的通畅具有重要意义。

（一）政务公开的早期实践

浙江是全国最早推行政务公开的省份。早在1994年6月，金华

---

[1] 浙江行政复议体制改革取得了明显成效。据省行政复议局介绍，该局自2016年7月成立以来新收到省级部门移送的案件比上年同期省级部门的收案数增长56.5%，省本级的复议直接纠错率比改革前增长5个百分点；义乌市改革后的案件数量达到改革前的5倍，2016年的复议直接纠错率比2015年翻了一番，复议案件数量达到同级法院的2.6倍，同期信访数量持续大幅下降。以上数据由浙江省行政复议局提供。

市就在总结该市经济开发区先行试点推行政务公开的基础上,在全市范围内全面推行以"两公开一监督"(公开办事制度、公开办事结果,接受群众监督)为主要内容的政务公开制度。[①] 1994 年 12 月,中共浙江省委办公厅、省政府办公厅向全省转发了金华市委、市政府联合出台的《关于实行政务公开制度的若干规定》,号召各地各部门结合实际学习参照,进一步加强政务公开的制度化、规范化建设。

2001 年 3 月,省政府在总结始自 1998 年 5 月的 24 个省级机关政务公开试点工作经验的基础上,印发了《关于在省政府直属机关全面推行政务公开制度的通知》,开始在省政府直属机关全面推行政务公开制度,并将政务工作作为目标管理责任制的重要组成部分,加大对各部门推行政务公开的考核力度。2001 年 10 月,中共浙江省委办公厅、省政府办公厅印发《关于进一步完善和深化全省乡镇政权机关政务公开工作的通知》,该《通知》按照中央办公厅、国务院办公厅《关于在全国乡镇政权机关全面推行政务公开制度的通知》规定精神,对进一步全面深化乡镇政务工作作了系统部署。

2004 年 4 月,中共浙江省委、省政府联合下发《关于在全省县以上行政机关全面推行政务公开制度的通知》,明确了全面推行政务公开制度的基本原则、政务公开的事项范围。按照该《通知》要求,政府公开的基本原则是坚持依法公开、公平公正,突出重点、循序渐进,简化环节、方便办事,健全机制、常抓不懈,明确责任、强化监督的原则。政务工作的事项范围包括:政府规章和政府机关制定的规范性文件、经济社会发展的规划/计划及其进展和完成情况、各类城市规划以及土地利用总体规划、政府及有关部门年度工作目标及执行情况、财政预算及执行情况、政府集中采购项目的目录以及政府采购限额标准/采购结果及其监督情况、重大城市基础设施项目的公开招标中标情况及工程进度情况、土地征用/房屋拆迁的批准文件以及补偿标准和安置方案,以及各级政府工作部门的管理职能及其变动情

[①] 参见中纪委研究室、浙江省纪委研究室、《求是》杂志社政理部联合调查组《加强对权力运行的监督制约——浙江省金华市实行政务公开制度的调查》,《求是》1998 年第 11 期。

况、办事依据、办事要求、办事程序、办事时限、办事人员的责任、办事结果、办事过程中的监督制度。此后，浙江各地各部门相应制定下发了深入推行政务公开的《实施意见》，深入推行政务公开工作。截至2006年年初，所有省、市、县三级行政机关、参照公务员管理的事业单位、具有部分行政管理或审批职能的事业单位，都实行了政务公开制度，并全部对外公开，以增进群众对政府行政的知情权、推进政府依法行政。

（二）2006年以来政务公开的成效

中共浙江省委《关于建设"法治浙江"的决定》把推进政务公开作为依法行政的重要内容，规定全面实行政务（信息）公开，重点加大对财政收支、行政审批事项、国有资产管理、重大建设项目等领域的公开力度。2006年以来，浙江通过制定出台省政府规章《浙江省政府信息公开暂行办法》，建立健全了政务公开制度体系；通过先后制定出台《关于进一步加强和改进政务公开工作的通知》《浙江省全面推进政务公开工作实施细则》等，加强了对政务公开工作统筹谋划；通过制定《浙江省基层政务公开标准化规范化试点工作实施方案》，推进了基层政务公开标准化建设试点工作，全面加强主动公开工作，深入做好依申请公开工作，试点开展政务公开标准化建设，在推进政务公开上取得了良好业绩。

具体而言，一是全面加强主动公开，增强政府工作透明度。全省各级政府部门均成立了政务公开工作机构，形成了全省上下贯通的领导体制和推进机制。坚持以公开为常态、不公开为例外的原则，围绕推进"五公开"（重大行政决策全流程公开、执行方方位公开、管理全领域公开、服务全过程公开、结果全维度公开），不断细化公开内容，扩大公开范围。2017年，全省主动公开政务信息9341853条。同时，加强重点领域政务公开工作，截至2017年年底，全省完成了省、市、县、乡四级公共服务事项目录库建设，实现了省、市、县三级行政处罚一站式网上运行，实现了重点便民事项网上服务全省覆盖。并建立了"谁起草、谁解读"的重要政策解读机制，实现了政策解读与重大政策制定工作同步谋划、集群发布。

二是深入开展依申请公开，保障人民群众知情权。及时完善依申请公开制度建设，全省各地各部门制定了依申请公开工作制度和流程图并在网上公布。依法规范依申请公开答复工作，明确依申请公开答复应写明所适用的法律依据及条款，明确告知申请者依法享有的法律救济途径和救济时效，做到程序、实体合法合规，提升了依申请公开的答复水平。积极拓宽依申请公开的受理渠道，各地各部门均确保开通现场申请、信函申请及网上申请等三种依申请公开渠道，在省政府门户网站建设了省级部门依申请公开受理集约化平台。2017年，全省共收到政府信息公开申请31975条，所有依申请公开的信息均在法律规定期限内办理完毕，并以申请人要求的方式依法答复给申请人。

三是开展基层政务公开试点，推行政务公开标准化规范化。2017年8月省政府办公厅出台的《关于印发浙江省基层政务公开标准化规范化试点工作实施方案》，明确在杭州市拱墅区、宁波市江北区、温州市瓯海区、嘉善县、义乌市、江山市、临海市等七个县（市、区）开展基层政务公开标准化规范化试点工作，并成立了省基层政务公开标准化规范化试点工作协调小组。此后，七个试点地方按照省政府办公厅全国率先制定的《基层政务公开试点工作总则（试行）》《基层政务公开试点工作规范编写规则（试行）》和《基层政务公开试点工作评估规范（试行）》，积极围绕权力运行全流程、政务服务全过程，充分运用"标准化＋政务公开"，有效开展了这项试点工作。截至2017年年底，七个试点县（市、区）依据权责清单和公共服务事项对试点范围涉及的公开事项进行了全面梳理，共梳理出公开事项2073项，其中杭州市拱墅区204项、宁波市江北区276项、温州市瓯海区233项、嘉善县274项、义乌市429项、江山市285项、临海市372项，并进行了政务公开流程优化。根据这七个试点地方的工作进展，有望形成可复制、可推广、可考核的基层政务公开标准体系和规范，为全国基层政务公开提供"浙江经验"和"浙江标准"。

（三）构建面向新时代的政务公开载体

政务公开载体建设事关政务公开建设的成效。早在2004年5月，浙江就开始运行省政府门户网站，并在当年7月获得国家组织的全国省级政府门户网站评比第四名的业绩。近年来，浙江通过把政府管理和公共服务的关键信息和渠道搬上互联网，全面推动行政权力网上透明高效规范运行,打造线上服务与线下服务相结合的一体化新型政务服务模式,形成了浙江政务公开的实时化、精准化和快速反应等新特点,实现了政务公开的网络化、全覆盖。

浙江政务公开新局面的形成,主要是通过2014年6月25日正式上线的浙江政务服务网(www.zjzwfw.gov.cn)实现的。浙江政务服务网是以政务为主体、服务为主线,全省统一架构、五级联动的新型电子政务平台,也是中国首个搭建于公有云平台,集行政审批、便民服务、政务公开、效能监察、互动交流等功能于一体,省、市、县(市、区)政府部门在其中设有服务窗口,乡镇(街道)、村(社区)在其中设有服务站点,被称为"政务淘宝""24小时'不打烊'"的网上服务型政府。

经过三年多的运营完善,浙江政务服务网已形成功能清晰的"阳光政务""数据开放"等专项板块。其中的"阳光政务"板块,不仅晒出了政府权力清单、责任清单、企业投资负面清单、财政专项资金管理清单等四张清单,还公告全省政府部门每一笔审批业务,让群众监督行政权力的运行。浙江政务服务网开通后,42个省级部门的4236项行政权力悉数在网上晒出,"一网收尽政府权力",任何人只要登录浙江政务服务网,都可以查看包括权力实施主体、实施依据、行使层级等详细信息,初步实现了该网"记录权力运行轨迹、公开权力运行流程、确保权力正确行使"的核心使命。其中的"数据开放"板块,把原本"藏在政府机关抽屉里"的数据,通过互联网开放给公众供其访问、下载。目前,该平台已向社会公众集中开放68个省级单位和杭州市等行政机关的650项数据类目,推出电子证照、档案数据、空间地理、信用信息等专题应用,浙江个人综合库、法人综合库、信用信息库的数据量已超过60亿条,电子证照库已归集31本常用证照数据。这是浙江省级单位在全国首次面向社会公众集中、免费开放政府数据资源,也是全国各省份中第一个推出的政府数据统一开放平台。①

作为在全国率先运用"互联网+"理念、云计算技术和一体化思

---

① 上述数据由浙江省人民政府办公室信息公开办公室提供。

维打造的政府网站,浙江政务服务网大力推进行政审批事项集中进驻、网上服务集中提供、政务信息集中公开、数据资源集中共享,逐步实现全省政务服务在线统一导航、统一认证、统一申报、统一查询、统一互动、统一支付、统一评价,以此打造全天候的网上政府、智慧政府,形成公平、高效、透明的政务生态系统,促进政府依法行政。目前,浙江政务服务网已赢得"互联网+政务"最佳实践的赞誉。李克强曾在有关专报信息上作出重要批示,充分肯定浙江"一张网"的做法,要求及时总结。2016年9月浙江省公共政策研究院暨浙江大学公共政策研究院发布的《政府网络透明度评估报告(2014—2015)》显示,浙江位列省、市、自治区政府网络透明度评估排行榜前茅。国家行政学院电子政务研究中心受国务院办公厅电子政务办公室委托,依据国办印发的《"互联网+政务服务"技术体系建设指南》对多个省级行政区域2017年的网上政务服务能力开展第三方评估形成了《省级政府网上政务服务能力调查评估报告(2018)》,其中,浙江网上政务在服务方式完备度、服务事项覆盖度、办事指南准确度、在线办理成熟度、在线服务成效度等五大指标均居全国前列,综合排名位居全国第一。

第四节　浙江法治政府建设的内在逻辑和基本经验

改革开放以来特别是2006年以来,浙江法治政府建设取得了显著进步,对浙江经济、政治、文化、社会和生态文明建设产生了巨大的推动作用。遵循历史演进的线索且又紧扣时代发展的脉搏,运用历史与逻辑相统一的方法来梳理浙江法治政府建设的内在逻辑,提炼法治政府建设的基本经验,对于进一步推进浙江法治政府建设具有重要意义。

一　浙江法治政府建设的内在逻辑

改革开放以来特别是2006年以来浙江法治政府建设的发展历程,清晰地呈现了从追求职权法定到强调依法行政,再到加强行政监督的过程。先是通过行政审批制度改革,推进"三张清单"建设;再通过"最多跑一次"的集成，试图在实现职权法定取得不断突破；继而通过健全依法决策机制、深化行政执法改革、规范行政执法行为，不断加强对行政权力的规范；接着是通过控制行政违法之源、加强行政层级监督、推进政务公开，加强对政府机关及其工作人员的监督。当然，浙江法治政府建设的演进历程，并非简单地如一条直线抽象地向着最终目标演进的，实际上是一个由若干圆圈所构成的大圆圈，并且，即使是其中的任何一个圆圈，也是一个不断迭代的过程。① 同时，浙江法治政府建设进程中，还有诸多具有实质性意义而限于篇幅本章无法述及的事项。②

就改革开放以来特别是 2006 年以来浙江法治政府建设的"面相"而言，它呈现为不断向职能科学、权责法定、执法严明、公开公正、廉洁高效、守法诚信的法治政府迈进的过程，体现出对合法行政、合理行政、程序正当、高效便民、诚实守信、权责统一等六大目标的不舍追求。

一是牢固树立创新、协调、绿色、开放、共享的发展理念，坚持政企分开、政资分开、政事分开、政社分开，简政放权、放管结合、优化服务，通过深化行政审批制度改革、大力推行权力清单/责任清单/负面清单制度并实行动态管理、优化政府组织结构、完善宏观调控、加强市场监管、创新社会治理、优化公共服务、强化生态环境保护，不断理顺政府与市场、政府与社会的关系，进而实现依法全面履行政府职能。

二是通过加强政府立法、加强规范性文件监督管理、建立行政法规/规章和规范性文件清理长效机制，构建系统完备、科学规范、运

---

① 黑格尔在谈到人类认识的发展过程时曾说道：这种具体的运动，乃是一系列的发展，并非像一条直线抽象地向着无穷发展，必须认作像一个圆圈那样，乃是回复到自身的发展，这个圆圈又由许多圆圈所构成；而那整体乃是许多回复到自己的发展过程所构成的。参见［德］黑格尔《哲学史演讲录》（第1卷），贺麟、王太庆译，商务印书馆1959年版，第31—32页。

② 例如，自 2013 年 10 月领先出台浙江法治政府建设标准，建立并运行由政府机构考核、专业机构第三方评估和群众满意度组成的"三位一体"法治政府建设评估体系，就是其中一例。相关情况可参见《浙江省人民政府关于印发浙江省法治政府建设实施标准的通知》。

行有效的依法行政制度体系，使政府管理各方面制度更加成熟稳定，为建设社会主义市场经济、民主政治、先进文化、和谐社会、生态文明，促进人的全面发展，提供有力的制度保障。

三是通过健全依法决策机制、增强公众参与实效、提高专家论证和风险评估质量、加强合法性审查、严格决策责任追究，推进行政决策科学化、民主化、法治化，大幅提升行政决策的公信力和执行力。

四是通过改革行政执法体制、完善行政执法程序、创新行政执法方式、全面落实行政执法责任制、健全行政执法人员管理制度、加强行政执法保障，建立健全权责统一/权威高效的行政执法体制，严格实施法律法规规章，及时查处和制裁各类违法行为，切实保障公民、法人和其他组织的合法权益，有效维护经济社会秩序，不断减少行政违法或不当行为，显著提高对行政执法的社会满意度。

五是通过健全行政权力运行制约和监督体系，自觉接受党内监督、人大监督、民主监督、司法监督，加强行政监督和审计监督，完善社会监督和舆论监督机制，全面推进政务公开，完善纠错问责机制，形成科学有效的行政权力运行制约和监督体系，强化对行政权力的制约和监督。

六是通过健全依法化解纠纷机制、加强行政复议工作、完善行政调解/行政裁决/仲裁制度、加强人民调解工作、改革信访工作制度，构建公正、高效、便捷、成本低廉的多元化矛盾纠纷解决机制，充分发挥行政机关在预防、解决行政争议和民事纠纷中的作用，切实维护公民、法人和其他组织的合法权益。

七是通过加强对政府工作人员的法治教育培训、完善政府工作人员法治能力考查测试制度，全面提高政府工作人员法治思维和依法行政能力，使全体政府工作人员牢固树立宪法法律至上、法律面前人人平等、权由法定、权依法使等基本法治理念，恪守合法行政、合理行政、程序正当、高效便民、诚实守信、权责统一等依法行政基本要求，自觉做尊法、学法、守法、用法的模范。

二 浙江法治政府建设的基本经验

行政机关及其工作人员能够接受法治行政观念并主动推行依法行

政，是改革开放以来特别是2006年以来浙江法治政府建设领域取得的突出成就。四十年来推进依法行政、建设法治政府的实践积累了宝贵的经验，留下了深刻的启迪。

（一）必须坚持党的领导

坚持党的领导，是社会主义法治的根本要求，也是法治政府建设的核心和根本。浙江法治政府建设的成就充分表明，只有在党的领导下，法治政府建设才能确保社会主义制度属性和前进方向，不断取得新的成就。要加快建设法治政府，必须充分发挥各级党委的领导核心作用，坚持党的领导、人民当家作主、依法治国有机统一，把法治政府建设真正摆在全局工作的突出位置，与经济社会发展同部署、同推进、同督促、同考核、同奖惩，把党的领导切实贯彻到法治政府建设的全过程和各方面。在推进法治政府建设进程中，各级政府应不断增强加快建设法治政府的紧迫感和责任感，在党委统一领导下，谋划和落实好法治政府建设的各项任务，主动向党委报告法治政府建设中的重大问题，一步一个脚印地把法治政府建设向前推进。

（二）必须维护宪法权威，确保法制统一

维护宪法权威，是各级政府和政府工作人员的神圣职责。宪法作为国家的根本大法，在法律体系中具有最高的法律地位，要求包括行政机关在内的一切国家机关、武装力量、社会团体和公民个人都必须以宪法为根本的行为准则，自觉维护。确保法制统一，政令畅通，是各级政府和政府工作人员的重大任务。浙江法治政府建设的经验充分表明，在推进法治政府建设进程中，必须通过坚持依法决策、严格行政执法、依法化解矛盾、自觉接受监督、强化行政问责来维护宪法权威，必须通过依法制定行政规章、行政规范性文件，强化对规范性文件的备案审查，加强行政规章和行政规范性文件的清理，进一步提高政府立法工作质量来保证法制统一。

（三）必须把法治政府建设与政府职能转变结合起来

法治政府建设既是政府职能转变和行政管理体制改革的重要内容，也是促进政府职能转变和行政管理改革的必要手段。在我国经济转轨和社会转型过程中，法治政府建设要在现行管理体制下逐步推进，与行政管理体制相衔接，通过法治政府建设促进政府全面履行宏观调控、市场监管、社会治理、公共服务、生态环境保护职能;同时,还要为政府职能转变和行政管理体制改革提供足够的创新空间,保证政府职能转变和行政管理体制改革的逐步深入。

(四) 必须法治政府建设与服务型政府建设有机结合起来

建设人民满意的服务型政府是法治政府建设的重要目标,一个成熟的法治政府必然也必须是服务型政府。浙江法治政府建设的历史表明,推进法治政府建设必须与服务型政府建设相结合。而依法推进服务型政府建设,一是必须转变立法观念,加快立法步伐,为建设服务型政府提供法治保障;二是必须加强法治宣传,提高法治意识,强化服务型政府建设的思想基础;三是必须坚持以人为本,严格依法行政,努力实现向服务型政府的转变;四是依法加强监督,切实提高绩效,不断把服务型政府建设向前推进。

第五章　强化法院职能,确保司法公正

自2006年建设"法治浙江"的号角吹响以来,法治的力量推动着浙江社会稳定与进步、经济发展与转型,为推进"法治中国"建设积累了鲜活的经验素材。十二年来,浙江法院系统始终围绕建设"法治浙江"的决策部署,在省委领导、省人大及其常委会监督和最高人民法院指导下,在省政府、省政协及社会各界的关心支持下,牢牢把握公正为民的工作主线,以扎实举措、锐意创新,深入推进司法体制改革,不断强化法院职能作用的有效发挥,创造了一个又一个浙江司法品牌,成为响彻全国的"金名片"。

第一节　2006年以来浙江法院工作的基本情况

2006年以来,浙江法院认真履行宪法和法律赋予的职责,坚持以人民为中心的发展思想,全面落实"三项承诺",切实抓好"八项司法",大力推进"三大机制"建设,严格执法、公正司法,不断提升司法公信力,审判执行、队伍建设等各项工作不断取得新的进展。[①]

一　2006—2007年的浙江法院工作情况

2006年1月18日,时任浙江省高院党组书记、院长应勇同志在

[①] 下文数据根据2007—2018年浙江省高级人民法院院长在浙江省人民代表大会上所作的工作报告,并参酌陈柳裕任执行主编的2007—2014年各本"浙江蓝皮书"(法治卷)上有关法院工作的分析报告整理而成。

浙江省第十届人民代表大会第四次会议上向全省人民作出了"三项承诺"：坚持公平、正义与效率，认真办好每个案件，努力做到不使有诉求的群众因经济困难打不起官司，不使有理有据的当事人因没有关系打不赢官司，不使胜诉当事人的合法权利因执行不力、不公得不到保护。由此拉开了浙江法院系统全面开展司法规范化建设的序幕。2006—2007年的浙江法院工作，充分呈现了落实"三项承诺"、协调推进各项工作的特征。

（一）2006年浙江法院工作的基本情况

2006年，浙江各级法院共受理一审、二审、执行、审判监督等案件计51.09万[①]件，办结数为50.74万件，诉讼标的金额达546.43亿元。全省法院审结、执结案件数均居全国第四位，人均结案数居全国第一。当年，浙江法院系统的工作形态，主要表现为如下五个方面。

一是坚持依法"严打"方针，贯彻宽严相济的刑事政策，维护国家安全和社会稳定。全省法院共受理一审刑事案件5.13万件，审结5.12万件，判处罪犯7.86万人。其中，审结故意杀人、抢劫等严重危害社会治安犯罪案件1.7万件，判处罪犯2.87万人；审结虚开增值税专用发票、生产销售伪劣商品和金融诈骗等破坏社会主义市场经济秩序犯罪案件1452件，判处罪犯2658人；审结侵犯知识产权犯罪案件297件，判处罪犯539人。加强反腐败斗争，积极参与治理商业贿赂专项行动，审结贪污、受贿、挪用公款等案件825件，判处罪犯931人。

二是依法审理民事案件，维护社会主义市场经济秩序和人民群众生产生活秩序。全省法院共审结各类民事一审案件25.99万件，比2005年上升2.96%，诉讼标的金额332.32亿元。其中审结婚姻家庭、损害赔偿、劳动争议、所有权纠纷等民事案件10.73万件；审结国有土地出让转让、商品房预售、建设工程合同等房地产纠纷等案件7410件；审结企业改制、公司诉讼等案件642件；审结借款、融资租赁、信用证、证券等金融纠纷案件5.11万件；审结涉外民事案件

[①] 本章数据均为约数。

930件，海事海商案件688件。

三是加大对知识产权的司法保护力度，促进自主创新能力和国家创新体系建设。省高级人民法院审结侵犯专利、商标、技术合同、著作权等知识产权纠纷案件143件；各中级人民法院审结知识产权一审案件1028件。

四是依法审理行政案件和国家赔偿案件，支持和监督行政机关依法行政。全省各级法院审结一审行政诉讼案件3738件，比2005年下降4.28%。其中，撤销、变更行政行为或确认行政行为违法、无效的417件；维持行政机关行政行为和驳回诉讼请求的1706件；原告主动撤诉和被告改变原具体行政行为后原告撤诉的1449件；终结及其他方式结案的166件。审结国家赔偿案件48件，审查行政非诉申请执行案件2.05万件。

五是加大执行工作力度，保障债权人权利的实现。全省各级法院共收执行案件14.47万件，比2005年上升5.15%；执结14.31万件，比2005年上升4.49%；执行标的金额达139.23亿元。当年，省高院还部署开展了全省法院集中清理执行未结案活动，共计清理超过期限1年以上、申请执行人为特困群体、受干扰等案件计2680件。

（二）2007年浙江法院工作的基本情况

2007年，浙江各级法院共受理各类诉讼、审查申诉申请再审、行政非诉申请执行申请、国家赔偿和执行案件总计54.19万件，办结54.11万件，同比分别上升6.06%和6.64%。当年，浙江各级法院坚持宽严相济刑事政策惩治犯罪，维护国家安全和社会稳定。其中，刑事一审收案5.69万件，审结5.69万件，同比分别上升10.88%和11.10%，判处罪犯8.72万人，判处五年以上有期徒刑直至死刑的1.18万人。坚持调判结合化解纠纷，维护社会主义市场经济秩序和人民群众生产生活秩序。其中，民事一审收案28.19万件，审结28.10万件，同比分别上升7.78%和8.10%，诉讼标的金额达420.18亿元；民事一审案件调撤率为56.25%，民事二审案件调撤率为31.73%。坚持依法化解行政争议，保护当事人合法权益，促进和监督行政机关依法行政，行政一审收案5270件，审结5283件，同比分别上升40.27%和41.33%；办理国家赔偿案件35件。坚持执行工作不放松，保障债权人权利的实现。其中，执行收案 14.31 万件，执结 14.37 万件，同比分别下降 1.22% 和上升 0.35%；执结标的金额达 150.9 亿元。

二 第十一届人大常委会期间法院工作情况

2008 年 1 月起，由齐奇同志担任浙江省高院党组书记、院长。第十一届人大常委会期间（2008 年 1 月至 2012 年 12 月），全省法院在齐奇同志的带领下，以"抓好八项司法，服务科学发展"①为工作思路，严格履行宪法和法律赋予的职责，为浙江经济社会平稳较快发展提供了有力的司法保障。

（一）五年收结案的基本情况与特点

2008 年 1 月至 2012 年 12 月，浙江各级法院共受理各类案件412.13 万件，办结 407.2 万件，同比前五年分别上升了 56.7% 和55.1%，是全国增幅的 2.1 倍（见图 5-1）。其中 2012 年受理 97.66万件，办结 96.63 万件，同比分别上升 17.0% 和 17.1%，是继 2008年之后的又一个收案高峰。这五年来，平均上诉率为 6.2%，低于全

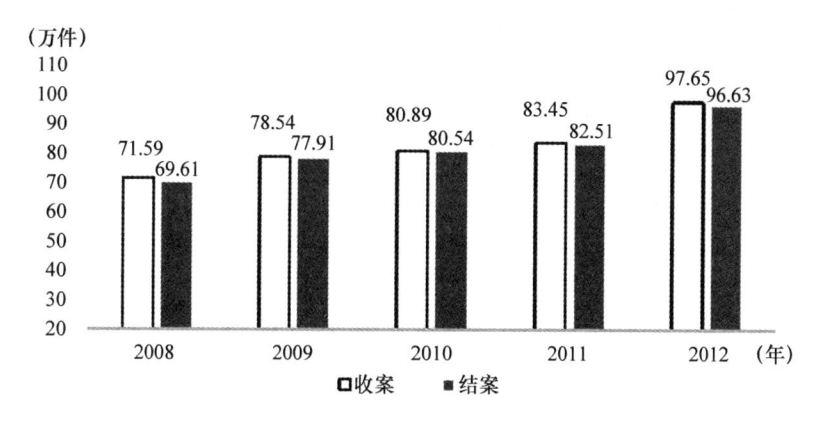

图 5-1 2008—2012 年浙江法院收结案情况

---

① "抓好八项司法，服务科学发展"最早由浙江省高院院长齐奇同志在 2009 年 1 月 7 日召开的全省法院院长会议上提出，其基本内容是：高度关注经济、社会形势反映到司法层面的变化发展态势，紧紧围绕"保增长、保民生、保稳定"的工作重心，抓好能动司法、和谐司法、民本司法和协同司法；紧紧围绕公正高效廉洁审判的工作要求，抓好规范司法、阳光司法、廉洁司法和基层司法。

国 3 个百分点；二审改判发回率为 7.8%，低于全国 7 个百分点；生效裁判息诉率为 99.3%；一线办案法官年人均结案达 150 件，是全国平均数的 2 倍。各项办案质量、效率、效果主要指标，历年均居全国法院前列。

这五年间浙江法院工作的基本形态，总体上可以概括为以下四点。

一是刑事审判贯彻宽严相济政策，依法惩治犯罪。五年间，全省各级法院共受理一审刑事案件 33.03 万件，审结 32.77 万件，同比前五年分别上升 30.6% 和 29.6%，判处罪犯 48.76 万人，其中判处五年以上有期徒刑直至死刑的 6.3 万人。依法惩处危害公共安全、故意杀人、涉黑涉恶涉毒、两抢一盗等严重影响社会治安犯罪和危害食品药品安全犯罪 10.15 万件；依法审结集资诈骗、非法吸收公众存款等涉众型经济犯罪 898 件，指导查办集资类刑事案件的司法政策界限被全国推广。建立县处级以上领导干部职务犯罪案件异地管辖制度，审结贪污贿赂、渎职犯罪 5871 件，判处罪犯 6278 人。在依法从严惩处的同时，对 9.93 万名具有从宽情节的初犯、偶犯、从犯、未成年人犯等，依法判处缓刑。为进一步保障人权，防止冤错，2011 年以来在全国率先开展扩大刑案指定辩护工作，共为 2.36 万名没有钱请律师、可能被判三年以上有期徒刑的被告人指定了辩护人，指定辩护同比上升了 135%。推进量刑规范化改革，调整 100 余个罪名的定罪量刑情节和数额认定标准。加强刑事附带民事诉讼调解、自诉案件和解等工作力度，尽可能促进涉案矛盾的化解。

二是民商事审判坚持调判结合化解纠纷，调节经济社会关系。五年间，全省各级法院共受理一审民商事案件 208.3 万件，审结 204.6 万件，同比前五年分别上升 60.8% 和 58.7%。始终坚持"调解优先，调判结合"工作原则，审结案件调撤率达 70.8%。继承"枫桥经验"，健全诉讼与非诉讼相结合的多元纠纷解决机制，推进人民调解、行业调解、行政调解、司法调解相衔接的大调解工作体系。全省 90 个基层法院、135 个人民法庭设立了人民调解窗口，委托人民调解 11 万件，调解成功率达 83.0%，办理确认人民调解协议 18966 件。规范调解工作，对不宜调解以及调解不成的，及时依法作出裁判。

三是行政审判注重实质性化解争议,推进政府依法行政和维护相对人合法权益。全省法院五年间共受理一审行政案件2万件,审结1.98万件,同比前五年分别下降4.5%和4.6%。经一审、二审和申诉复查后,95%的行政争议得以实质性化解。受理行政机关申请强制执行案件9.77万件,审结9.85万件,准执率88.3%。在全国率先出台行政机关负责人出庭应诉制度,积极推进行政诉讼简易程序、附带民事诉讼、优化庭审程序三项试点工作,加大异地管辖力度,建立府院联席会议制度,向党政、人大报送年度"行政审判白皮书",有效预防和实质性化解行政争议,促进依法行政。2011年率先部署推行"裁执分离"工作模式,兼顾推进重点工程、城市化建设的公共利益需求与被征收人合法利益保护,已审结行政机关申请强制拆迁案件633件,准予强迁率91%,未发生一起对抗失控的恶性事件。认真贯彻国家赔偿法,审结国家赔偿案件149件,赔偿金额202.16万元。

四是着力破解执行难,维护当事人胜诉权益。建立浙江各部门联动的"执行征信、执行查控、执行惩戒、执行监督和执行保障"5个系统,与中国人民银行、工商部门、信用中心等建立联合征信机制,在全国率先建成覆盖在浙商业银行的网上专线"点对点"查询被执行人存款系统。对7479名被执行人发布限制高消费令。依法拘留抗拒、逃避执行的1.58万人,202人因拒不执行判决、裁定被追究刑事责任。共受理执行案件115.85万件,执结115万件,执结标的金额1690.03亿元,同比前五年分别上升68%、66.1%和129.5%。

(二) 2008—2012年各年度收结案的具体情况与特点

2008年,浙江各级法院共收一审、二审、再审案件、申诉申请再审、行政非诉申请执行等各类审查案件、国家赔偿案件、执行案件67.11万件,同比增加12.92万件,上升23.83%。办结各类案件65.13万件,增加11.02万件,同比上升20.36%,同期结案率为97.05%,比上年减少2.8个百分点。截至2008年年底,尚有各类未结案5.39万件,同比上升58.18%。当年,浙江各级法院收案民商事案件大幅上升,刑事案件小幅上涨,行政案件回落。97%的法院同期结案率超过90%,收案超过1万件的有18家法院,其中义乌法院超过2万件,同比上升了70%。收案上升超过25%的地区有衢州、金华、嘉兴、湖州、宁波，25家法院收案同比超过3%以上，75%的案件集中在杭州、宁波、金华、温州、台州、绍兴6个地区。全年人均结案62件，比上年增加10件。收结案基本保持平衡。

2009年，浙江各级法院共收各类案件78.54万件，同比上升9.71%；结案77.91万件，同比上升11.92%；未结案6.03万件，同比上升11.83%。其中，刑事收案6.3万件（含一审、二审、再审案件，下同），下降2.86%；民商事收案43.1万件，上升8.67%；行政收案6654件，上升13.86%；申诉申请再审收案4265件，上升1.94%；国家赔偿收案33件，减少5件；行政非诉申请执行等审查案件2.14万件，下降5.41%；执行收案21.5万件，上升21.39%。办理减刑假释案件4.43万件，下降1.15%。当年，浙江法院系统的收案主要集中在杭州、宁波、金华、温州、台州、绍兴，占全省收案的76.09%。杭州、丽水、台州收案同比上升超过10%，分别达22.22%、16.91%、11.33%。22家法院收案超过1万件，其中萧山、义乌法院收案超过2万件。萧山法院同比上升21.66%，义乌法院略下降1.26%。27家法院全年收案同比上升超过20%，33家法院收案同比上升超过10%，17家法院收案同比下降。同期结案率达到99.14%，上升2.09个百分点。人均结案65.45件，法官人均结案112.1件，同比分别增加了3.93件、11.24件。月均存案工作量2个月，收结案基本保持平衡。

2010年，浙江各级法院新收各类案件共计80.9万件（含减刑假释案件），审结80.5万件，未结案6.37万件，同比分别上升2.99%、3.38%、5.81%。其中，刑事收案6.35万件（含一审、二审、再审案件，下同），上升0.77%；民商事收案43万件，下降0.2%；行政收案6215件，下降6.6%；申诉申请再审收案4281件，上升0.38%；国家赔偿收案30件，同比减少3件；审查行政非诉申请执行等审查案件18.8万件，下降12.36%；执行收案24.01万件，上升11.81%；办理减刑假释案件4.6万件，上升3.55%。全省扣除减刑假释案件收案76.3万件，结案7.59万件，同比分别上升2.95%、3.37%。同期结案率达99.54%，同比增加0.4个百分点；结案率92.26%，同比减少0.16个百分点。法官人均结案112.55件，同比增加0.45件。月均存案工作量为1.76个月。不含减刑假释案件收案排在前五位的是杭州、宁波、金华、温州、台州，占全省收案的66.71%，且这五个地区收案均有不同程度上升，仅丽水、湖州和舟山地区收案略有下降。增幅最大为温州地区，上升9.17%；降幅最大为舟山地区，下降3.84%。

2011年，浙江各级法院新收各类案件共计83.45万件（含减刑假释案件），同比上升3.16；结案82.51万件，同比上升2.45%；未结案7.31万件，上升14.71%。其中，刑事收案7.22万件（含一审、二审、再审案件，下同），上升13.70%；民商事收案44.61万件，上升3.72%；行政收案5553件，下降10.65%；申诉申请再审收案3846件，下降10.16%；国家赔偿收案16件，同比减少14件；审查行政非诉申请执行等审查案件1.72万件，下降8.45%；执行收案24.16万件，下降0.63%；办理减刑假释案件4.8万件，上升4.51%。全省扣除减刑假释案件收案78.65万件，同比上升3.08%；结案77.71万件，同比上升2.32%。同期结案率98.81%，结案率91.4%。法官人均结案112.28件，同比减少0.26件。月均存案工作量为1.64个月。

2012年是实施"十二五"规划承上启下的重要一年，也是党的十八大和浙江省第十三次党代会召开之年。面对繁重的办案任务和复杂的司法环境，浙江法院全面履行审判职能，深化落实"八项司法"，着力在深化上下功夫，在落实上见成效，在巩固中求拓展，不断提高服务大局、维护群众合法权益、保障社会公平正义的审判水平，各项工作取得了新进展。当年，全省法院新收各类案件共计97.66万件，同比上升17.02%；办结96.63万件，上升17.11%；未结案8.34万件，上升14.04%。其中，刑事收案9.44万件（含一审、二审、再审案件，下同），上升30.78%；民商事收案51.82万件，上升16.17%；行政收案5126件，下降7.69%；申诉申请再审收案4044件，上升5.15%；国家赔偿收案35件，是上年同期2倍；审查行政非诉申请执行等审查案件1.78万件，上升3.35%；执行收案28.51万件，上升18%；办理减刑假释案件5.18万件，上升8.02%。法官人均结案125.84件，同比增加13.55件。月均存案工作量为 1.53 个月，同比减少 0.11 个月。同期结案率 98.87%，结案率 91.64%。

三 第十二届人大常委会期间法院工作情况

第十二届人大常委会期间，2013 年起至 2015 年 12 月浙江省高院的院长为齐奇大法官，2016 年起至 2017 年 11 月为陈国猛大法官。2016 年 9 月 1 日，浙江省高院党组决定下发《关于建立健全"大立案、大服务、大调解"机制的指导意见》，推出旨在通过全面深化司法改革特别是推动审判供给侧结构性的改革，不断提升司法服务水平的"大立案""大服务"和"大调节"的"三大机制"建设，此既与以往的"抓好八项司法，服务科学发展"工作思路一脉相承，又最大限度地贯彻落实了最高人民法院《关于全面推进人民法院诉讼服务中心建设的指导意见》《关于人民法院登记立案若干问题的规定》和《关于人民法院进一步深化多元化纠纷解决机制改革的意见》等决策部署。

（一）五年法院工作的总体情况

2013—2017 年，浙江各级法院共受理各类案件 675.9 万件，办结 659.7 万件，较前五年分别上升 66.1% 和 62%，有力地维护了社会公平正义。

在依法审理刑事案件方面，五年间共新收一审刑事案件 42.3 万件，审结 42.4 万件，同比分别上升 28.8% 和 29.5%。贯彻总体国家安全观，审结危害国家安全、暴力恐怖等严重刑事犯罪案件 6.9 万件。严惩危害群众切身利益的犯罪，审结生产、销售有毒有害食品药品犯罪案件 3685 件，审结集资诈骗、非法吸收公众存款等涉众型经济犯罪案件 2487 件，审结利用网络诈骗、赌博等犯罪案件 1.8 万件。严惩职务犯罪，审结贪污、贿赂等犯罪案件 4790 件，宁波中级人民法院审结最高法院指定管辖的原省部级干部王某、杨某、何某、赵某等重大职务犯罪案件，杭州中级人民法院审结"百名红通"一号人员杨某贪污受贿案。加强人权司法保护，严格落实罪刑法定、疑罪从无原则，依法纠正"两张叔侄强奸杀人案"等冤错案件。

在依法审理民商事案件方面，全省各级法院新收一审民商事案件

346万件，审结340.9万件，同比分别上升68.1%和66.5%。加强产权司法保护，审结股东出资等侵犯财产案件5.3万件，审结房屋买卖等涉不动产案件16.4万件，审结买卖等合同纠纷案件207.3万件。加强人身权益保护，审结交通事故、产品责任等侵犯人身案件41.8万件。审结婚姻、继承等家事纠纷31万件。加强劳动权益保护，坚持开展岁末年初为农民工讨薪维权专项活动，审结劳动争议案件14.6万件。深入实施涉外商事海事审判精品战略，审结涉外商事海事案件3.4万件，宁波海事法院审结全国首例海事刑事案件。对涉军案件坚持优先立案、优先审理、优先执行，依法维护国防利益和支持军队改革。

在依法审理行政案件方面，五年间全省各级法院共新收一审行政案件4.5万件，审结4.2万件，同比分别上升86.5%和74.3%。

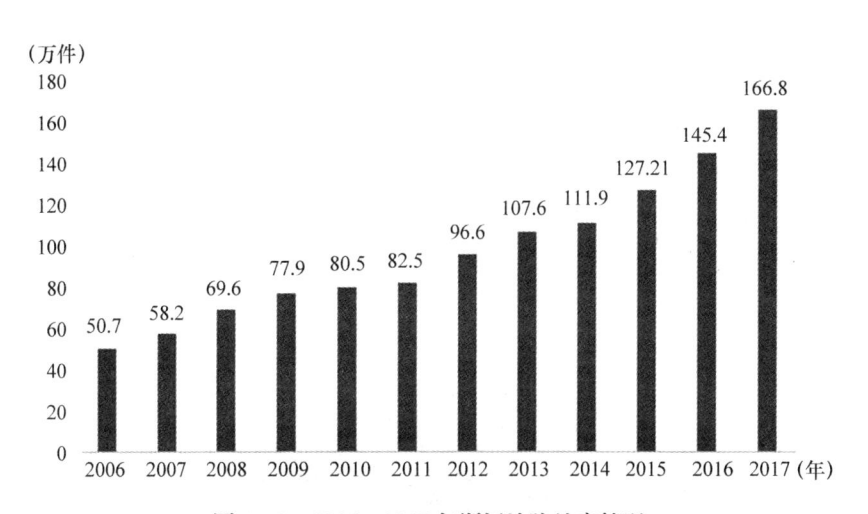

图5-2 2006—2017年浙江法院结案情况

（二）2013—2017年浙江法院工作的年度分析

2013年，浙江各级法院共新收各类案件108万件，结案107.6万件，首次突破100万件，同比分别上升10.6%和11.3%；一线办案法官年人均结案185件，是全国平均数的2.3倍；上诉率为6.3%，二审改判发回率为7.8%，生效裁判息诉率为99.2%，主要办案质量、效率、效果指标，继续位居全国法院前列。

在宽严相济惩治犯罪方面，坚持严格执行新刑事诉讼法，确保惩罚犯罪与保障人权并重。全年共新收一审刑事案件8.62万件，审结8.63万件，同比分别下降2%和1.2%，判处罪犯12.46万人，其中判处五年以上有期徒刑直至死刑的1.05万人，同比下降26.1%。在调判结合妥处民商事纠纷方面，坚持贯彻新民事诉讼法，切实保障当事人诉权和实体权利。全年共受理一审民商事案件52.68万件，审结52.63万件，同比分别上升7.7%和9.1%。在监督行政执法化解争议方面，坚持充分发挥司法审查职能，促进行政机关依法行政，切实维护行政相对人合法权益。全年共受理一审行政案件3611件，审结3626件，同比分别上升1.1%和下降2.6%，95%行政争议得以实质性化解。在破解执行难方面，全年共新收执行案件34.8万件，执结34.6万件，同比分别上升22.1%和22.6%。注重运用信息化等科技手段，建立健全网上"点对点"查控被执行人银行存款、车辆、户籍、出入境、婚姻登记、房地产等执行新机制。

与在浙58家商业银行建立了网上查询被执行人存款系统，与25家银行建立了网上冻结存款机制，共查询被执行人存款107万人次，14.2万件案件得以执结或部分执结。与公安、民政、国土、工商、机场等单位建立被执行人身份和财产信息共享平台。加大失信被执行

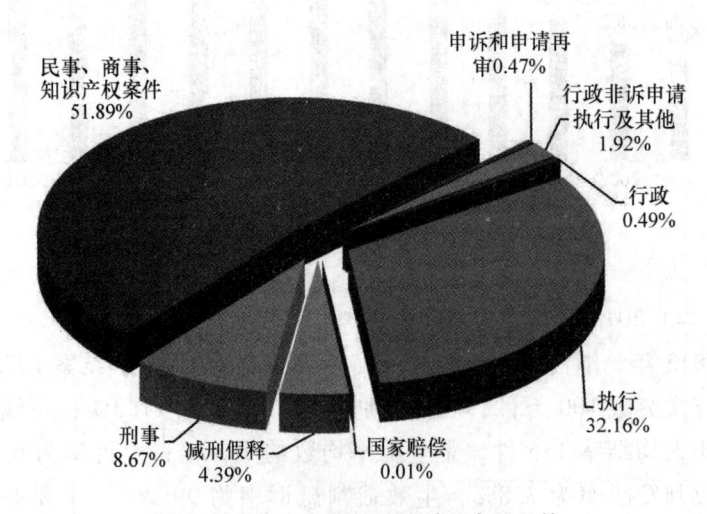

图5-3　2013年浙江法院受理案件结构

人信用惩戒威慑力度,促使6.3万名被执行人自行给付。加大对抗拒执行、逃避执行的惩治力度,拘留、罚款3749人,对拒不执行构成犯罪的30人依法判刑。

2014年,浙江各级法院全年新收各类案件108万件,结案107.6万件,同比分别上升10.6%和11.3%。其中,新收一审刑事案件8.8万件,审结8.8万件,分别上升2.4%和2.5%;新收一审民商事案件60.5万件,审结59.4万件,分别上升14.8%和12.8%;新收一审行政案件4799件,审结4640件,同比分别上升32.9%和27.9%;新收执行案件32.8万件,执结32.2万件,执行到位2335.7亿元,平均清偿率达55.7%。当年,全省法院上诉率为6.3%,二审改判发回率为7.8%,生效裁判息诉率为99.2%,主要办案质量、效率、效果指标,继续位居全国法院前列。

2015年,浙江各级法院全年新收各类案件134.4万件,审执结127.2万件,同比分别上升18.1%和13.7%。其中,新收一审刑事案件8.8万件,审结8.7万件,同比分别上升0.2%和下降1.1%;新收一审民事案件32.5万件,审结31.3万件,同比分别上升9.5%和6.1%;新收一审行政案件1.2万件,审结9750件,同比分别上升142%和110%;新收执行案件40.5万件,同比上升23.3%,执结37.7万件。当年,全省法院上诉率为7.1%,二审改判发回率为6.8%,生效裁判息诉率为99%。主要办案质量、效率、效果指标继续保持在全国法院前列。

2016年,浙江各级法院共受理各类案件149万件,办结145.4万件,同比分别上升11.9%和14.2%,收案数量居全国第三位,结案数量居全国第二位。当年,全省法院加大刑事犯罪惩处力度,新收一审刑事案件8.58万件,审结8.76万件,同比分别下降2%和上升0.4%;积极维护市场经济秩序。依法平等保护中小微企业、民营企业的合法权益,审结一审商事案件40.5万件,同比上升18.2%;大力强化民生保障。审结一审民事案件32.8万件,同比上升4.8%;切实保护行政相对人合法权益,新收一审行政案件1.12万件,审结1.13万件,同比分别下降4%和上升15.3%;强力推进基本解决执行难工作,新收执行案件49.6万件,执结46万件,同比分别上升

23.8%和22.2%，执行到位720亿元，同比上升25.8%，实际执行率同比提高5%。

2017年，浙江各级法院共受理各类案件171万件，办结166.8万件，同比分别上升14.8%和14.7%，收案数量居全国第二位，结案数量居全国第三位。全省法院上诉率为7.5%，二审改判发回率为8.4%，生效裁判息诉率为99%。当年，浙江法院加大了执行攻坚力度。全年共执结58.9万件，执行到位1141.7亿元，同比分别上升27.6%和72.3%，执结案件数量全国第一。

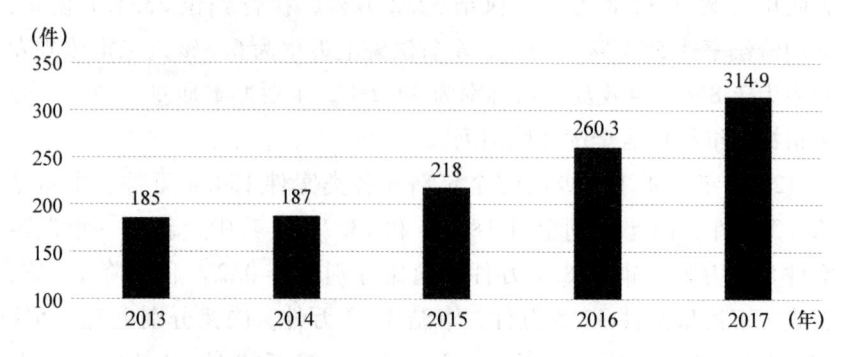

图5-4　2013—2017年浙江法官人均结案数

第二节　浙江法院改革的重要举措和制度创新

2006年以来，浙江法院在"法治浙江"建设的指引下，以司法理念的及时更新和全面深化改革为内生动力，锐意改革创新，先后推出"三项承诺""八项司法""三大机制"建设等一系列创新举措，让司法公正以看得见、摸得着、可预测的方式得以实现，努力让人民群众在每一个司法案件中感受到公平正义。

一　落实"三项承诺"，打造诚信为民形象

2006年1月18日，时任浙江省高院院长应勇在浙江省十届人大第四次会议上郑重的三项承诺，赢得了人大代表的热烈掌声，在社会上引起了强烈反响。全省各级法院纷纷行动，结合自身实际，提出落

实举措。为科学整合全省法院的积极性，使落实"三项承诺"变成全省法院深入持久的行动，应勇院长率队到各地法院调研，听取各种意见。同时，浙江高院成立了专门课题组，于2006年3—4月深入全省各地开展调研，听取了10个中级法院和宁波海事法院的情况介绍，分别召开了由中级法院、基层法院领导与法官代表参加的座谈会和由人大代表、政协委员、律师代表等各界人士参加的座谈会，并通过实地考察、查阅制度、分析数据、发放调查问卷（共在法院内外发放调查问卷1100份，其中法院卷550份，普通卷550份，共回收1052份，回收率约达96%）等方式，初步掌握了全省法院近年来在减轻经济困难群众的诉讼负担、方便群众诉讼、维护司法公正和解决执行难问题等方面的工作情况，掌握了当前工作中存在的问题和困难。

在充分论证的基础上，浙江省高院于2006年7月及时出台了《关于落实"三项承诺"的实施意见》，提出53条具体实施举措，对"三项承诺"一一进行任务分解，并在全省统一推行。该实施意见指出，省第十届人大第四次会议审议批准的《浙江省高级人民法院工作报告》提出"努力做到不使有诉求的群众因经济困难打不起官司，不使有理有据的当事人因没有关系打不赢官司，不使胜诉当事人的合法权益因执行不力、不公得不到保护"的三项承诺，是全省各级人民法院以科学发展观为统领，贯彻落实"公正司法，一心为民"指导方针，致力于构建社会主义和谐社会的重要载体；是坚持社会主义法治理念，服务于"法治浙江"建设的有效抓手；也是规范司法行为，维护法律尊严和司法权威，保障社会公平正义的工作主线。

2006年7月20日，浙江高院召开新闻发布会，通过媒体公布，欢迎社会各界监督。新华社、人民日报、法制日报、中国青年报、人民法院报、中国审判等27家媒体的记者到会进行了报道。[1] 应勇同志在发布会上通报了浙江法院坚持"公正司法，一心为民"方针，全面落实"三项承诺"的情况。时任最高人民法院院长肖扬于2006年

---

[1] 有关报道参见应勇《强化审判职能，落实"三项承诺"》（《今日浙江》2006年第11期）；夏敏《浙江高院"三项承诺"，打造诚信为民形象》（《中国审判》2006年第6期）；张兴平、林盛《"三项承诺"，司法为民》（《浙江人大》2007年第8期）等。

9月在浙江调研时指出，浙江高院提出的"三项承诺"，抓住了公正司法的要害，通过半年多的真抓实干，取得了实质性进展。时任浙江省委书记、省人大常委会主任习近平同时也指出：全省法官队伍是党和人民信得过的一支素质比较高的队伍，在保证改革发展稳定大局中，特别是在"法治浙江"建设中发挥了重要作用。

2007年7月24日，应勇院长作了关于落实"三项承诺"的情况报告。该报告指出：自2006年1月在省第十届人大第四次会议上作出"三项承诺"以来，全省法院统一思想，细化措施，真抓实干，取得了初步成效。浙江法院实施"三项承诺"的成效主要体现在以下几个方面。①

（一）丰富司法为民措施，确保诉讼经济和诉讼便利

规范立案大厅，打造为民窗口。立案接待大厅是法院的"窗口"。为加强"窗口"建设，省高院于2006年7月就对全省法院提出统一要求：完善立案接待大厅设施，使这里成为集立案、接访、咨询、查询诉讼流程、传递诉讼材料、收结诉讼费用等功能于一体的诉讼服务窗口，实行"一站式"服务。要在立案接待大厅以明显的或方便查询的方式将人民法院有关诉讼收费办法和司法救助的规定予以公示。同时，建立导诉制度，在立案接待大厅设立导诉岗，确定专人解答诉讼咨询，向群众免费提供来访须知、诉讼指南、诉讼须知、诉讼风险告知书等资料。安装电子触摸屏，方便当事人了解法院内部机构、部门职能及相关法律、法规、制度等。公开办事制度，将诉讼费收费标准、各类案件流程、工作职责、工作纪律、司法救助制度、信访注意事项和处访规定等在醒目位置公示，方便当事人周知。落实和创新一站式服务、一次性告知、限时办结、立案调解等制度，促进立案窗口工作的有序性、及时性。截至2007年6月，有71个法院建成了符合标准的立案接待大厅。

强化司法救助，缓解百姓困难。一是依法扩大司法救助对象和范围，对城市"低保人员"、农村"五保户"和"特困户"以及没有固

---

① 下文有关数据，参见应勇《关于落实"三项承诺"情况的报告》，《浙江人大（公报版）》2007年第5期。

定生活来源的残疾人、孤儿等起诉的一律免交案件受理费；对追索赡养费、扶养费、抚育费、抚恤金、社会保险金、劳动报酬和经济补偿金等案件一律缓交诉讼费。二是简化司法救助审批程序，对已经接受法律援助的当事人申请司法救助的，直接给予司法救助；对属于2005年4月修订的《最高人民法院关于对经济确有困难的当事人提供司法救助的规定》所规定情形的当事人申请缓交诉讼费的，一律予以准许；对当事人因经济困难申请减交、免交诉讼费的，人民法院及时审批，视情形决定予以减交、免交的费用。2006年为经济确有困难的当事人缓、减、免收诉讼费3160.73万元，同比上升119.64%；2007年1—6月缓、减、免收诉讼费1502.95万元，同比上升8.51%。三是规范诉讼费的预收、结算和退费。在全国法院率先实行申请执行费和执行中实际支出费用一律不预收。

健全便民机制，方便群众诉讼。一是建立多元化立案机制，全面实行人民法庭直接受理案件。积极探索实行口头起诉、上门立案、巡回立案、预约立案等便民立案机制。二是调整民事纠纷案件级别管辖，扩大基层法院和中级人民法院的收案范围，方便当事人诉讼，就地解决矛盾。省高院受理一审民事案件的标的额的下限标准从原来的5000万元提高到1亿元以上；根据当地经济社会发展水平，将基层法院受理一审民事案件的上限标准，从原来的50万—200万元分别提高到150万—500万元；对涉及婚姻家庭、人身损害赔偿等11类关系群众切身利益的民事案件，无论标的额大小均由基层法院作一审。在最高人民法院的支持下，全省各中级人民法院都取得了涉外、涉港澳台民商事案件的管辖权，使浙江成为继广东之后的第二个全部中级人民法院都具有涉外、涉港澳台民商事案件管辖权的省份。滨江、慈溪、瑞安、义乌等四个基层法院具有部分知识产权民事案件的管辖权，义乌法院还成为全国第一个取得涉外、涉港澳台民商事案件管辖权的基层法院。三是开展巡回审判，在案件较多、交通不便的山区、农村和海岛设立巡回审判（站）点，在劳资纠纷、交通事故损害赔偿纠纷等集中的区域设立专业性、行业性的巡回法庭。2006年以来，全省法院巡回审判案件1.01万件。四是实行"无间歇"工作制，通过推行预约开庭、择时开庭、午间法庭、夜间法庭、假日法庭等多种方式，方便参诉群众安排生产生活。五是建立诉讼"绿色通道"，对涉及外来民工、下岗职工等涉及弱势群体的案件，优先立案、优先审理、优先执行。

（二）加强审判管理，全力维护司法公正

审务公开强监督。全面落实公开审判制度，一审案件全部公开开庭审理；二审案件开庭率达到49.6%。从2006年6月1日起在全国率先实现死刑二审案件全部开庭审理。在执行、申诉复查、减刑假释、国家赔偿等案件处理中积极推行公开听证制度；审判规范性文件通过浙江法院网及时向社会公开，当事人可随时查阅；2007年4月还尝试了互联网视频直播庭审，受到社会的广泛关注；人民陪审员工作得到进一步加强，2006年以来人民陪审员参审案件4.5万件，参审人员7.47万人次，有2名人民陪审员被评为全国优秀人民陪审员。

规范管理保质量。一是加强审判流程管理，对立案、审判、执行及案卷归档的每个环节实行全程跟踪监督，确保各个环节衔接顺畅、运作高效。实行随机滚动分案，已有70个法院初步实现随机滚动分案。二是加强监督制约，制定了《关于规范民事审判自由裁量权的意见》《关于适用民事诉讼证据的若干规定》和《关于加强民事审判中合议庭工作的若干意见》等规范性文件，规范审判过程中自由裁量权的行使，保证人民法院正确认定案件事实，强化对合议庭的管理和监督。三是加强案件质量评查，制定了《案件质量评查办法（试行）》，要求各级法院建立案件评查工作机制。建立法官办案质量建档制度，并与岗位目标责任制挂钩，充分发挥案件质量评查的管理功能和考评机制的督促激励功能。全面实行判后答疑释理，提高服判息诉率。四是加强审判指导，建立案例指导制度，统一法律适用。2006年11月14日浙江省高级人民法院审判委员会第1924次会议审议出台《关于规范内部请示的若干规定》；针对司法实践中带有普遍性的疑难法律适用问题，及时会同有关部门制定有关指导性意见；建立案件改判、发回重审通报制度，有针对性地进行业务指导，提高审级监督实效。

健全机制提效率。强化审限管理，通过落实临限催办、届限督办和超期查处等制度，杜绝超审限案件。严格非审限程序管理，完善对外委托鉴定、拍卖等管理制度，规范送达、证据交接、委托鉴定、拍卖等工作，防止案件久拖不决。大力推行案件审理"繁简分流"，扩大简易程序适用范围，建立速裁机构，做到简案快审、难案精审。

强化调解促和谐。下发了《关于加强司法调解工作，促进和谐社会构建的意见》，积极探索立案调解、庭前调解、庭间调解、判决送达前调解和再审调解等覆盖诉讼全过程的调解工作机制，推动司法调解、人民调解、行政调解的有机衔接，努力把矛盾化解在基层、解决在萌芽状态。2006年以来，全省法院一审民商事案件调解、撤诉率达57.04%。在行政审判中积极开展协调工作，力争达到"案结事了"的效果。

探索创新求公信。推广行政案件异地管辖制度，根据原告的申请，由中级人民法院将案件交由辖区内的其他基层法院审理，提高行政审判的公信力。推动行政机关负责人出庭应诉制度。大力加强司法宣传工作，加强新闻宣传策划，坚持正确舆论导向，努力营造理解、信任和支持人民法院工作的良好舆论环境。

（三）综合治理执行难，维护法律尊严和司法权威

努力构建综合治理执行难的工作机制。2006年省委批转了省高院党组《关于切实解决人民法院"执行难"问题的报告》，省高院与省委政法委联合召开了全省综合治理执行难工作会议，与省纪委、省监察厅、省公安厅等联合下发文件。加强与公安、工商、房地产、国土资源、建设、金融、司法行政等部门的协作配合，通过信息交流互动，在被执行人履行生效法律文书前，依法限制或禁止被执行人融资、投资、招投标、出境、注册新公司、高消费等，综合运用法律、行政、经济、舆论、组织纪律等手段，促使其主动履行义务，凝聚破解执行难的合力。同时，针对执行力量不足、被执行人难找、财产难查等问题，在乡镇、街道确定执行联络员，形成协助执行工作网络；针对一些案件确无财产可供执行，而申请执行人又生活困难亟需救助的情况，积极争取财政、民政等部门的支持，全省法院于2006年年底全部建立了司法救助基金，基金总金额达到4868万元。截至2007年6月，已对1225名当事人发放救助金701.86万元。党委领导、人大监督、政府支持、各界配合、法院主办的综合治理执行难工作机制已在浙江初步建立。

不断完善解决执行不力不公的工作机制。为切实解决执行不力的问题，用好用足各种行之有效的执行措施和方法，省法院系统细化对不同类型的被执行人必须采取的执行措施。对拒不履行的被执行人，强制其申报财产和限制其出境，拒不申报或申报不实的依法追究其责任，并通过采取公开曝光、悬赏执行、搜查、强制审计等措施促进案件的执行。对构成犯罪的，依法追究刑事责任。2007年1月召开了全省法院惩处拒不执行判决裁定等违法犯罪行为情况通报新闻发布会，敦促被执行人自动履行义务。并组织了2007年6—8月的夏季集中执行。为有效解决执行不公的问题，严格规范执行程序，浙江出台了关于执行案件收费、实行执行公开和告知、强制被执行人申报财产、实行悬赏执行措施、规范执行和解工作、加强立审执工作配合、穷尽执行措施等七项执行工作制度并狠抓落实。同时加强对委托评估、拍卖执行财产的监督，并进一步强调立、审、执兼顾。强化司法警察参与执行工作。为充分发挥执行考核对执行工作的指引作用，还开展了"破解执行难优秀法院"评选活动，对提高执行工作水平起到了较好的促进作用。

二 抓好"八项司法"，服务科学发展

2009年年初，在"大学习、大讨论"和深入实践科学发展观活动中，经过深入调查研究，针对基本国情省情、发展阶段、经济社会发展态势，结合浙江法院工作实际，时任省高院院长齐奇在2009年1月7日的全省法院院长会议上和1月18日向省第十一届人大第二次会议所作的工作报告中提出"抓好八项司法，服务科学发展"的工作思路，即高度关注经济、社会形势反映到司法层面的变化发展态势，紧紧围绕"保增长、保民生、保稳定"的工作重心，抓好能动司法、和谐司法、民本司法和协同司法；紧紧围绕公正高效廉洁审判的工作要务，抓好规范司法、阳光司法、廉洁司法和基层司法。

（一）抓好能动司法，依法保障经济平稳较快发展

法院工作有很强的专业性、特殊性、终局性，同时又与党和国家的中心工作息息相关，有很强的关联性、全局性、保障性。浙江法院始终把法院工作放到全局中来谋划、来推动，密切关注经济社会发展

的新情况、新问题，坚持抓好能动司法，为大局服务，为人民司法。

重视经济形势变化中的涉案应对。2008年年初，受国际金融危机和国家宏观调控政策影响，部分企业生产经营困难加重，各类涉企、金融纠纷收案呈大幅上升态势。对此，浙江省高院在深入调研的基础上，于同年4月向中共浙江省委提交了《关于运用审判职能，切实贯彻省委"防止我省经济下滑"指示精神的专题报告》，提出预警与对策，受到国务院、最高人民法院、中共浙江省委领导的重视和肯定。针对2011年下半年以来浙江又呈现经济下行压力态势，及时要求全省法院密切关注四条资金链，重点把握好五类涉案问题。研究制定依法保障中小微企业创业创新发展的指导意见，及时出台审理民间借贷、金融纠纷、涉财务风险企业债务纠纷的实施意见，妥善处理各类经济纠纷，兼顾劳企利益，促进银企合作，千方百计保护有效生产力。通过慎用查封冻结和集中管辖、兼并重组、债转股等司法手段，成功帮扶了一大批有市场前景的困难企业，20多家行业龙头企业实现了司法重整，有效防止了区域性的金融风险。其中，海纳破产重整案被《人民法院报》评为当年度全国十大最受关注的"维护平安和谐，伸张公平正义"的案件。新华社《国内动态清样》对南望集团、纵横集团的破产重整案进行了专刊报道，指出南望方式有重要参考价值，司法创新在企业危机处理中发挥了重要作用。

推进"四大国家战略举措"实施。为贯彻国务院关于建设浙江海洋经济开发示范区和舟山群岛新区的战略部署，落实省委、省政府加快海洋经济发展的工作要求，充分发挥人民法院保障和服务海洋经济发展的司法职能，省高院于2011年7月25日出台《关于为我省海洋经济发展提供司法保障的意见》23条。主要内容有以下几点。

第一，明确保障和服务海洋经济发展的指导思想和基本原则。确定了"三个有利于"的指导思想，即在法律框架内，只要是有利于海洋经济发展示范区规划落实，有利于创新海洋开发管理体制，有利于海洋经济现代产业发展的一切举措，都要提供公正公平的保障和优质高效的服务。同时，明确了坚持服务大局、开拓创新、调解优先等三项工作原则。

第二，充分发挥审判职能，提供全面司法保障。切实加大对舟山群岛新区、"三位一体"港航物流服务体系和现代海洋产业体系建设等三大重点工作的司法保障力度，准确把握"一核两翼三圈九区多岛"布局对司法工作提出的具体要求，综合运用民事、行政、刑事等手段，在航运物流与国际贸易、船舶工业与临港工业、海洋科技与产业发展等八大方面全方位满足浙江海洋经济发展的司法需求。

第三，完善审判工作体制机制，提升司法保障水平。要求各级法院创新审判工作制度，健全审判组织，完善涉海案件立案管辖、审执协作制度，落实重大涉海案件通报制度，建立涉海审判工作与相关部门联动协调机制。

第四，加强组织领导，确保司法保障实效。要求全省各级法院结合工作实际建立保障海洋经济发展的专门领导机构，制定工作方案，精心组织实施。同时，着力提高审判人员的政治素养，积极引进涉海审判高端人才，为服务海洋经济发展提供智力支持。并指导温州中院出台金融改革司法保障意见，支持温州金改先行先试，推进民间借贷、民间资本的阳光化规范化运作。通过典型案例等方式引导市场经营户改变贸易经营模式，规范市场交易秩序，服务义乌国际贸易综合改革。依法公正审理涉外、涉港澳台民商事纠纷9477件，最高人民法院法院批准浙江具有涉外商事案件管辖权的基层法院增加至27家，数量居全国第一，为外向型经济发展提供了良好法治环境。

支持创新型省份和文化强省建设。贯彻国家知识产权战略纲要，加大知识产权司法保护力度，促进科技创新，审结一审涉知识产权的民事纠纷3.15万件、刑事案件3398件、行政案件32件，为具有浙江特色的商品批发市场、动漫游戏、传媒影视和电子商务等文化产业发展营造良好的司法环境和创新空间。正泰集团诉法国施耐德公司专利侵权纠纷案获赔1.57亿元，是迄今外国跨国公司对中国企业侵权的最高赔偿案，被评选为当年年度全国十大知识产权案件之首。首创每年邀请外国驻华机构代表和境外媒体列席全省年度知识产权审判工作会议，回答记者提问。2011年，浙江省高院知识产权审判庭被世界知识产权组织授予了首届"中国商标保护金奖"，是全国法院系统唯一获奖单位。

(二) 抓好和谐司法，全力维护社会稳定和谐

全省法院立足执法办案第一要务，全面加强审判执行工作，坚持抓好和谐司法，大力营造和谐稳定的社会环境。

刑事审判贯彻宽严相济政策，依法惩治犯罪。受理一审刑事案件33.03万件，审结32.77万件，同比前五年分别上升30.6%和29.6%；判处罪犯48.76万人，其中判处五年以上有期徒刑直至死刑的6.3万人。依法惩处危害公共安全、故意杀人、涉黑涉恶涉毒、两抢一盗等严重影响社会治安犯罪和涉及"毒胶囊""地沟油"等危害食品药品安全犯罪10.15万件；依法审结集资诈骗、非法吸收公众存款等涉众型经济犯罪898件，指导查办集资类刑事案件的司法政策界限在全国推广。

建立县处级以上领导干部职务犯罪案件异地管辖制度，审结贪污贿赂、渎职犯罪5871件，判处罪犯6278人。认真执行"两个证据规定"，抓好死刑案件办案质量，浙江死刑案件被最高人民法院核准率一直保持在全国前列。在依法从严惩处的同时，对9.93万名具有从宽情节的初犯、偶犯、从犯、未成年人犯等，依法判处缓刑。为进一步保障人权防止冤错案，2011年以来浙江省高院在全国率先开展扩大刑案指定辩护工作，共为2.36万名没有钱请律师、可能被判三年以上有期徒刑的被告人指定了辩护人，指定辩护同比上升了135%，彰显了司法关怀，提升了"法治浙江"的形象，得到了社会各界的广泛好评。同时推进量刑规范化改革，调整100余个罪名的定罪量刑情节和数额认定标准；依托减刑、假释信息化办案平台，推进减刑、假释案件全程阳光审理、动态精准监管。加强少年审判工作，依法惩治校园暴力，保障未成年人健康成长。加强刑事附带民事诉讼调解、自诉案件和解以及刑事被害人救助等工作力度，尽可能促进涉案矛盾的化解，减少社会对立面，维护大局稳定。

民商事审判坚持调判结合化解纠纷，调节经济社会关系。受理一审民商事案件208.3万件，审结204.6万件，同比前五年分别上升60.8%和58.7%。开展家事审判方式改革，落实《中华人民共和国反家庭暴力法》。始终坚持"调解优先，调判结合"工作原则，审结案件调撤率达70.8%。一揽子成功调解的陈艳军等诉浙江杭萧钢构

股份有限公司证券市场虚假陈述赔偿纠纷127件系列案，入选第一届"全国法院十大优秀调解案例"。继承"枫桥经验"，健全诉讼与非诉讼相结合的多元纠纷解决机制，推进人民调解、行业调解、行政调解、司法调解相衔接的大调解工作体系。全省90个基层法院、135个人民法庭设立了人民调解窗口，共配备人民调解员360人，兼职调解员777人。委托人民调解11.01万件，调解成功率达83%，办理确认人民调解协议1.9万件。规范调解工作，对不宜调解以及调解不成的，及时依法作出裁判。

行政审判注重实质性化解争议，推进政府依法行政和维护相对人合法权益。受理一审行政案件2万件，审结1.98万件，同比前五年分别下降4.5%和4.6%。其中，在判决案件中判决行政机关胜诉、败诉的分别占74.6%、25.4%，经法院协调和解撤诉的占33.7%，其他方式结案的占9.7%。经一审、二审和申诉复查后，95%的行政争议得以实质性化解。受理行政机关申请强制执行案件9.77万件，审结9.85万件，准执率占88.3%。在全国率先出台行政机关负责人出庭应诉制度，积极推动行政机关负责人出庭应诉，深化浙江法院首创的行政案件跨区域集中管辖机制[1]；率先建立"行政争议调解中心"，一批涉及重点工程、重大项目的行政争议得到妥善处理。积极推进行政诉讼简易程序、附带民事诉讼、优化庭审程序三项试点工作，加大异地管辖力度，建立府院联席会议制度，连续十年发布行政审判白皮书，梳理分析行政执法中的成效和不足，促进各级政府机关不断改进行政管理和执法工作。2011年率先部署推行"裁执分离"

---

[1] 行政案件管辖制度改革对维护司法公正、提升司法公信力具有重要意义。因特殊的地理位置和行政案件分布情况需要，丽水法院成为这项制度试点的"先行者"，早在2007年就已开始试点行政诉讼案件相对集中管辖，为全省法院推广指定管辖制度提供了有益的实证数据和经验。2013年3月20日，浙江省高院下发《关于确定湖州市、丽水市中级人民法院开展行政案件相对集中管辖试点工作的通知》。同年4月8日，丽水中院下发《行政诉讼案件相对集中管辖试点工作实施方案》；4月9日，湖州中院下发《关于开展行政案件相对集中管辖试点工作的实施方案》；两地方案均自当年5月1日起施行。湖州中院自2013年3月20日被省高院确定为行政案件相对集中管辖的法院以来，充分发挥湖州地区县域分布相对集中、区域经济社会发展较为平衡的优势，坚持边试边调，用四年多的时间在辖区五家基层法院开展行政案件相对集中管辖试点，覆盖率达到100%，试点效果较好。

工作模式,兼顾推进重点工程、城市化建设的公共利益需求与被征收人合法利益保护,已审结行政机关申请强制拆迁案件633件,准予强迁率91%,未发生一起对抗失控的恶性事件。认真贯彻《中华人民共和国国家赔偿法》,审结国家赔偿案件149件,赔偿金额202.16万元。发挥裁判的行为指引功能,如嘉兴中级法院审结全国首例"斑马线罚款案",引导文明礼让的社会风尚。

着力破解执行难,维护当事人胜诉权益。深化党委领导、人大监督、政府支持、法院主办、各界配合的综合治理执行难工作新格局,建立浙江各部门联动的"执行征信、执行查控、执行惩戒、执行监督和执行保障"五个系统,与人民银行、工商部门、信用中心等建立联合征信机制,在全国率先建成覆盖在浙商业银行的网上专线"点对点"查询被执行人存款系统,与杭州、宁波、温州等三个省内主要机场签署了《关于加强对被限制高消费的被执行人禁止乘坐飞机协助执行的纪要》,建立被限制高消费的被执行人禁止乘坐飞机的协助执行机制。加强执行指挥中心建设,完善三级法院执行联动机制,组织开展清理执行积案、反规避执行等专项执行活动。对7479名被执行人发布限制高消费令。依法拘留抗拒、逃避执行的1.58人,202人因拒不执行判决、裁定被追究刑事责任。共受理执行案件115.85万件,执结115万件,执结标的金额1690.03亿元,同比前五年分别上升68%、66.1%和129.5%。

(三)抓好民本司法,切实保护涉案民生

全省法院始终坚持以人为本、司法为民的理念,坚持抓好民本司法,努力满足人民群众日益增长的司法需求。

加强便民诉讼。规范全省法院立案接待大厅"一站式、低成本"便民窗口服务,推行巡回审判、预约办案、网上远程视频庭审与询问取证,扩大简易程序适用,推进小额诉讼速裁试点,为群众提供司法便利。自2008年以来,三次调整民事案件级别管辖标准,将93%的大标的额民事案件交由基层法院一审,方便就地解决纠纷。推行巡回审判、预约办案,在边远地区或其他有诉讼需求的地方增设人民法庭10个,巡回审判站(点)333个,开展巡回审判4.1万余次。加大司法拍卖改革力度,2011年在全国率先降低委托拍卖的佣金标准,当年为当事人减轻佣金负担5541万元。2012年又在淘宝网开展网络司法拍卖改革试点，力求拍卖标的物竞价交易的公开公平公正和拍卖价格的最大化，平均溢价率达41.1%，并实现了零佣金。

重视涉民生案件审理。完善涉民生案件"绿色通道"和快速处理机制，加强对道路交通事故、医疗损害、劳动争议、房地产和环境污染损害赔偿等涉民生审判的指导。妥善审理涉农案件，每年岁末年初在全省法院部署农民工讨薪维权专项审判执行活动，审结劳动报酬追索、劳动争议案件11.22万件。2012年依法惩处新入刑的拒不支付劳动报酬罪犯29人，劳动报酬、赡养、扶养、抚育等涉民生案件的执行偿付率达88.4%。加强涉军案件审判，依法维护国防利益和军人军属合法权益。健全司法救助机制，为困难当事人缓、减、免诉讼费1.56亿元，为2.09万名困难当事人、被害人发放救助金2.33亿元。省高院依法建议的温州"7·23"动车事故改进理赔的意见，促进了赔偿争议的化解，受到国务院、最高法院和省委的肯定。

做好申诉和涉诉信访化解工作。畅通申诉复查审理机制，依法保障当事人的申诉权利，审结申诉和申请再审案件2.1万件。加大对申诉案件的调解、协调力度，申诉案件调撤率达19.6%。推进落实风险评估、多元化解、约期接谈、信访通报、案件终结等"五项制度"，抓好一审、二审期间的风险评估以及初信初访的判后答疑、思想疏导，努力从案件源头上预防和减少涉诉信访问题。五年来，全省法院生效裁判息诉率同比前五年上升4个百分点。坚持院长约谈接访和进村入企等专项活动，各级法院院长共接访8917次、1.64万人。开展涉诉信访积案清理活动，推进信访老案终结工作，共化解和终结列入中央政法委清理范围的涉诉信访案件2425件。

（四）抓好协同司法，推动完善和创新社会管理

全面推进减刑、假释裁前公示、开庭审理工作，依法办理减刑20.7万人、假释2.8万人。加强未成年人犯罪审判工作，全省95个法院建立了独立建制的少年审判庭或专门合议庭，审结未成年人犯罪案件3.27万件。积极参与社区矫正、回访帮教、特殊人群帮扶等工作，有效预防和减少犯罪。2010年在全国率先制定了制裁虚假诉讼的指导意见，推动诚信建设，相关实践做法被2012年修改后的《民

事诉讼法》参考借鉴。结合办案中发现的各类隐患，共发出司法建议2539份，1543份得到反馈落实，有效延伸了司法活动对优化公共决策和社会管理的影响力。建立长三角地区司法协作机制，推进区域社会管理体系建设。

随着经济的快速发展、交通网络的日臻完善和交通工具的日益普及，因交通事故引发的纠纷大幅增加。与此同时，信息科技迅猛发展，运用互联网大数据信息处理功能，提高纠纷化解便捷度、丰富纠纷处理渠道的理念，得到越来越多的认同。2015年，余杭法院在道路交通事故一体化调处机制的基础上，在全国率先探索建立"互联网+交通事故纠纷处理"的新模式，并获最高人民法院批复同意确定杭州中院（二审）和余杭法院（一审）为道路交通事故损害赔偿案件"网上数据一体化处理"综合改革的唯一试点法院。

（五）抓好规范司法，促进司法公正高效

坚持科技强院，依托信息化技术手段，积极构建以审判流程管理为支撑、质量效率评估为重点、审判监督为制约的审判管理新机制。建立全省法院审判质效运行态势的电子评估体系，在全国各省区率先自动生成26项办案质效数据，可对全省103家法院实时排序通报，为各级院庭长有针对性地改进审判管理提供"体检表"，使浙江审判的信息化管理走在全国前列。统筹司法规范化建设，制定《关于构建司法规范化工作长效机制的指导意见》，强化案件流程和审限管理，规范文书送达、证据交接等工作，完善案件改判发回、委托鉴定拍卖等管理制度，加强内部监督制约。强化案件流程和审限管理，完善对外委托鉴定、拍卖等管理制度，规范送达、证据交接等工作，推行归档报结制度，杜绝超审限案件。完善案件改判、发回沟通机制，规范改判发回案件在上下级法院之间的程序运行。2012年5月，省高院纪检组牵头，依托全省1572个数字法庭系统，组织人大代表、政协委员和特约监督员，对全省法院及人民法庭951场庭审进行了视频抽检督察和问题反馈，效果明显。

（六）抓好阳光司法，提升司法公信力

落实公开审判制度，制定部署6个方面58项阳光司法达标工作，明确立案、庭审、执行、听证、文书、审务等必须公开的内容、程序和方法。全省法院已全部验收达标，23个被评为"阳光司法优秀法院"，8个被最高法院确定为全国"司法公开示范法院"，初步建立起开放、透明、便民、信息化的阳光司法新机制。2012年，为巩固深化阳光司法达标工作成果，完善司法公开长效机制，省高院与浙江大学光华法学院合作研制了国内首创的"阳光司法指数"，由26项检测内容构成，《人民日报》刊文肯定这一指数具有倒逼法院改进管理、提高司法公信的积极作用。定期发布阳光司法指数，可以直观反映和客观监测人民法院司法公开工作的状况，及时发现和改进问题，同时发挥指数评估的导向鞭策作用，在全省法院范围内形成一种相互学习借鉴、不断改进工作的累进式发展态势，实现以公开促公正，以公正立公信，以公信树权威。

全面落实审判公开原则。立案阶段，加强立案窗口标准化建设，打造一站式诉讼服务中心和纠纷分流平台。将收费标准、审判执行流程、工作职责、风险提示、司法救助等在醒目位置公示，推行预约立案、网上立案和语音导诉等制度，以简化的流程与信息化的作业，提供"尊重""快速""便利"的便民诉讼服务。审判阶段，大力推行庭审公开，一审除有法定情形外，一律公开开庭审理，同时不断提高二审案件开庭率。2012年，全省有60余家法院开展了庭审直播、录播工作。且2006年6月1日起在全国率先实现死刑二审案件全部开庭审理。执行阶段，及时向当事人告知重大执行行为、执行进度；建立信用信息共享平台，已在浙江信用网累计公布被执行人失信信息116万余条；司法拍卖更加规范透明，自2012年6月26日联合淘宝网正式推出司法拍卖平台以来，有20家法院试点"零佣金"司法网拍，共上线拍卖汽车、机器设备、商铺等标准化、通用型的涉诉资产53件，成交42件，成交率为79.25%，总成交额1532万元，平均溢价率达41.1%，为当事人节省佣金66.77万余元。《人民法院报》将"网络司法拍卖"评为"2012年度人民法院十大关键词"之一，认为是"法律效果、社会效果与政治效果有机统一的司法改革措施"。

大力加强民意沟通。建立院、庭领导与网民对话机制。2009年以来，围绕"民本司法""阳光司法""和谐司法"三个专题，在全国法院率先推出网民在线系列访谈活动，先后有省高院院长、副院长、庭长、中院院长、部分基层法院院长等34人次分别与网民直接对话，网民反响强烈。开展"公众开放日"活动。自2010年推行"公众开放日"制度以来，全省法院已组织"公众开放日"活动2067次（其中省高院组织16次），6万余社会各界人士参加了活动。完善新闻发布制度。2010年以来，全省法院共召开新闻发布会420次（其中省高院召开20次），共发布新闻报道1.2万余篇。连续四年邀请境内外媒体和外国驻华机构代表列席全省知识产权审判工作会议，在境内外引起很大反响。主动向社会各界征求意见。专程走访各民主党派省委会、省工商联、省律师协会，主动听取对法院工作的意见和建议；先后与团省委、省总工会、省妇联座谈交流，共商维护职工、妇女儿童、青少年合法权益的举措；建立咨询专家意见征询制度，就法院工作的重大问题征询专家意见，确保法院决策部署科学民主、体现规律要求、符合人民意愿、解决实际问题。

自觉接受社会各方面监督。建立全省三级法院院长定向分级联络各地的全国、省人大代表、政协委员制度，主动通报工作情况，认真听取意见、建议。完善检察长列席审判委员会制度，邀请检察长或受其委托的副检察长列席审判委员会会议。积极探索人民陪审员参与诉讼调解、执行和涉诉信访工作，扩大人民群众参与、监督司法活动的范围。2011年，人民陪审员参审案件12.14万件，一审陪审率86.96%，高于全国法院平均数31个百分点。发放廉政监督卡，告知举报电话，邀请社会各界人士担任廉政监督员，自觉将法院工作置于社会监督之下。

依托现代科技搭建开放、互动、方便、快捷的现代化司法公开平台。全省103家法院全部建立每天更新的门户网站，开通案件查询系统，当事人只要输入案号和密码即能在网上查询案件审理、执行进度；开辟"裁判文书"栏目，累计公布生效裁判文书49万余篇。有60余家法院在门户网站上设立了在线诉讼服务平台，开展网上预约、网上立案、证据交换、文书送达等便民服务。全省1572个审判法庭全部数字化，实现所有开庭的案件全程录音、录像，使司法更加透明、公开，让公正"可定格""可再现""可复制"；建立了92个远程视频室，对大部分事实清楚、证据充分、争议不大的刑事案件实现远程审理。有56家法院实现诉讼档案电子化，并建立了当事人和辩护人、诉讼代理人查询服务平台，实现电子化阅卷。

（七）抓好廉洁司法，加强队伍建设

改进司法作风。开展社会主义法治理念、政法干警核心价值观等主题教育活动，践行"浙江法官职业四要"，深化法文化修养。对32个法院进行了司法巡查，审务督察暗访4900余次，认真讲评通报"两评查"及"百万案件大评查"所发现的问题。推进创先争优活动，弘扬先进典型，如西湖法院的陈辽敏法官光荣当选党的十八大代表。坚持从严治院不动摇。出台"约法十章"，落实法官办案、任职和地域回避，规范法官与律师关系，防止人情关系对司法工作的不当影响。省高院于2009年首创了法官宣誓授职典礼，现已成为全国法院一项引领廉洁司法建设的年度重要司法礼仪活动。组织编写《法院干警拒礼、拒请、拒托提示手册》，《人民日报》刊文认为其"为防腐疫苗提供了研发思路"，最高法院已决定在全国发行。坚持零容忍、不护短，五年来共查处违纪违法案件97件105人，同比前五年下降5.4%。

（八）抓好基层司法，服务审判一线

针对法院干警80%在基层、所办案件90%在基层的特点，深入开展"五好法庭""模范五好法庭"达标活动，全省212个人民法庭中已有203个达到了省级"五好法庭"标准，47个被授予省级"模范五好法庭"称号。积极争取党政支持，抓好中央加强"两院"工作决定的贯彻落实，着力从人员配置、业务培训、经费保障、物资装备等方面加强基层基础建设。新招录基层干警3339人，将增编的中央政法专项编制中的80.2%分配给基层法院。加强信息技术在基层司法中的广泛应用，全省法院全部建立了电子局域网，审判用法庭全部数字化，实现所有开庭案件全程录音录像。为全省法官配备电子办案助手、裁判文书智能纠错等实用软件；建立全省法院审判调研人才库，发布指导性案例240个；编发审务技能手册31册，举办业务培训班926期，培训基层干警5.7万人次；加强"两庭"建设，新增建筑面积14.2万平方米；新设杭州经济技术开发区法院，杭州铁路运输法院已正式移交实行属地管理。①

三 建设"三大机制",谱写司法为民新篇章

为了深入贯彻落实最高人民法院分别于2014年12月、2015年4月和2016年6月出台的《关于全面推进人民法院诉讼服务中心建设的指导意见》《关于人民法院登记立案若干问题的规定》和《关于人民法院进一步深化多元化纠纷解决机制改革的意见》,浙江省高院结合浙江法院工作实际,于2016年9月1日制定出台了《关于建立健全"大立案、大服务、大调解"机制的指导意见》,提出要紧紧围绕"努力让人民群众在每一个司法案件中感受到公平正义"的目标,坚持司法为民根本宗旨,准确把握人民群众对诉讼服务的新需求、新变化,创新发展"枫桥经验",优化司法资源配置,提升司法服务水平,让案件立得进、办得出,让解决纠纷的渠道更多、效率更高、效果更好,打造诉讼服务的浙江品牌,为浙江经济社会发展和"法治浙江"建设提供优质高效的司法服务和保障。由此,建立健全"大立案、大服务、大调解"机制构成了2016年至今浙江法院工作的一条主线。

(一) 建设"三大机制"的基本目标

建设"三大机制"以建立健全"大立案、大服务、大调解"机制为基本要素,其核心内容是通过构建一站式、立体化、综合性的新型诉讼服务中心,以积极回应社会关切。这一举措的基本出发点,在于通过全面深化司法改革特别是推动审判供给侧结构性的改革,不断提升司法服务水平,完善多元化解机制和繁简分流机制,将大部分涉诉纠纷解决在庭审前,真正解决案多人少、司法服务不到位、群众获得感不强等难题。其主要目标有三。

一是建立"大立案"机制。严格落实立案登记制,把"有案必立、有诉必理"的理念落到实处,同时对滥诉等问题依法加以有效规

---

① 以上数据及材料,参见齐奇主编《"八项司法"的发展与深化——浙江法院司法创新成果(上)》,法律出版社2013年版,第3—11页;齐奇《统筹"八项司法"服务科学发展》,《人民司法》2009年第15期。

制。大力推行网上立案、跨域立案、延伸立案等做法，充分体现立案的便利和快捷，使立案从时间、空间、质量以及内容等四个维度得到实质性提升，实现服务场所和办公场所的功能区隔，努力打通立案服务的"最后一公里"。

二是完善"大服务"机制。以建设新型诉讼服务中心为载体，实现线上线下诉讼服务功能互通，构建诉讼服务大厅、诉讼服务网、"12368"诉讼服务热线三位一体的综合性平台，将辅助性、事务性、社会服务性工作及部分审判工作前移，由诉讼服务中心提供庭审以外的全部诉讼和非诉讼服务，为群众诉讼、律师履职、法官办案、审判管理提供全方位的服务。

三是强化"大调解"机制。不断创新发展"枫桥经验"，坚持"纠纷解决分层递进"思路，努力破解"案多人少"难题，发挥法院在矛盾纠纷化解工作中的引领作用，通过制度创新大力开展诉调对接与立案调解，打通诉讼外调解与诉讼内调解，实现优势互补，充分发挥调解的纠纷过滤功能，最终达到将大部分案件化解在庭审前的目标。实行繁简分流，大力推进调解程序与速裁机制相衔接，实现简案快审、繁案精审。

（二）"三大机制"建设的基本成效

自2016年9月浙江省高院提出"三大机制"建设到2017年年底，浙江全省法院从设想到蓝图、从蓝图到现实，理论支撑更加丰满，制度构建更加完善，实践探索更加深入，建设效果更加显现，各界好评如潮，《法制日报》《中国审判》《浙江日报》等均予以重点报道和高度评价。2017年7月，浙江高院在衢州召开"三大机制"建设现场推进会，目的就是在当前这一司法改革的重要时间节点上强力推进"三大机制"建设，打响浙江法院司法改革、司法为民的攻坚战，确保圆满完成年底前全省法院全面建成"三大机制"的既定目标任务。时任省高院院长陈国猛在现场推进会上作了题为"高水平全面建设'三大机制'，谱写浙江法院司法改革和司法为民新篇章"的重要讲话。其在讲话中充分肯定了全省法院"三大机制"建设已经取得的突出成效。浙江法院"三大机制"的成效，主要表现在以下三个方面。

一是通过推进"大立案"机制建设,新型便民立案方式被广泛运用。"大立案"是"三大机制"建设的基础,也是全省法院推进"最多跑一次、最好不用跑"改革的主要抓手。为深入推进立案登记制改革,把立案诉讼服务送到老百姓家门口,浙江法院系统积极创新立案方式,针对不同人群和地域特征,分别推出了网上立案、跨域立案和延伸立案等三种新型的立案方式,不仅实现了浙江省域范围的全覆盖,并已经延伸到福建、广东等地,成效显著。

首先是网上立案有新成效。主要面向信息化知识水平高、接受新生事物快的群体,如律师、金融机构等。2017年1—6月,全省一审民商事案件网上立案比例为27.6%(不含网上引调案件)。其中绍兴中院69.93%、衢州中院62.45%、嘉兴中院61.76%,分列中级法院前三位;玉环法院52.4%、杭州铁路法院50.8%、义乌法院50.3%,分列基层法院前三位。其次是跨域立案有新进展。主要面向网上立案操作有困难的当事人,就近利用法院间的内网传输功能,实现异地立案。这项工作浙江法院已经走在全国前列,浙江省高院在2017年3月的最高人民法院泉州会议上作了经验介绍,还利用2017年5月在浙召开长三角法院工作会议的机会签署了包括跨域立案在内的长三角司法协作文件。截至2017年6月,全省法院均已实现跨域立案,1—6月共跨域立案1363件,其中7件为跨省立案。舟山的嵊泗法院将三大机制建设的重点放在跨域立案上,现已实现岛上居民"立案不出岛"。再次是延伸立案有新突破。主要面向交通不便、未设人民法庭的偏远地区当事人,为其提供就近到乡镇(街道)综治中心的立案服务,填补了网上立案和跨域立案的服务空白。目前,延伸立案工作正在有序推进,首轮诉讼服务终端一体机的布点已经完成,安装到位35台,其余设备也在陆续采购调试中。

二是通过推进"大服务"机制建设,新型司法服务模式深受欢迎。"大服务"是"三大机制"建设的重点,起到对外服务群众、对内服务法官的作用。目前,全省法院诉讼服务中心工作人员2930人,占全部人员的16.62%,其中基层法院人员占比达到17.28%,分别比2016年增加了6%和8%,服务中心力量明显加强。全省法院诉讼服务最大的转变是在理念上,用老百姓的话讲,就是"服务周全了,脸色好看了，事也好办了"。新型诉讼服务中心建设有序推进。截至2017年6月，全省已有34家法院完成新型诉讼服务中心建设，还有60家在建，9家即将动工。衢州地区力度很大，衢州法院院长深入走访市委主要领导和6个县（市、区）委书记，争取项目资金支持。目前已有1个完成、2个正在改造中、2个立项获批、2个正在报批中，其中3个面积达5000平方米。就具体法院而言，平阳法院是目前全省法院诉讼服务中心建得最好的法院之一，占地4000余平方米，集立案登记中心、执行事务中心、联合调解中心和律师驿站、家事审判区、民商事调解与速裁区为一体，功能齐全，形式新颖。

诉讼服务功能有效集聚。将原先分散在各庭室的材料收转、文书送达、档案查阅和执行事务等功能集中到诉讼服务中心统一办理，为老百姓真正提供一站式、综合性、全方位的诉讼服务。截至2017年6月，全省法院均已设立法律援助工作站，51家法院设立了律师服务中心，66家法院有邮政特快专递工作人员进驻，其中台州中院通过集中送达、微信送达、电子送达等方式，较好地解决了送达难问题。湖州南浔法院还为此出台了全省第一个诉讼服务中心地方标准。此外，省高院在2017年6月出台了财产保全相关规定，并确认了24家金融机构作为首批备案单位，可以在浙江各级法院开展财产保全信用担保业务，为提高调解案件自动履行率及后续的执行率奠定了基础。在线诉讼服务不断拓展。省高院开发了浙江智慧法院手机应用程序，整合了网上引导、网上立案、网上查询、网上阅卷、12368热线等线上服务，让当事人足不出户就可以参与诉讼。正在设计的浙江法院诉讼服务网，将把在线诉讼服务集中到一个页面上，服务更加便利。

特别是中央深改办批准设立的杭州互联网法院，为浙江法院完善涉网案件全流程起诉、立案、调解、举证、质证、开庭、判决、执行等诉讼服务，实现"网上案件网上办，网上纠纷不落地"的愿景带来了绝好的机会，也为进一步拓展在线诉讼服务提供了现实平台。2017年8月18日，全国第一家集中审理涉网案件的试点法院——杭州互联网法院正式挂牌运行。时任最高法院党组书记、院长周强，时任省委书记、省人大常委会主任车俊共同为杭州互联网法院揭牌。设立杭州互联网法院，是司法主动适应互联网发展大趋势的一项重大制度创新，是探索互联网司法新模式，服务保障网络强国的重要举措，在国内外引发广泛关注和强烈反响，被誉为"司法领域里程碑式的事件"。杭州互联网法院成立以来，始终秉持互联网思维，创新运用先进的人工智能技术，推进审判业务与技术、数据的融合，探索涉网案件诉讼规则，再造诉讼流程，重塑审理方式，彰显了以互联网方式审理互联网案件的效率、公开和便民优势。截至2017年年底，该院共审结涉网案件3064件，一审服判息诉率达98.5%，线上关联案件平均开庭时间25分钟，平均审理天数48天，100%实现在线庭审、在线裁判和网上送达。

三是推进"大调解"机制建设，新型纠纷解决模式成效显著。"大调解"是"三大机制"建设的关键，也是解决案多人少矛盾、非员额法官出路等问题的重要举措。为此，省高院专门设计了引导调解、特邀调解和法官调解"三调合一"的大调解工作机制，构筑三道案件过滤网，力争通过诉前化解、立案调解及简案速裁的方式将80%以上的案件解决在诉讼服务中心，实现纠纷的分层递进化解。

首先是诉前化解有力有效。积极构建多方参与、优势互补、合力共济的多元化矛盾纠纷解决体系，形成有效的第一道过滤网，力争将家事纠纷、相邻纠纷等可以调解前置的民商事案件消化在诉前。2017年上半年，全省法院诉前化解率达9.93%，同比增长2.75%，其中余杭法院27.86%、诸暨法院27.09%、浦江法院26.04%、萧山法院24.73%、龙泉法院23.87%，分列前五位。全省法院还组建了来自各行各业的2323名特邀调解员队伍，在诉前乃至诉中的调解中发挥了重要作用。萧山法院聘用了15名驻院专职调解员，与在册的54名兼职调解员组成6个调解团队，1—6月共化解民事案件3350件，占民事案件结案总数（不含缺席、公告案件）的38.61%。其中诉前化解2565件，诉前化解率达24.73%，同比上升6.27%，这一做法在案多人少矛盾突出的法院意义特别重大。截至2017年，全省法院已实现人民调解窗口在诉讼服务中心的全覆盖，并普遍建立了与医患、道路交通、物业、知识产权等行业性、专业性调解组织的诉调衔接机制。

其次是立案调解作用凸显。除了当事人缺席、破产案件等法律规定不适用调解的情形外,在登记立案之后、开庭审理之前进行先行调解,形成第二道过滤网。立案调解是大调解机制的重中之重。2017年上半年,全省基层法院立案调撤率达43.92%,其中62家超过40%的考核标准。专职调解法官是立案调解的主力军,目前已有80家法院组建了以未入额法官为主体的专职调解法官团队,其中衢州中院在2016年12月就出台了《关于建立专职调解法官制度的意见》,规定从未入额法官中选任专职调解法官,每个辖区法院不得少于3人。

再次是繁简分流常态运行。经过诉前调解和立案调解两道过滤程序后,再根据案件事实、法律适用、社会影响等因素实行繁简分流,由设在诉讼服务中心的速裁组或简案组进行速裁,形成第三道过滤网。在案件数量特别多的法院,还先行进行繁简分流,简案主要通过立案调解和速裁解决。截至2017年6月,全省已有79家法院完成速裁法官团队的组建,衢江法院的诉服中心配备了擅长调解的员额法官和专职调解法官各7名、辅助人员14名、人民调解员3名,专门从事调解和速裁工作,解决了院机关80%以上的民商事案件,实现了繁简案件"二八分流"的目标。[1]

第三节　浙江法院工作的基本经验和启示

法院工作是党和国家工作的重要组成部分。2006年以来,围绕"法治浙江"建设,浙江法院牢固树立大局意识,坚持公正司法、司法为民的工作主线,立足执法办案第一要务,深化司法体制改革,打造过硬司法队伍,先后推出"三项承诺""八项司法"和"三大机制"建设等创新举措,均取得良好效果。

一　坚持党的领导,接受人大监督

中国特色社会主义最本质的特征是中国共产党领导,中国特色社

---

[1] 以上数据及材料,参见陈国猛《高水平全面建设"三大机制",谱写浙江法院司法改革和司法为民新篇章》,《浙江审判》2017年第7期。

会主义制度的最大优势是中国共产党领导。无论是"三项承诺""八项司法"还是"三大机制"建设，无不深入贯彻了当时中共浙江省委的决策部署，无不是紧紧依靠党的领导而取得成功的。其中，《关于落实"三项承诺"的实施意见》是报中共浙江省委常委会同意后全省法院执行的，"三项承诺"的落地见效得到了中共浙江省委、浙江省人大常委会和最高人民法院的充分肯定，并入选2006年度浙江省十大法治新闻。

2008年4月18日，浙江省高院向中共浙江省委提交了《关于运用审判职能，切实贯彻省委"防止我省经济下滑"指示精神的专题报告》，得到时任国务院副总理王岐山、浙江省委书记赵洪祝以及最高人民法院常务副院长沈德咏等领导的批示肯定。2009年年初，在"大学习、大讨论"和深入实践科学发展观活动中，经过深入调查研究，针对基本国情省情、发展阶段、经济社会发展态势，结合浙江法院工作实际，时任浙江省高院院长齐奇在全省法院院长会议上和1月18日向第十一届浙江省人大第二次会议所作的工作报告中提出"抓好八项司法，服务科学发展"的工作思路，即高度关注经济、社会形势反映到司法层面的变化发展态势，紧紧围绕"保增长、保民生、保稳定"的工作重心，抓好能动司法、和谐司法、民本司法和协同司法；紧紧围绕公正高效廉洁审判的工作要务，抓好规范司法、阳光司法、廉洁司法和基层司法，受到省政府和省人大等好评。围绕省委省政府提出的"最多跑一次、最好不用跑"改革，浙江省高院于2016年9月下发了《关于建立健全"大立案、大服务、大调解"机制的指导意见》，积极创新立案方式，针对不同人群和地域特征，分别推出了网上立案、跨域立案和延伸立案等三种新型的立案方式，不仅实现了浙江省域范围的全覆盖，并已经延伸到福建、广东等地，深入推进立案登记制改革，把立案诉讼服务送到老百姓家门口。

浙江法院的工作经验充分表明，做好新形势下的司法工作，必须坚定不移地坚持党的领导，才能保证司法理念、司法实践和司法作风真正体现中国特色社会主义的正确方向，才能使包括审判事业在内的中国特色社会主义事业更加繁荣发展。在建设"法治浙江"过程中，浙江法院正因为高举中国特色社会主义伟大旗帜，始终坚持党的领导，紧紧围绕中央和省委决策部署，并自觉接受人大监督，最终才实现了人民法院工作的新跨越。

首先，人民法院审判执行工作的全局性和系统性，要求坚持党的领导。只有坚持党的领导，凝聚最广泛人民的力量，将社会主义法治精神真正贯穿到经济、政治、文化、社会和生态文明建设中，才能促进和保障国家机关依照宪法法律履行职责，带动全社会遵法守法，实现"良法善治"。其次，人民法院改革工作的繁重性和艰巨性，要求坚持党的领导。全面推进司法改革、全面保障人民法院依法独立公正行使审判权，作为国家治理领域的深刻革命，必然涉及体制、机制和重大利益调整，是难啃的"硬骨头"。只有坚持党的领导，发挥党的政治、组织和密切联系群众等优势，才能有效破除各种障碍，顺利推进各项体制、机制性重大改革。再次，人民法院司法改革的复杂性和长期性，要求坚持党的领导。我国处于并将长期处于社会主义初级阶段的基本国情没有变，推动经济、政治、文化、社会、生态文明建设和党的建设是一个动态、长期的过程，必须始终坚持党的领导，发挥党的领导核心作用，才能更快更好地朝"法治中国"目标迈进。

浙江法院的工作经验还充分表明，主动接受人大的监督有效推动了法院工作的顺利开展，解决了法院审判工作中的难题，推进了司法民主的进程，密切了法院同人民群众的血肉联系。在人大的监督支持下，人民法院时刻牢记"司法为民"宗旨，各项为民、利民、便民措施得以落实，审判执行工作逐步规范，司法改革不断深化，法官素质逐步提高，办案质量和效率稳步提升，人民群众满意度不断提高。

二 坚持以人民为中心，努力实现法律效果和社会效果的有机统一

"为政之道，以顺民心为本，以厚民生为本，以安而不扰民为本。"党的十九大报告中提到"人民"一词有203次，"坚持以人民为中心""坚持人民当家作主"等重要表述再一次向全世界表明，中国共产党是维护人民利益的党，一切工作的出发点和落脚点都是为了人民。习近平强调：以人民为中心的发展思想，不是一个抽象的、玄奥的概念，不能只停留在口头上、止步于思想环节，而要体现在经济

社会发展各个环节。① 浙江法院的"三项承诺""八项司法"和"三大机制"建设，均充分体现了人民法院坚持以人民为中心的发展思想，牢牢把握严格公正司法，努力实现法律效果和社会效果的有机统一的价值取向。

首先，浙江法院提出并落实"三项承诺"和53项举措，抓住了解决人民群众反映强烈的热点焦点问题这一"牛鼻子"，为推进"法治浙江"建设、司法为民找到了有效载体。司法为民是社会主义法治理念的核心内容。履行"三项承诺"的过程，就是落实、丰富和拓展"司法为民"的过程。借助落实"三项承诺"这一载体，浙江全省法院进一步浓厚了保公正、重为民的工作氛围，确立了为民、公正理念在人民法院的主导地位。生动的实践和初显的效果，进一步坚定了干警公正司法、服务群众的决心和信心。随着司法救助范围的扩大和力度的加强，经济困难群众因交不起诉讼费而无法行使诉讼权利的现象已基本解决。立案接待大厅规范化建设，立案便捷快速、导诉详尽多样、立案方式灵活、救助手续简便、功能丰富完善、服务环境舒适，推动了法院服务水平的提高，也为因诉讼知识欠缺而不会打官司的群众提供了有效帮助。人民法庭直接立案、开展巡回审判、推行简易案件速裁机制等做法，为当事人参加诉讼提供了便利，减少了经济负担和时间精力投入。

正是因为"三项承诺"高度契合了以人民为中心的发展理念，它的提出和实践赢得了社会各界的广泛支持和认可。时任最高人民法院院长肖扬在浙江高院上报的工作情况报告上作出批示：浙江省高院向全社会作出了三项公开承诺，并认真落实到司法实践中，审判工作、队伍建设和司法改革、基层建设均取得了很好效果，并获得了广大群众好评。可将浙江的报告印发各省高级法院学习、推广，还可以在《人民法院报》和《法制日报》发一篇有分量的报道。新华社"国内动态清样"对此作了专题报道，《人民法院报》继2006年在头版头条连续发表三篇长篇述评和两篇评论员文章介绍浙江经验后，2007

---

① 《习近平在省部级主要领导干部学习贯彻党的十八届五中全会精神专题研讨班上的讲话（2016年1月18日）》，《人民日报》2016年5月10日。

年又连续发表两篇长篇通讯，并配发评论，对落实"三项承诺"工作进行跟踪报道。省内媒体将落实"三项承诺"评为2006年度省十大法治新闻。在落实"三项承诺"过程中，涌现出了一大批先进集体和个人，贾建平、魏剑明同志被授予"全国模范法官"并光荣当选"浙江骄傲——2006年度十大最具影响力人物"，折射出浙江法院形象有了新的提升。

其次，"八项司法"作为一个不可分割的整体，涵括了法院工作的方方面面，体现了科学发展观的要求。"八项司法"中的能动司法、民本司法、和谐司法、协同司法，一一对应科学发展观的发展是第一要务、核心是以人为本、全面协调可持续是基本要求、统筹兼顾是根本方法，旨在发挥审判职能，围绕党和国家的中心工作，为大局服务，为人民司法。"八项司法"中的规范司法、阳光司法、廉洁司法、基层司法，旨在改革法院各项工作机制，围绕办案，确保公正、高效、廉洁。浙江法院始终坚持严格公正司法，扎实推进司法规范化建设，规范法官自由裁量权的行使。集中解决执法不规范等问题，深入推进司法公开，在全国率先发布"司法透明指数"，实施"阳光司法"工程，努力让公正以看得见的方式得以实现。实践证明，"八项司法"是遵循司法规律、符合法院实际、顺应时代特征、体现浙江特点的有力抓手，是服务经济社会科学发展、实现法院工作自身科学发展的务实路径。

再次，"三大机制"坚持以人民为中心，彰显了司法公正为民的核心理念，主动回应了人民群众在新时期尤其是互联网时代对诉讼服务的新需求和新期待。"三大机制"的核心技术，在于以"用户体验"的视角，站在人民的立场提升司法的认同度，立审执全程兼顾，从司法"入口"开始，不断夯实为民公正司法的情感基础，让服务更快捷便利、让公正更看得见摸得着，最终赢得群众信赖和满意。[①]当然，司法机关的首要职责是执法办案，诉讼当事人也不是商业领域的"顾客"，固然不能简单地以当事人对个案是否满意作为评价司法

[①] 参见陈增宝《"三大机制"建设的核心技术在哪里》，《人民法院报》2017年9月9日。

的唯一标准。但是，实践证明，司法虽然依赖刚性的法律制度，而公正的力量却又来自柔性的情感支撑。理性思考与情感体验必然相互交织，当事人对司法的评判与他们所感受到的公正程度密切相关。正是基于上述，"三大机制"是浙江全省法院贯彻落实"以人民为中心"发展思想的重大举措，是落实中共浙江省委省政府提出的"最多跑一次"改革的重大举措，是深化司法体制改革、解决案多人少矛盾、提升人民群众满意度的重大举措。

浙江法院的工作经验提示我们：随着中国特色社会主义进入新时代，社会的主要矛盾已经转化为人民日益增长的美好生活需要和不平衡不充分发展之间的矛盾，面对这些新变化和新要求，人民法院要更好地跟上时代步伐，走好新的长征路，必须秉承以人民为中心的发展思想。"人民不是抽象的符号，而是一个一个具体的人的集合。"一定要把党的各项重大部署与法院具体实际贯通起来，与司法为民、公正司法的司法目标融合起来，一件事情接着一件事情办，一年接着一年干，牢记司法宗旨，以更加饱满的精神、更加昂扬的斗志，再接再厉，谱写人民司法事业的新篇章。

三 坚持围绕中心能动司法，有效服务经济社会发展大局

司法是一项以解决纠纷为己任的事业，必须主动回应和关注社会需要。在理论界，对司法的功能有"纠纷解决说""权利保障说""法秩序维持说""政策形成说"等不同学说。与此相关联，在传统司法哲学上，有司法克制主义（judicial restraint）和司法能动主义（judicial activism）两种不同的立场。司法能动主义以实现实质正义为目标，以司法权的社会功能为重心，以法治精神为依托，强调在司法过程中采取积极灵活的态度，创造性地适用法律，以适应经济社会的需求。[1] 司法的被动性强调法院在诉讼程序启动上的受应性。有的学者认为，"能动司法"有违司法的被动性、中立性。[2]

---

[1] 参见常倜《司法能动主义与中国司法的未来》，载徐昕主编《司法的知识社会学》，厦门大学出版社2008年版。

[2] 张千帆：《司法定位与改革走向》，《中国经济时报》2008年11月7日。

实际上，司法的能动性与司法的被动性并无必然逻辑联系。任何文化背景下和任何国家的司法都具有能动性。这是由司法活动的实践性质、司法权的内在属性、法律的局限性决定的。能动和克制的区别更多只是一个程度不一而非性质不同的问题。在美国，能动与克制总是循环交替地成为某一时期司法的主流观点。一般而言，在社会平稳时期偏向克制，在社会变革或转型时期倾向于司法能动，司法机关积极介入国家政治经济活动当中，甚至发挥政策形成功能。1953—1969年沃伦（Earl Warren，1891–1974）任美国首席大法官期间不断采取积极的行动，将原属州管理的公民权利纳入联邦政府的管辖范围，扩大联邦政府对弱势群体的权利保护，推动了美国社会的"权利革命"运动。即使在大陆法系，20世纪以来随着功利主义法学、实用主义法学、结果主义法学的兴起，法官们也不断丰富法律解释方法，按照社会现实的需要更加灵活地适用法律，强调司法应当充分考虑社会现实，考虑本国的历史、文化、习俗，考虑裁判的结果对经济社会发展的影响。[1] 在很多国家，司法能动主义成为司法推动社会进步的一种方式，具有很强的生命力。

当前，我国正处于社会转型时期，经济社会的迅速变革带来了对法律的巨大需求，同时也对法律和司法的有效性提出了严峻挑战。社会结构多元化，利益关系复杂化，要求我国司法必须兼具权利保障、政策和社会共识形成、纠纷解决等功能。适度的能动司法在我国当前具有更大的现实必要性。它不仅有助于社会秩序的重构，而且有助于新型权益的生成和维护以及司法公正和效率的实现。[2] 当然，我国能动司法的品格与西方不同，必须坚持党的领导，坚持司法的政治性、人民性和法律性的统一，这是由我国的国体决定的，也是由我国社会主义初级阶段的长期性所决定的。[3]

---

[1] 参见钱海玲、李杰《论法律效果与社会效果的统一》，载曹建明主编《中国特色社会主义司法制度探索》，人民法院出版社2008年版。

[2] 王建国：《社会转型过程中的司法能动论》，《金陵法律评论》2007年第2期。

[3] 20世纪30年代后期，陕甘宁边区政府就形成了"坚持司法工作是政权工作的一部分，强调司法工作的主要任务是巩固政权、保护人民大众的利益的成功经验。坚持党的领导是人民法院化解社会矛盾的独特政治优势。"

浙江作为改革开放起步比较早、市场化程度比较高、融入经济全球化比较深的省份，从2008年年初乃至更早一段时间开始，就首当其冲地受到了宏观调控的从紧措施及随后爆发的国际金融危机快速蔓延的影响，一些主要经济指标增速回落、下行压力加大，经济运行中出现的问题和困难有不少转化为各类案件进入司法领域。浙江法院敏锐把握经济社会变化，自觉强化能动司法意识，在尊重司法自身规律的同时，运用司法职能积极服务大局，增强为大局服务的针对性、有效性。2008年4月18日，浙江省高院党组在分析当年一季度收案形势的基础上，向省委作出《关于运用审判职能，切实贯彻省委"防止我省经济下滑"指示精神的专题报告》，并提出相应的司法对策；针对金融危机背景下企业融资借贷类纠纷高发的实际，浙江高院及时制定了涉及民间借贷、企业间借款合同、金融机构借款合同等纠纷案件突出问题的处理意见，发布典型案例，支持企业经营和金融创新，保障金融危机下企业的生存与发展；针对企业资金链断裂引发大量纠纷等状况，先后下发了《关于资金链断裂引发企业债务重大案件的集中管辖问题的通知》《关于切实做好今冬明春涉及农民工劳动报酬案件审判执行工作的通知》《关于年前集中清理执行积案活动几项重点工作的通知》《关于当前办理集资类刑事案件适用法律若干问题的会议纪要》。这些司法文件的出台，为妥善、慎重审理金融类、涉企业债务类、劳动争议类等案件起到了司法政策导引作用。

浙江法院能动司法的积极实践，为促进全省经济平稳较快发展和社会稳定做出了贡献，得到了最高法院、省委、省人大、省政府的高度肯定，社会各界也给予了较高的评价。当然，法院能动司法参与社会治理的范围和能力是有限度的，其职能作用的发挥是有边界并受到现行法律规定制约的。在抓好能动司法时，也要正确处理好能动司法与党的领导、严格执法等之间的关系，在能动中彰显法治，实现公正。①

四 坚持目标导向和问题导向相统一，以改革精神破解司法难题

"三项承诺""八项司法""三大机制"建设均紧紧围绕人民法院

---

① 参见齐奇《统筹"八项司法"服务科学发展》，《人民司法》2009年第15期。

"公正与效率"的工作主题,牢牢把握司法为民、公正司法工作主线,体现了人民法院坚持目标导向和问题导向相统一,以改革精神破解司法难题的决心和信心,成效显著。

以"三项承诺"为例,通过落实"三项承诺",审判责任更加清晰,管理更加严格,监督制约进一步强化,有理有据打得赢官司的胜诉机制进一步完善。2006年至2007年6月,全省法院共受理各类诉讼案件53.23万件,审结49.26万件,办案质量有了新提高。其中,刑事和民事案件上诉率分别仅为8.77%、7.37%,90%以上的案件经一审程序即已服判息诉;全省法院信访总量、申诉和申请再审量、省高院信访量、进京上访量持续下降,2006年年底同比分别下降14.37%、17.39%、34.2%和41%。在此基础上,2007年继续呈下降之势,上半年又同比分别下降82.57%、40.6%、48.56%和23.39%。"三项承诺"的全面落实,综合治理执行难工作机制的初步建立,解决执行不力、不公的工作机制的完善,不仅直接推动了现有案件的执行,而且为进一步解决执行难营造了有利的环境,打下了坚实的基础。

时任浙江省委书记习近平在听取省高院关于落实"三项承诺"的汇报时指出:执行难不解决,不仅关系到当事人的权益,更重要的是法律的尊严得不到维护,法律的权威树立不起来。他还援引了著名的"破窗理论":如果有人打破了一块门窗玻璃而得不到及时修复,别的人就会受到暗示性的纵容,去打碎更多的玻璃,小偷就可以去偷东西,久而久之给人造成一种无序的感觉。通过"三项承诺"的全面落实,执行工作取得新进展,2006年全省法院共收执行案件14.47万件,执结14.31万件;2007年上半年收案8.2万件,执结5.92万件。所结案件中,有效执结率有了较大的提高,2005年为64.65%,同比上升了6.5个百分点,2007年上半年为68.51%。2007年,全省法院涉及执行工作的信访量同比下降62.85%。

建设"大立案、大服务、大调解"工作机制,是浙江法院提升司法服务水平、破解案多人少难题的重大举措,更是全面深化改革背景下推进司法供给侧结构性改革的有益探索。从"三大机制"建设来看,"大立案"机制使立案方式更加快捷便民,直接把诉讼服务送到老百姓家门口，全面深化了立案登记制改革。浙江省高院于2016年9月印发了《关于建立健全"大立案、大服务、大调解"机制的指导意见》。2017年3月又印发了《浙江法院网上立案规则（试行）》和《浙江法院跨域立案规则（试行）》，针对律师、金融机构等不同人群以及山区、海岛等地域特征，积极创新网上立案、跨域立案和延伸立案等新型立案方式，为"大立案"机制的有效落地提供了行动指南，使立案在时间、空间、质量、内容等四个维度得到实质性提升，努力实现"100%的案件最多跑一次、50%的案件一次不用跑"，切实打通立案服务的"最后一公里"。

"大服务"机制使司法服务模式更加周全有效，起到对外服务群众、对内服务法官的作用。通过大力推进新型诉讼服务中心建设，将原先分散在各庭室的材料收转、文书送达、档案查阅和执行事务等功能集聚到诉讼服务中心统一办理，构建一个除庭审环节之外的、涵盖所有司法服务功能的全新体系，通过提供一站式、综合性、全方位的诉讼服务，加强人民群众的诉讼权益保障。通过开发"智慧法院"手机应用程序，整合网上引导、网上立案、网上查询、网上阅卷等线上服务，让当事人足不出户就可以参加诉讼，切实做到"人民群众的司法需求发展到哪里，人民法院的司法服务就跟进到哪里"。

"大调解"机制使纠纷解决模式更加高效多元，成为破解案多人少、非员额法官出路等现实难题的重要举措。通过建立未入额法官参与调解机制，精心设计引导调解、特邀调解和法官调解"三调合一"的"大调解"工作机制，打造"枫桥经验"升级版，充分运用"诉前化解—立案调解—简案速裁—繁案精审"四步解纷法，构筑三道案件过滤网，努力实现繁简案件"二八分流"和纠纷的分层递进化解。浙江是法院受案大省，实践表明，"大调解"这一做法在案多人少矛盾突出的法院意义特别重大。

第六章　强化检察职能,维护公平正义

中共浙江省委2006年4月作出的《关于建设"法治浙江"的决定》,明确提出检察机关要加强司法体制和工作机制建设,并就认真落实中央推进司法体制改革的各项举措、稳步深化检察改革、加强对司法工作的监督、惩治司法领域的腐败、严格规范检察执法行为、加强对刑事侦查行为的监督等提出了具体要求。2006年5月,浙江省人民检察院就制定下发了《关于学习贯彻省委十一届十次全会精神,扎实开展"法治浙江"建设的实施意见》,全面部署推进"法治浙江"建设工作。2014年12月中共浙江省委作出《关于全面深化法治浙江建设的决定》后,省检察院就着力强化法律监督促进法治建设、着力规范自身司法提升司法公信、着力推进自身建设强化发展动力作了部署,并围绕全面深化"法治浙江"建设积极展开工作。2006年以来,浙江各级检察机关不断强化机遇意识、职责意识和前列意识,大力推进司法理念转变、工作思路创新、工作体制机制改革和办案方式方法改进,不断探索形成顺应法治进程、符合浙江实际的制度和机制,力求使办案工作取得法律效果、政治效果和社会效果的高度统一,在"法治浙江"的实施过程中发挥了先行和示范作用。

第一节　2006年以来浙江检察工作的基本情况

检察机关作为国家法律监督机关,承担着保障法律统一正确实施、维护公平正义的重要职责,是推进"法治浙江"建设的重要职能部门。2006年以来,浙江检察机关不断提升履行宪法和法律赋予的法律实施、法治监督水平,为维护浙江社会稳定、转型发展、深化改革提供了坚实的司法保障。①

一 推进服务大局法治化,服务发展保障民生

"法治浙江"建设推进过程中,浙江各级检察机关始终围绕事关改革发展稳定、事关人民群众切身利益的重大问题,有针对性地调整工作重心,加大工作力度,改进工作方式,为经济社会发展营造良好的法治环境。

(一)依法保障浙江重大发展战略实施

2006年以来,省检察院围绕中央和省委在各发展阶段的重大决策部署,及时研究出台服务经济转型升级的若干意见、服务浙江"十二五"规划实施的意见、服务浙江干好"一三五"实现"四翻番"②的意见等十余个工作意见,领导全省检察机关找准服务保障大局的切入点和着力点。

一是更加注重保障政府投资安全。针对政府投资建设领域涉及面广、主体多元、环节繁多、管理多头、资金密集、利益重大,廉政风险和安全风险高度集中,对法治政府建设影响大等问题,省检察院先后组织开展治理商业贿赂专项工作、查办城镇建设领域商业贿赂犯罪专项工作、工程建设领域突出问题和国土资源领域腐败问题专项治理工作,以及查处土地使用权出让、工程建设、房地产开发领域职务犯

---

① 下文有关浙江检察工作的数据,除另有说明的外,均采自历年来浙江省人民检察院在浙江省人民代表大会上所作的工作报告。同时,原则上以2006年1月1日—2017年12月31日为统计时段,但由于根据2016年12月25日第十二届全国人大常委会第二十五次会议通过的《关于在北京市、山西省、浙江省开展国家监察体制改革试点工作的决定》,浙江在2017年年初即启动了监察体制改革试点,浙江检察机关的反贪、反渎、预防等职能机构人员随即转隶至纪检监察机关,浙江各级检察机关不再承担职务犯罪的侦查职责,所以有关惩治和预防职务犯罪的数据的统计时间段为2006年1月至2016年12月。

② 干好"一三五"实现"四翻番"是中共浙江省委在2012年12月作出的决策部署,即全力以赴做好2013年这一年的工作,确保开好局,起好步;力争经过三年努力,确保不折不扣地完成省"十二五"规划确定的目标任务;力争经过五年努力,确保在经济强省、文化强省、科教人才强省和"法治浙江""平安浙江""生态浙江"建设方面取得重大进展。到2020年,实现全省生产总值、人均生产总值、城镇居民人均可支配收入和农村居民人均存收入比2010年翻一番,并力争提前实现。

罪专项工作等专项打击活动。2006—2016年，全省检察机关共立案侦查相关领域职务犯罪嫌疑人8000余人。例如，2006—2008年，浙江检察机关开展了商业贿赂专项惩治工作，共立案查办各类严重侵害群众利益的商业贿赂犯罪案件2481件2939人，占同期反贪污贿赂案件立案总数的70.1%，办案量位于全国前列。同时，加强重大公共投资项目专项预防，例如，2006—2012年，浙江检察机关先后围绕省重点投资的"五大百亿"工程33个重点项目、"三个千亿"工程29个重点项目，强化各政府投资建设单位预防主体责任落实，加强检察机关对预防职务犯罪工作的指导监督，促进政府投资建设领域风清气正。

二是扎实服务社会主义新农村建设。2006年，省检察院根据中央和浙江省委推进社会主义新农村建设的部署要求，制定了《浙江省检察机关服务社会主义新农村建设的若干意见》，领导全省检察机关依法查处和预防涉农职务犯罪，严厉打击侵害农民利益、危害农业生产、影响农村社会稳定的犯罪活动。2008—2009年，省检察院在全省开展查办涉农职务犯罪服务社会主义新农村建设工作专项侦查活动，共立案查处农村基层组织负责人在土地征收、土地整理、矿山复绿、康庄工程和小康示范村建设领域的贪污贿赂犯罪案件计738件965人，占同期反贪污贿赂案件立案总件数的42%；2014—2016年，省检察院又先后在全省组织开展查办涉农惠民领域职务犯罪专项工作、预防和查办扶贫开发领域职务犯罪专项工作。浙江检察机关的职务犯罪转移至监察委员会之前，浙江检察机关共在农村基础设施建设、支农惠农资金管理、农村扶贫开发等环节查办职务犯罪计4005人，为社会主义新农村发展、农业现代化营造了全新的法治环境（参见图6-1）。

三是开展环保检察服务生态文明建设。2006年以来，浙江检察机关一直注重惩治盗伐滥伐林木、非法采矿、非法占用农林用地、非法捕猎野生动物等破坏生态资源犯罪。2011年《中华人民共和国刑法修正案（八）》以及2013年最高人民法院和最高人民检察院联合出台的《关于办理环境污染刑事案件适用法律若干问题的解释》细化污染环境定罪标准后，全省检察机关进一步加大对非法排放、倾

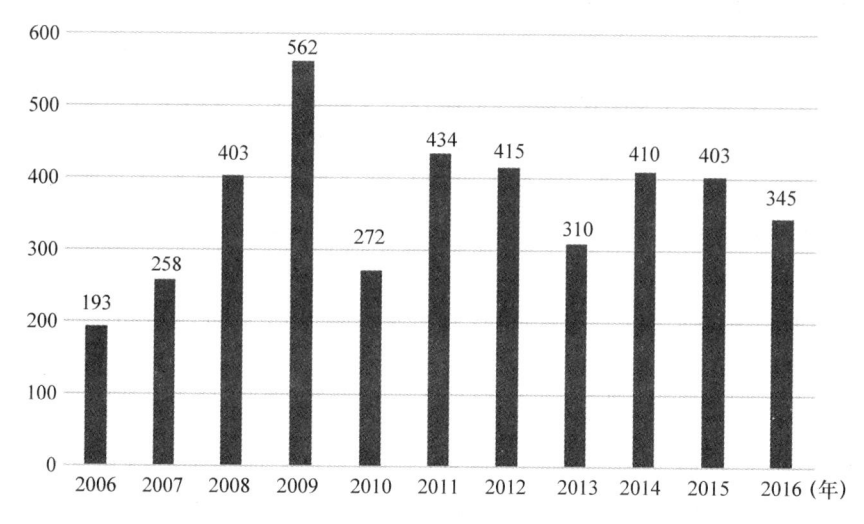

图 6-1 2006—2016 年年底查处涉农职务犯罪案件情况（单位：人）

倒、处置危险废物行为等污染环境、破坏环境资源犯罪的打击力度，2011—2016 年共监督立案破坏生态环境类犯罪嫌疑人计 924 人，批捕 1159 人，起诉 4326 人。办理此类案件数量位居全国第一。依法查办破坏生态环境资源的职务犯罪案件。2008 年 5 月至 2009 年 11 月，根据最高人民检察院部署，全省检察机关开展了查办危害能源资源和生态环境渎职犯罪专项工作，重点查办破坏土地、矿产、林业资源、水资源等导致能源资源和生态环境严重破坏，致使公共财产和国家、人民利益遭受损失的犯罪案件。此后，浙江省检察院积极组织开展以查办环保领域职务犯罪案件为重点的环保检察，2010—2016 年共立案侦查环保领域职务犯罪计 431 件 495 人。结合办案以检察建议方式促进环境治理。2014 年针对采砂制砂影响浙江"五水共治"的行业监管问题，提出检察建议，促成相关部门在全省开展采砂制砂专项治理；2015 年针对"五水共治"中医疗废物管理处置提出的检察建议，促成了相关部门对全省医疗废物管理问题进行全面监督整顿；2017 年针对浙江诸暨市南泉岭、犬眠山倾倒纸废渣特大污染环境案挂牌督办，及时向省委报告造纸领域黑色产业链问题并提出治理建议。

四是开展金融检察、知识产权检察，促进经济转型升级。为了发挥金融综合改革试点和自主创新战略在经济转型升级中的关键作用，浙江省检察院组织开展了金融检察和知识产权检察，通过案件专类、机构专门、人员专业等工作机制建设，加强案件针对性办理。在防范和化解金融风险、加大对危害金融管理和金融安全犯罪的打击力度方面，2006—2017 年共批捕金融诈骗和破坏金融管理秩序的各类犯罪嫌疑人计 8742 人，起诉 1.03 万人。在打击侵犯知识产权和假冒伪劣商品、助推"大众创业、万众创新"方面，于 2008 年 6 月出台了《关于依法加强知识产权保护 扎实服务"两创"建设的通知》，并在 2010 年通过实施贯彻《浙江省贯彻国家知识产权战略纲要实施意见》的推进计划，加强侵犯知识产权类案件证据标准、指导各市级检察院和经济发达地区的基层院设立知识产权公诉组、总结推广义乌市检察院与有关高校和行政执法部门联合开展的知识产权综合保护实践模式[①]等机制建设，深入开展打击侵犯知识产权和制售假冒伪劣商品工作。2006—2017 年，浙江检察机关共批捕侵犯商标权、专利权、商业秘密等犯罪嫌疑人计 1484 人，起诉 6479 人，监督立案侵犯知识产权案件 309 人。

（二）依法维护经济发展环境

2006 年以来，浙江各级检察机关切实增强环境意识，努力为经济发展营造平等、公正、透明的法治环境。

一是积极参与整顿和规范市场经济秩序工作。2006—2017 年，全省检察机关共批捕合同诈骗、逃税骗税、非法传销等破坏社会主义市场经济秩序犯罪嫌疑人计 3.2 万人，起诉 7.3 万人（参见图 6 - 2）。在经济转型期，注重全力防范经济犯罪，化解经济风险，加大力度打击金融诈骗、扰乱市场秩序、侵犯知识产权和生产销售伪劣商品等四类犯罪，共批捕相关犯罪嫌疑人计 2.5 万人，起诉 6.93 万人。依法妥善处理发展实体经济，规范和发展民间投资及民间金融机构、非公有制经济等领域出现的包括证券期货犯罪等新类型案件，注意防范和化解地方政府性债务、企业相互拖欠资金、民间借贷、房地产等

---

① 2010 年，义乌市人民检察院被中国外商投资协会优质品牌保护委员会授予"2000—2010 年中国知识产权和质量监督进步杰出贡献单位"称号。

领域风险,守住不发生系统性风险和不发生大规模群体性事件的底线,有力维护了公平竞争、健康有序的市场经济秩序。2007年,丽水市检察院经省检察院交办,办理了"杭萧钢构"股票泄露内幕信息、内幕交易、非法获利4075万元,为浙江首例该类案件。检察机关从大量证据中理清犯罪事实,找准法律依据,对该新类型案件提起公诉,3名涉案人员均被判处有期徒刑并处罚金。

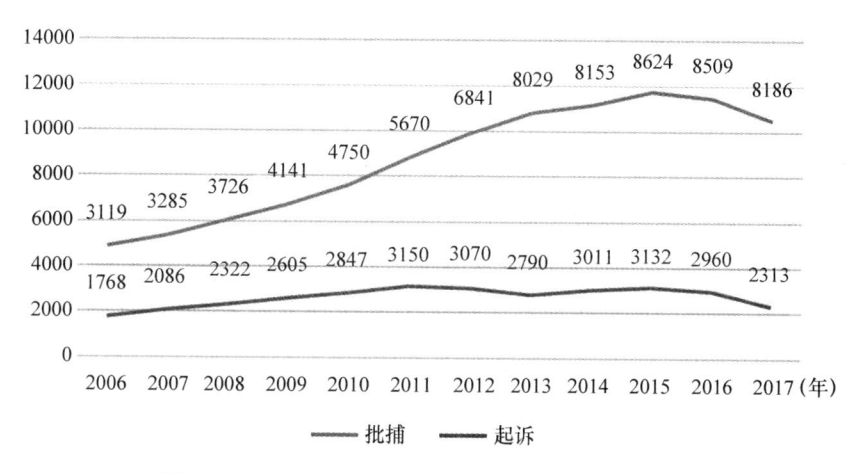

图6-2 2006—2017年起诉破坏市场经济秩序案件趋势(单位:人)

二是依法平等保护非公经济。浙江是非公有制经济起源地,多年来,浙江民营企业贡献了全省60%的税收、70%的GDP、80%的外贸出口和90%的就业机会,这与浙江检察机关长期来依法平等保护非公经济密切相关。十二年来,浙江检察机关积极推进涉及非公有制企业受贿、行贿犯罪预防工作,协助企业防范法律风险,开展治理商业贿赂专项工作,在工程建设、政府采购等领域立案侦查贿赂案件1617件。突出打击侵害企业及其经营者、投资者权益的违法犯罪活动,共批准逮捕破坏企业生产经营、职务侵占、挪用资金等犯罪嫌疑人计4853人,起诉9672人。针对2008年和2011年国际金融危机冲击、民间融资问题凸显的情况,省检察院及时出台检察机关帮助企业解困服务经济平稳较快增长的15条意见、促进经济稳定增长及支持中小企业健康发展的若干意见,组织开展服务企业专项行动,坚持从有利于维护企业正常生产经营、有利于维护企业职工利益、有利于促进经济社会秩序稳定出发,明确办理金融领域案件、集资类刑事案件、劳资纠纷民事行政案件的法律政策界限,依法妥善处理改革发展新情况、新问题,慎重采取强制措施,维护企业生产经营秩序。2009年,全省检察机关组织开展涉企刑事案件专项监督,针对侦查机关在办理涉企案件中,非法插手经济纠纷,以及对涉嫌犯罪的企业经营管理人员采取强制措施、查封、扣押和冻结企业财产不当等加强监督,对侦查中滥用强制措施等违法情况提出纠正意见计286件(次)。2016—2017年,根据省委部署的"打造民营经济发展标杆省份",浙江省检察院出台《关于依法保障和促进非公有制企业健康发展的意见》《关于依法服务营造企业家健康成长环境的意见》,更加讲求办案方式方法,在涉企案件办理中慎重选择办案时机、调查取证时间地点,审慎采取扣押冻结企业财产等强制措施,有效维护了企业正常生产经营秩序。

(三)依法保障和改善民生、维护人权

十二年来,浙江各级检察机关始终把司法为民作为不变初心,把人民对美好生活的向往作为奋斗目标落实到具体工作中,依法保障民生,维护人权,满足人民群众对法治建设的多元需求。

一是始终保持打击危害民生民利犯罪的高压态势。在加大影响群众安全感违法犯罪打击力度的同时,针对群众反映强烈的食品药品安全问题,全省检察机关协同公安机关和行政执法机关持续开展制售有毒有害食品专项整治、危害食品药品安全专项立案监督等专项打击活动,加大对制售病死猪肉、铬超标胶囊、假药劣药等危害食品药品安全犯罪的打击力度,共批捕1714人,起诉1863人,监督公安机关立案248人。并加大对重大案件的督办力度,对媒体高度关注、公众反映强烈、有重大影响的7批45件涉嫌危害食品药品安全犯罪案件挂牌督办。加强对涉及民生民利的行业部门的监督,全省检察机关持续开展查办和预防发生在群众身边、损害群众利益职务犯罪、危害民生民利渎职侵权犯罪等专项工作,在社保、教育、就业、医疗、扶贫等领域查办职务犯罪计3680人,促进了惠民政策的落实。坚决打击群众反映强烈的电信诈骗、拐卖儿童妇女、性侵幼女以及侵害残疾人、老年人和农村留守儿童妇女合法权益的犯罪。与有关部门合作,完善劳动保障监察执法与刑事司法衔接制度,加大对拒不支付劳动报酬等犯罪打击力度,维护劳动者特别是农民工合法权益。与有关部门共同开展打击涉医违法犯罪专项行动,严惩"温岭杀医案"等暴力伤医犯罪,维护正常医疗秩序。

二是更加注重保障人权。全省检察机关坚持尊重和保障人权的基本法治原则,切实保障当事人特别是犯罪嫌疑人和被告人的合法权益,重点是加强对未成年人、外来人员等特殊人群的保护。一方面,推行未成年人犯罪案件专门办理。在全省普遍设立未成年人刑事检察机构或者由确定熟悉未成年人身心特点的检察官专门办理,积极推进未成年人轻微犯罪附条件不起诉,加强案后帮教考察,探索免除前科报告义务,着力教育挽救。2013年修改后的《中华人民共和国刑事诉讼法》将未成年人刑事诉讼程序单列为特别程序后,省检察院专门成立未成年人检察机构,推行未成年人案件批捕、起诉、诉讼监督、犯罪预防一体化办理工作模式,通过实行分案办理、突出办案重点、加强非罪化处理,实现未成年人犯罪案件大幅下降。2016年,全省检察机关办理未成年人审查逮捕和审查起诉案件5110件6849人,人数上比2015年降低了12.2%,比2014年降低了32.5%。2017年,浙江检察机关依法对涉罪未成年人不批捕765人,不起诉1173人,附条件不起诉478人。

另一方面,推行外来人员犯罪案件同等办理。2013年以前,涉罪外来人员审前羁押率高达90%以上,"构罪即捕"几乎成为司法常态。全省检察机关最大限度地平等适用强制措施,通过会同有关部门建立涉罪流动人员羁押必要性评估制度、在企业/社区设立帮教基地等措施,依法对涉案外来人员适用非羁押性强制措施,较大程度地改变了外来人员犯罪普遍批准逮捕、捕后一律起诉的现象。据统计,2017年全省检察机关共受理公安机关提请审查逮捕的外来人员犯罪嫌疑人4.86万人,审结4.84万人,批准逮捕36801人,批准逮捕率为76%(参见图6-3)。

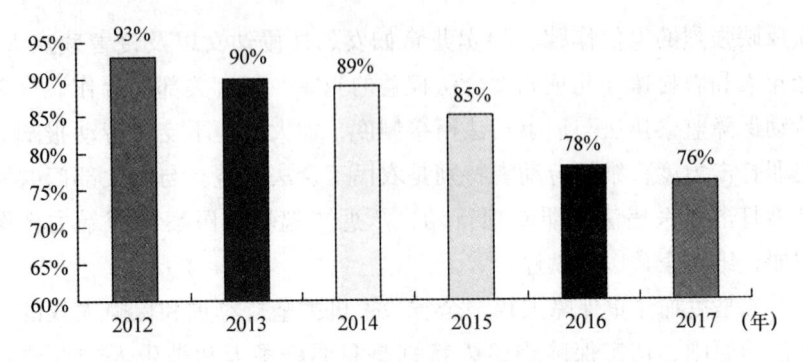

图 6-3　2012—2017 年涉罪外来人员审前羁押率情况

二　加强和改进批捕起诉工作，维护社会和谐稳定

维护社会和谐稳定，是法治基本价值所在。十二年来，浙江各级检察机关在履行批捕、起诉职责中，始终把维护社会和谐稳定作为首要任务，坚持打击犯罪、化解矛盾和推进社会治理创新多管齐下，在维稳工作中强化了法治思维，体现了法治方式。

（一）严厉打击严重刑事犯罪

2006 年以来，浙江各级检察机关以增强人民群众安全感为目标，对严重刑事犯罪始终保持了"严打"锋芒。2006—2017 年年底的十二年间，年均审查批准逮捕犯罪嫌疑人 7.02 万余人；追捕 500 余人；审查起诉 11.58 万余人；追诉 600 余人（详见图 6-4）。面对案多人少的突出矛盾，全省检察机关以占全国 1/27 的干警办理了全国 1/12 的刑事案件，办案绝对数列居全国第二，人均办案数位列全国第一。

一是突出重点打击犯罪。始终把打击的锋芒指向严重危害国家政治稳定、严重危害社会治安、严重破坏经济和社会秩序的犯罪。坚决打击危害国家安全犯罪和"法轮功"等邪教组织犯罪。与有关部门密切配合，通过对重大案件挂牌督办，及时介入侦查、引导取证，深入推进打黑除恶、禁毒、禁赌等专项行动，严厉打击危害公共安全犯罪、严重暴力犯罪和多发性侵财犯罪，批准逮捕故意杀人、故意伤害、绑架、强奸、抢劫等严重暴力犯罪嫌疑人 13.44 万人，起诉 17.75 万人；批准逮捕涉黑涉恶、"黄赌毒"等严重妨害社会管理秩序犯罪嫌疑人 6.35 万人，起诉 8.12 万人；批准逮捕盗窃、抢劫等多

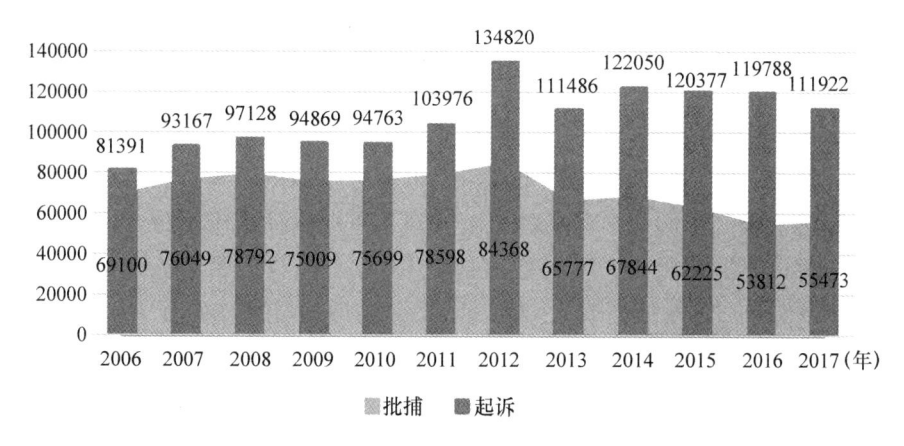

图 6-4 2006—2017 年批捕、起诉刑事犯罪嫌疑人情况（单位：人）

发性侵财犯罪犯罪嫌疑人 42.52 万人，起诉 50.19 万人（详见表 6-1）。2009 年，为确保新中国成立 60 周年庆祝活动安全顺利举行，中共浙江省委决定在全省开展打击整治抢劫、抢夺犯罪大会战，全省检察机关将此作为工作重点狠抓落实，共受理提请审查逮捕抢劫、抢夺犯罪案件 5539 件 1.06 万人；经审查，批准逮捕 5385 件 1.02 万人。此后在世界博览会、世界互联网大会、G20 杭州峰会、党的十八大、党的十九大召开等一系列重大活动中，检察机关均配合相关部门圆满完成了重点犯罪打击、检察环节安保等工作任务。

表 6-1　2006—2017 年批捕、起诉重点犯罪基本情况　（单位：人）

类别	年份	2006	2007	2008	2009	2010	2011	2012	2013	2014	2015	2016	2017
1	批捕	13211	14566	15454	17061	14986	14956	8453	9165	8573	7064	5928	4986
1	起诉	16558	17547	18675	20445	18069	18336	12114	13183	13087	11258	9778	8461
2	批捕	5443	5746	6554	6613	6920	4288	4878	4897	4774	5042	4888	3476
2	起诉	6572	6667	7898	8055	8498	5023	5704	6544	6776	6223	6854	6429
3	批捕	38949	40211	43311	33296	31007	33552	35859	41529	35541	29856	35878	26207
3	起诉	40012	43566	47782	37892	33681	35456	40991	48552	45112	41735	42556	44521

（注：1 为严重暴力犯罪；2 为严重妨害社会管理秩序犯罪；3 为多发性侵财犯罪。）

二是依法办案，区别对待。2006年以来，浙江检察机关在依法从重从快打击严重刑事犯罪的同时，坚持宽严相济、区别对待，对主观恶性小、社会危害性不大的轻微犯罪人员，特别是其中的初犯、偶犯、过失犯，执行轻缓的刑事政策，可捕可不捕的不捕，可诉可不诉的不诉。十二年间，全省检察机关共对不采取逮捕措施不致带来社会危险性的犯罪嫌疑人，不批准逮捕7.15万人；对犯罪情节轻微可以依法从轻处理的犯罪嫌疑人，作出不起诉决定7.92万人（参见图6-5）。特别是2016年以来，省检察院为了进一步落实宽缓刑事政策，提出了以"规范、理性、文明"为核心、以"谦抑、审慎、善意"为引导的绿色司法理念，全省检察机关轻微刑事案件的审前羁押率、起诉率大幅下降，对不采取逮捕措施不致带来社会危险性的犯罪嫌疑人，作出不逮捕决定8954人，同比绝对人数增加1600人，不捕率达22.3%；对犯罪情节轻微可以依法从轻处理的犯罪嫌疑人，作出不起诉决定9935人，同比绝对人数增加2971人，不起诉率为8.6%，不捕、不诉率创历史新高。此外，衡量逮捕案件质量的反向指标均大幅度下降，一是捕后不起诉数大幅下降，捕后不诉310人，同比下降35.8%；二是捕后判轻刑数大幅下降，捕后判拘役、管制、单处附加刑、免于刑事处罚等轻刑3719人，同比下降51.3%；三是捕后判缓刑数大幅下降，捕后判缓刑2322人，同比下降24.4%。①

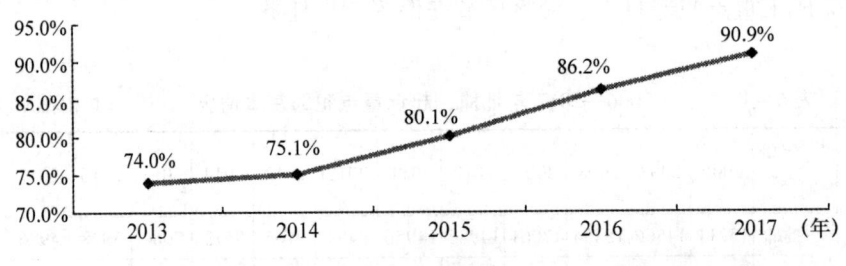

图6-5 2013—2017年情节轻微不起诉占不起诉总数比例

（二）坚持把化解矛盾贯穿执法办案的全过程

2006年以来，浙江检察机关不断坚持和发展"枫桥经验"，把执

---

① 参见汪瀚《关于践行绿色司法的再思考》，《浙江检察》2017年第4期。

法办案同解决矛盾纠纷和做群众工作结合起来,使执法办案的过程成为释法说理、理顺情绪、化解矛盾的过程,最大限度地增加和谐因素、减少不和谐因素。

一是全面推行案件处理法律答疑制度。增强不批捕、不起诉和撤案、抗诉等法律文书的说理性,用老百姓听得懂的语言详细阐明案件事实、处理过程及法律依据,给当事人一个明白。以公正、爱民之心和有理推定的态度,用心处理涉检上访——对上访有理的,实事求是,有错必纠;对上访无理的,以法律辨是非,以事实明情理,解之疑惑,帮之困难;对久诉不息的缠访老户,请人大代表、政协委员、律师和当事人亲属参加听证会,摆事实,释法理,共同做好息诉罢访工作。例如,2009年,湖州市人民检察院办理了该市企业退休职工顾某等98人养老保险合同纠纷申诉案,经省、市检察院多方沟通,达成了和解意见,解决了近百名退休职工的养老问题,长达五年的申诉得到息诉罢访,维护了当地社会稳定。

二是积极探索群众表达诉求和矛盾纠纷调处的长效机制,采取检察长接访、带案下访、定期巡访、聘请信访联络员等便民措施,主动接待群众上访,努力把问题解决在基层。各级检察机关深入乡村街道接访1.28万次,解决群众涉法问题1.52万件,化解矛盾纠纷2.15万起;对受理的7.59万起不服法院和公安机关正确裁判决定的申诉案件,耐心做好服判息诉工作,维护司法权威。2006年12月起,浙江省检察院根据中共浙江省委办公厅和省政府办公厅转发的《浙江省委政法委关于加强司法救助工作的意见》,启动了司法救助工作。此后,各级检察机关结合本地实际分别制定司法救助专项资金使用办法,逐级落实司法救助专项资金,有序启动了司法救助工作。

三是抓好网络舆情应对处置。建立健全重大事项报告、敏感案件审慎办理等机制,强化对涉检网络舆情的监测研判、应急处置和引导工作。2009年杭州"5·7"交通肇事案发生后,省市县三级检察机关在党委统一领导下,坚持依法办案,密切关注舆情,积极疏导群众情绪,取得了良好效果。

(三) 积极参与加强和创新社会治理

2006年以来,浙江各级检察机关注重通过办案前伸后延,实现违法犯罪的源头防范和末梢治理，最大限度扩大办案效果。

一是拓展创新社会治理范围和内容。2006年"法治浙江"建设实施后，全省检察机关紧紧围绕构建社会主义和谐社会的要求开展社会治安综合治理工作。2007年8月，省检察院制定出台《进一步加强服务和谐社会建设工作的指导意见》，成立维稳工作领导小组。2008年，省检察院进一步贯彻建设"法治浙江"，对所承担的社会治理创新职责任务进行细化和分解，并按照中央政法委的统一部署，对影响基层社会稳定发展的突出矛盾纠纷和信访问题进行集中排查化解，把宽严相济刑事司法政策贯彻到检察执法办案的各个环节。2013年，省检察院结合纪念毛泽东同志批示"枫桥经验"50周年，部署全省检察机关不断拓展社会治理工作范围、深化内容，加强针对性和实效性。实践中，全省检察机关坚持以监督促管理，依法查处、监督纠正社会管理领域的违法犯罪问题；注重结合办案发现管理漏洞，就社会治安形势和重点项目推进中发现的管理、利益调整等方面的问题，向有关部门提出对策建议；积极参与对治安重点地区和重点行业的集中整治；参与集中整治农村社会治安、创建安全文明村镇和社区等活动；开展创建"优秀青少年维权岗"活动，选派检察人员担任中小学校法制副校长、法制辅导员，加强对青少年的法制教育。

二是积极探索互联网领域社会治理创新。2015年，针对社会治理的触角逐步由现实社会向互联网网上治理一体化推进转移、涉互联网犯罪占全省案件总量30%左右、互联网犯罪每年以30%左右的速度递增的省情，省检察院专门部署开展了电信网络诈骗、P2P平台非法集资、危害电商发展犯罪的"涉网三领域"犯罪专项调研整治，对涉及面广、涉案人员多的新型网络犯罪，会同相关部门主动研究相关法律适用问题，准确界定、审慎入罪。2017年11月，省检察院、省公安厅、浙江大学、阿里巴巴（中国）有限公司、浙江蚂蚁小微金融服务集团股份有限公司共同成立互联网法治研究联盟，建立互联网法学领域研究常态机制，推进互联网领域社会治理创新。

三 惩治与预防职务犯罪同步推进，促进反腐倡廉建设

规范和约束公权力是法治建设的重点。2006年1月至2016年12

月,在浙江根据全国人大常委会2016年12月25日发布的《关于在北京市、山西省、浙江省开展国家监察体制改革试点工作的决定》开展监察体制改革试点以前,浙江各级检察机关认真贯彻中央、省委和最高人民检察院关于加强反腐倡廉建设的决策部署,惩治与预防职务犯罪并重,充分发挥检察机关在反腐败斗争中的职能作用,促进公权力规范运行。

(一)严肃查办职务犯罪

始终保持惩治腐败的强劲势头,依法严肃查办国家工作人员贪污贿赂、失职渎职等严重职务犯罪案件。2006年1月至2016年12月,全省检察机关共立案查办各类职务犯罪案件计1.5万件1.8万人,其中贪污贿赂类职务犯罪案件1.22万件1.45万人,渎职侵权类职务犯罪2799件3603人,为国家和集体挽回直接经济损失超过31亿元。

一是突出查办大案要案。职务犯罪大案要案影响面广、震慑力大,对促进法治建设更具典型效应。全省检察机关集中力量查办大案要案,共立案查处贪污贿赂5万元以上、挪用公款10万元以上大案1.03万人,占立案总数的比例逐年上升,2013年后每年均占总立案数的90%以上;立案造成国有资产损失100万元以上或者重大人员伤亡的渎职侵权犯罪嫌疑人1262人,2013年以前占立案总数的40%左右,之后每年上升为该年立案总数的50%左右。突出查办发生在领导机关和领导干部中的滥用职权、贪污贿赂、失职渎职犯罪案件,共立案查处县处级干部1426人、厅级干部88人,根据中央交办,立案查办省部级干部6人(参见表6-2)。2009年12月,省检察院对杭州市原副市长许迈永以涉嫌受贿罪、贪污罪、滥用职权罪立案侦查,查明其在担任萧山市副市长、杭州市西湖区区长、区委书记、杭州市副市长的10多年时间里,利用职务便利,为有关单位和个人在地块转让和取得、楼盘开发和转让、工程承接、工程款结算等方面谋取利益,收受贿赂金额特别巨大。此案系浙江省查办的厅级干部贪污、受贿金额之最。[①]

---

① 参见陈东升《杭州市原副市长许迈永一审被判死刑》,《法制日报》2011年5月13日。

表 6-2　　2006—2016 年浙江检察机关立案查办职务犯罪基本情况

类别\年份		2006	2007	2008	2009	2010	2011	2012	2013	2014	2015	2016
1	件	1001	1243	1203	1095	1005	1039	1169	1085	1334	1186	875
	人	1185	1423	1494	1304	1249	1286	1401	1219	1597	1416	909
2	件	658	725	943	981	840	868	1016	881	1293	1131	851
	占比(%)	62.1	58.2	78.4	89.6	83.6	83.5	86.9	91.6	95.7	95.3	96.8
3	件	213	169	250	242	224	248	296	309	355	279	214
	人	260	204	275	293	324	325	371	388	468	387	308
4	件	65	58	96	94	105	106	145	148	188	146	111
	占比(%)	43.6	34.3	38.4	38.3	46.9	42.7	39	38.1	53.8	52.3	51.9
处级人		117	131	139	180	116	164	135	128	124	111	81
厅级人		7	8	12	15	4	7	5	6	7	12	5
省级人		—	—	—	—	—	—	—	—	—	3	3
行贿件		222	225	231	275	233	214	245	315	415	403	275

（注：1 为贪污贿赂类犯罪；2 为贪污贿赂类案件的大案；3 为渎职侵权类犯罪；4 为渎职侵权类重特大案件。）

二是依法惩治渎职侵权犯罪。针对人民群众反映强烈的"为官不为""为官乱为"问题，2006—2016 年，浙江检察机关共查办国家机关工作人员渎职侵权犯罪 3603 人，其中行政执法人员 2991 人、司法人员 612 人。其中，仅 2008—2014 年，共立案查办看守所系统监管人员职务犯罪案件 44 件 44 人，主要涉及帮助犯罪分子逃避处罚、失职致使在押人员脱逃、私放在押人员、滥用职权等罪名，有力维护了监管秩序的安全稳定和刑事诉讼活动的顺利进行。同步介入重特大安全生产事故调查，查办事故背后渎职犯罪 40 余人。

三是加强腐败问题的源头和末端治理。针对不法分子为牟取不正当利益、行贿腐蚀干部的问题，加大对情节严重、社会危害大的行贿犯罪的打击力度，部署打击行贿犯罪专项行动，共立案查处行贿犯罪嫌疑人 3053 人。运用边控、通缉、网上追逃、境外追诉等各种措施，强化防逃追逃追赃。2006 年，省检察院会同省公安厅开展为期两个半月的集中"追逃"专项行动,抓获在逃职务犯罪嫌疑人27人。2008年和2011年,分别抓获在逃职务犯罪嫌疑人31人、61人。2014年以来,开展职务犯罪国际追逃追赃专项行动。与有关部门联合发布敦促在逃境外经济犯罪人员投案自首的通告,加强境外司法合作,成功缉捕或劝返"百名红通人员"犯罪在逃人员45人,其中境外在逃人员19人。在积极追逃的同时,探索对犯罪嫌疑人逃匿案件启动违法所得没收程序,依法追缴其违法所得及其他涉案财产,决不让腐败分子在经济上捞到好处。

(二) 积极预防职务犯罪

坚持惩防并举,更加注重预防,推进预防职务犯罪法治化、专业化、社会化。省检察院认真贯彻2006年11月浙江省第十届人大常委会第二十八次会议通过的《浙江省预防职务犯罪条例》,积极履行中共浙江省委统一领导的预防职务犯罪工作领导小组办公室的职责,[①]会同纪检监察机关、审计机关,建立和落实三机关合力发挥指导督促作用、相关行政部门和企事业单位发挥预防主体作用的经常化预防联动机制。

截至2017年年底,全省检察机关重点健全完善了以下四方面机制措施。一是强化对重点行业和领域的预防,立足职务犯罪侦查工作中对职务犯罪特点和规律的把握,以案件剖析会等形式深入有关部门开展预防,提出完善制度的检察建议或专题报告21万余件。二是深入开展预防教育,大力推进警示教育基地建设,加强对干部队伍的警示教育,通过公益广告等形式加强对公众的预防教育,组建预防讲师团进党校、进机关、进企业开展预防宣讲,警示教育68万多人。三是普遍开展惩治和预防职务犯罪年度报告、专题报告工作,深入分析系统性、行业性、区域性职务犯罪的特点和原因,提出防治对策建议。四是更加注重源头性的制度预防,浙江首创的行贿犯罪档案查询

[①] 2006年11月,浙江省第十届人大第二十八次常委会审议通过《浙江省预防职务犯罪条例》。2008年年底,在浙江省人民检察院的积极建议和有关部门的重视支持下,中共浙江省委成立省预防职务犯罪领导小组,形成党委统一领导,检察、监察、审计部门监督指导,其他相关部门履行预防主体职责的职务犯罪预防工作机制,并将各有关部门履行条例职责情况纳入"平安浙江"考核,提升预防工作专业化、规范化水平。

制度①在全国推广，实现了全国联网，并成为公共工程建设项目招投标、政府采购等活动的准入环节，促进社会诚信建设。

四 依法履行法律监督职责，保障严格执法公正司法

2006年以来，浙江各级检察机关坚定法律监督机关的宪法定位，把维护社会公平正义作为核心价值追求，突出重点领域和重点环节，加强对诉讼活动中执法不严、司法不公问题的监督，加强人权司法保障，维护宪法法律尊严和权威（详见表6-3）。

表6-3　　　　2006—2017年浙江检察机关诉讼监督基本情况

年份 类别	2006	2007	2008	2009	2010	2011	2012	2013	2014	2015	2016	2017
监督立案（件）	770	777	800	839	1910	918	1330	933	1014	740	799	610
监督撤案（件）	629	595	788	234	1006	554	755	411	448	56	53	20
追捕（人）	557	501	537	607	941	951	1019	452	476	375	244	790
追诉（人）	452	774	748	1243	2094	1766	900	754	889	780	666	111
刑事抗诉（件）	134	151	156	205	234	268	259	322	376	303	307	265
抗诉意见采纳（件）	55	33	74	96	138	161	112	180	198	156	174	109
民行抗诉（件）	557	717	703	1227	835	437	510	198	199	142	157	205
改判（件）	301	539	294	598	566	311	365	163	175	136	95	138
纠正"减假保"（人次）	283	1178	1021	1086	3289	852	732	661	593	594	3735	1953

---

① 行贿犯罪档案查询是指检察机关将个人和单位构成行贿犯罪的有关事实情况进行整理、录入，建立信息查询系统并对外提供查询，有关主管（监管）部门根据检察机关提供的查询结果，对有行贿犯罪记录的单位和个人进行取消资格、降低资质或信誉分、市场禁入、中止业务等处置，是检察机关与有关主管（监管）部门联手预防职务犯罪、推进社会诚信体系建设的重要举措。该制度2002年发端于宁波北仑区检察院推出的"行贿人黑名单制度"。2006年，最高人民检察院要求全国检察机关建立建设、金融、教育、医药卫生、政府采购五大领域的行贿犯罪档案查询资料库，全面推进行贿犯罪档案查询工作。2011年8月，行贿犯罪查询系统实现全国联网。2013年1月，最高人民检察院印发《关于行贿犯罪档案查询工作的规定》，进一步规范行贿犯罪档案查询工作。

（一）加强刑事诉讼监督

2006年以来，浙江各级检察机关把刑事诉讼监督作为发挥法治建设特殊重要作用的重点职能来抓，全面参与刑事诉讼全过程各环节，坚持惩治犯罪与保障人权并重，既重视追究漏罪漏犯，又注重防止冤及无辜。

一是强化刑事立案和侦查活动监督。一方面，加强立案监督。十二年来对有案不立、有罪不究、以罚代刑等问题依法监督立案计1.14万件；对滥用刑事追诉手段插手经济纠纷、违法立案的，依法监督撤销案件计5549件。针对监督机关监督立案后久侦未结的问题，省检察院于2006年与省公安厅联合部署开展监督立案后久侦未结的专项检查，并于2007年挂牌督办16件，2008年挂牌督办11件，2010—2011年挂牌督办10件，促进了立案监督案件及时得到侦查、起诉、判决。另一方面，加强侦查活动监督。2006年以来，全省检察机关通过组织开展专项监督等，重点纠正批捕后不及时执行或者随意变更逮捕措施等突出问题。对作出批捕决定的案件加强执行情况跟踪监督，对"另案处理"案件了解处理具体情况，对不捕案件监督执行机关及时释放犯罪嫌疑人或变更强制措施，对重特大犯罪案件坚持适时介入侦查，并重视追究漏罪漏犯，确保罪犯受到法律追究。十二年来，全省检察机关对应当逮捕而未提请批捕的追捕计7450人，对应当起诉而未移送起诉的追诉计1.12万人。

二是强化刑事审判监督。2006年以来，浙江检察机关坚持指控犯罪和诉讼监督"两手抓、两手硬、两手协调"。从2006年开始，省检察院要求上级检察机关对下级检察机关抗诉理由部分或全部不当但仍决定支持抗诉的案件，制作《支持抗诉意见书》，及时修正、补充、完善下级检察院的抗诉理由。此后，逐步完善刑事抗诉案件备案和通报制度、抗诉书补充说明制度、分管检察长或处长（科长）出庭抗诉案件制度、检察长列席审委会制度，有力推进了抗诉工作，共对认为确有错误的刑事裁判提出抗诉2751件，意见采纳率[①]达到

[①] 意见采纳率即检察机关向人民法院提出的刑事抗诉案件由法院审结后，直接改判和撤销原判发回重审的案件数与审结案件数的比例。

50.1%。对刑事审判活动中的违法情形提出纠正意见3941件次。2007—2009年,浙江检察机关成功抗诉忻某某绑架案,该案为全省检察机关首例提请最高人民检察院抗诉后获得改判的案件。认真做好死刑案件的审查、出庭和监督工作,确保死刑依法正确适用。2005年12月,最高人民法院发出了《关于进一步做好死刑第二审案件开庭审理工作的通知》,要求各高级法院自2006年1月1日起,对案件重要事实和证据提出上诉的死刑第二审案件,一律开庭审理。为适应死刑二审案件审理方式改革,省检察院在2006年增设了公诉二处、公诉三处两个专门工作机构,向全省遴选22名干警充实办理死刑二审案件的力量,确保了对浙江所有死刑二审案件依法进行审查和派员出庭。此外,2006年以来浙江检察机关还围绕程序适用、派员出庭和事后审查等关键环节,进一步加强了对适用简易程序案件的监督。

三是强化刑罚执行和监管活动监督。2006年以来,浙江检察机关不断加强对刑罚变更执行的同步监督,严格落实刑罚变更执行"逐案审查、逐件登记、逐人建档"的要求,建立健全减刑、假释、保外就医长效检查机制,开展保外就医专项检察,共依法监督纠正提请减刑、假释、暂予监外执行不当1.4万人次,防止罪犯逃避刑罚执行。会同有关部门开展打击"牢头狱霸"、清查事故隐患等专项工作,完善纠防超期羁押、被监管人员死亡介入调查等机制,对监管活动中的违法情形提出纠正意见,维护正常监管秩序和在押人员合法权益。2006年以来,省检察院还把查办监管人员职务犯罪案件作为监所检察工作的重点,总结推广办案经验,加强对下指导,先后推广余杭临平地区检察院、省检察院监所检察处查办案件的经验,2008年又专门提出建立以省检察院为龙头、市检察院为主体的监所检察一体化办案机制。仅2012—2016年,浙江检察机关共立案查办刑事执行中职务犯罪案件116件122人,其中贪污受贿5万元以上大案77件,科级以上干部案件47人,内含处级干部8人,办案数量和质量居全国检察机关前列。

(二)加强民事行政诉讼监督

2006年以来,浙江检察机关切实加强民事行政诉讼监督,逐步形成了以抗诉监督为中心,多种监督方式并举,职能拓展不断深入的格局,多项工作受到最高人民检察院、省委、省政府的肯定和社会各界的关注。

一是加强和改进民事行政抗诉工作。浙江检察机关民事、行政诉讼裁判结果实行法律监督的实践始于1990年。2006—2017年,全省检察机关共提出抗诉5887件,其中,法院改判3681件,改判纠错率为62.5%。其间,浙江检察机关采取各项创新举措来加强和改进民事行政抗诉工作。2006年,在全国率先探索设计并逐步推行网上办理民事行政诉讼监督案件,全省检察机关通过办案系统实现案件受理、一体审查办理、审批等。2007年,结合贯彻修改后的《中华人民共和国民事诉讼法》,全面推行民行诉讼监督案件网上办理,并被最高人民检察院在全国推广。2009年,省检察院制发规范民事行政抗诉裁量权的意见,确立与细化民行抗诉裁量权基准,并被最高人民检察院在全国推广。是年,全省检察机关民事行政案件抗诉数和改判纠错数大幅上升,抗诉案件数位居全国第一,改判纠错数位居全国第二。2013年修改后的《中华人民共和国民事诉讼法》实施后,民事行政诉讼监督手段进一步丰富,增加了检察建议监督方式,确立了对民事行政裁判结果用抗诉和检察建议的方式监督,对过程中的违法行为用检察建议的方式监督,以抗诉方式监督的案件有所减少。

二是推进民事、行政执行监督工作。2006年,根据中央政法委和最高人民检察院的指示精神,全省检察机关逐步开始探索对法院民事、行政执行活动的监督,将对执行监督范围、方式、程序的探索列入"十一五"全省民事行政检察工作计划,倡导全省民事行政检察部门开展执行监督试点。2007年,杭州、宁波、温州、绍兴、丽水、台州六市检察机关开展执行监督的探索实践。2006—2010年,全省检察机关纠正法院违法民事、行政执行案件450余件。2011年,根据最高人民法院、最高人民检察院的要求,省检察院会同省高院在杭州、温州、嘉兴、金华、衢州、舟山六市的中级人民法院和人民检察院,以及杭州市西湖区、杭州市江干区、富阳市、瑞安市、平阳县、文成县、平湖市、海宁市、桐乡市、永康市、兰溪市、衢州市衢江区、开化县、嵊泗县法院和检察院开展民事执行活动法律监督试点。2013年修改后的《中华人民共和国民事诉讼法》赋予检察机关民事执行监督权，由此，民事执行监督成为浙江检察机关的常态性工作，2013—2017年年底，浙江检察机关共办理民事执行监督案件705件，有效促进了执行难、执行乱问题的解决。

三是加强司法不公背后违法犯罪行为的调查核实。浙江检察机关早在2003年就在全国率先明确民事行政检察部门可以直接立案侦查发生在民事行政检察环节的审判人员职务犯罪案件。截至2008年年底，全省检察机关民事行政检察部门共立案查办审判人员职务犯罪案件16件，其中市级法院审判员、执行员4人，基层法院领导1人，庭长、副庭长5人，审判员、执行员4人。2009年年初，最高人民检察院规定民事行政检察部门不得行使犯罪侦查权以后，省检察院明确民行检察部门主要配合反贪、反渎部门做好审判人员职务犯罪线索移送、初查、侦查等工作。2013年检察机关增加了调查核实权以后，省检察院提出重点对办案中发现的民事审判违法行为加强调查。通过检察机关对审判人员调查核实权的行使，全省法院在2015年对26人作出了违纪、调离岗位等处理（另有1人被依法判处有期徒刑），在2016年对27人作出了违纪、调离岗位等处理。针对民间借贷、破产等领域为获取非法利益而虚构事实打"假官司"的问题，省检察院在全面总结台州、杭州等地实践探索的基础上，2010年在全国率先推行公检法司四机关针对虚假诉讼的线索发现、案件查办、防范监督的联动机制，组织开展专项监督，重点监督中介服务机构"居间造假"和涉案人员众多的"规模性造假"，截至2017年年底，共对470余件虚假诉讼向人民法院提出抗诉或再审检察建议，移送犯罪线索360余条。

第二节 浙江检察改革的重要举措和制度创新

20世纪80年代，我国实施了第一轮司法改革，主要内容是强化庭审功能、扩大审判公开、加强律师辩护、建设职业化法官和检察官队伍。2004年，我国启动了第二轮司法改革，重点是完善司法机关机构设置、职权划分和管理制度。2008年，我国开始了第三轮司法改革，重点是优化司法职权配置、落实宽严相济刑事政策、加强司法队伍建设和司法经费保障。2013年党的十八大以来，我国在全面深化改革、全面依法治国的整体战略布局下，拉开了第四轮深化司法改革的序幕，先后在党的十八届三中全会、党的十八届四中全会上提出了司法改革任务，重点是完善确保依法独立公正行使审判权、检察权的制度，优化司法职权配置，完善司法管辖体制，完善司法权力运行机制，加强对司法活动的监督。

2006年以来，浙江检察机关根据中央关于司法改革的要求，按照建设"法治浙江"的部署，扎实有效地推进了检察体制机制改革创新，取得了良好成效。总体而论，浙江检察改革可分为两个阶段。第一阶段大致为2006年1月至2012年11月党的十八大召开前夕。在该阶段，浙江检察机关的创新举措主要集中于检察工作机制的改革创新。第二阶段开始于2012年11月党的十八大召开，延续至今。这一阶段浙江检察机关的创新举措主要侧重于检察工作体制和相关工作制度的重大调整。现按上述两个阶段，将2006年以来浙江检察机关的创新举措分述如下。

一　检察机制的改革创新

根据最高人民检察院2005年8月发布的《关于进一步深化检察改革的三年实施意见》，省检察院于2006年9月制定了《关于深化检察改革的实施方案》，明确全省检察机关要着力抓好改革和完善对诉讼活动的法律监督制度、完善检察机关接受监督制约的制度、创新检察工作运行机制、完善队伍管理机制四方面改革任务。2009年2月最高人民检察院发布《关于深化检察改革2009—2012年工作规划》后，省检察院根据该规划并结合"法治浙江"建设的部署，制定了相应的实施方案，进一步明确改革任务：优化检察职权配置，改革完善法律监督的范围、程序和措施；改革完善人民检察院接受监督制约的制度，规范执法行为；完善检察工作贯彻宽严相济刑事政策的制度和措施；改革和完善人民检察院组织体系和干部管理制度。省检察院专门成立了改革领导小组，积极稳妥推进各项改革。

（一）健全完善批捕、起诉制度，依法准确打击和指控犯罪

2006年以来，全省检察机关在加大对严重刑事犯罪打击力度的

同时，围绕提升办案质量、保障当事人合法权益，加强批捕、起诉业务建设。主要举措和制度创新有三。

一是推行审查逮捕案件法律监督说理。为确保审查逮捕案件质量，增强检察监督权威，2006年7月，省检察院下发《积极创新，规范执法，试行"不捕说理"确保案件质量》一文，在全省推广"不捕案件说理"的做法，① 在全国率先建立对不批准逮捕的案件予以书面说明理由的制度，该文件当年获得最高人民检察院转发推广。2007年，省检察院将不捕案件说理工作纳入年度考核，在全省全面推行不捕案件说理工作，并对说理的范围、方式、内容以及不捕文书的格式进行规范，同时积极引导各地开展对被害人的法律说理工作。2008年，省检察院全面推行法律监督说理，对举报初查不立案、不批捕、不起诉等办案环节由简单告知结论，变为同时对结论进行释法说理答疑，对社会关注的重大申诉案件，由封闭审查变为公开审查，在释法说理中化解矛盾，靠阳光操作理顺情绪，定纷止争。2012年，省检察院联合公安厅在杭州市余杭区检察院等16家单位开展审查逮捕必要性说理试点工作，建立了公安机关提请批捕向检察机关进行逮捕必要性证明以及检察机关不批准逮捕向公安机关书面说理的工作机制，通过提升监督透明度，促进规范监督、提升监督公信力。

二是推行量刑建议制度。为强化检察机关追诉职能，加强对法院量刑的事前监督，根据最高人民检察院的改革试点要求，省检察院于2003年5月确定宁波市北仑区检察院、瑞安市检察院进行公诉案件量刑改革试点。在试点的基础上，2009年3月，北仑区检察院与该区法院联合制定了《量刑程序规范化实施规则》，设置了一套贯彻全程、相对独立、法官引导、控辩对抗、裁判回应的规范化量刑程序，使量刑建议由检察机关的单方行为转变为控、辩、审三方参与的诉讼活动。其中规定：检察长列席审判委员会时，可以就量刑发表意见。检察长在充分听取审委会意见的同时，对法院的量刑活动进行监督。

---

① 浙江"不捕案件说理"的实践始于浙江余姚。2005年开始，余姚市人民检察院开始了"不捕案件说理"的探索，即对于公安机关提请逮捕的案件，检察机关在作出不批准逮捕决定时，需要制作《不捕理由说明书》，向公安机关说明不批准逮捕的理由和意见。

当年，最高人民检察院组织16个省、市检察院公诉部门负责人到宁波市北仑区检察院庭审观摩，向全国推广浙江省检察机关开展量刑建议改革的经验。省检察院在同一年又进一步组织在绍兴市、绍兴市越城区、杭州市萧山区、宁波市北仑区、湖州市南浔区、永康市共6个检察院开展量刑建议改革试点，与法院系统推行的量刑规范化改革试点进行对接。2010年2月，最高人民检察院发布《人民检察院开展量刑建议工作的指导意见（试行）》，对量刑建议的原则、适用条件、建议方法、庭审程序等作出明确具体的规定。到目前为止，全省检察机关已基本实行量刑建议制度。

三是推行轻微刑事案件和解制度。2007年始，省检察院以贯彻落实宽严相济刑事司法政策、化解人民内部矛盾为宗旨，探索开展刑事和解公诉改革。省检察院2007年11月出台《关于办理当事人达成和解的轻微刑事案件的规定（试行）》，要求全省检察机关对因民间纠纷引发的故意伤害（轻伤）、交通肇事、因生活无着而初次盗窃、初次诈骗等四类轻微刑事案件，积极试行和解，取得了积极成效。2008—2009年，宁波市鄞州区检察院探索将人民调解引入刑事和解办案领域，共办理刑事和解案件86件，其中38件通过建议人民调解委员会调解成功。2009年，省检察院确定宁波市鄞州区、东阳市检察院作为刑事和解制度试点单位，规范刑事和解适用范围和程序，强化刑事和解案件的跟踪回访和监督制约机制，为推进刑事和解创造条件，达成刑事和解作相对不起诉的案件数和人数增幅明显。2008—2012年，全省对因邻里家庭纠纷引起的可能判处三年以下有期徒刑的轻伤害等案件，积极促进被害方谅解，通过促进和解共对1843人作出不捕、不诉决定。浙江在刑事和解制度领域的探索和实践，最终被2012年3月14日通过的《关于修改〈中华人民共和国刑事诉讼法〉的决定》借鉴吸收。

（二）加强职务犯罪侦查和预防制度建设，推进文明安全规范办案

在2016年职务犯罪侦查和预防队伍转隶之前，浙江各级检察机关将确保职务犯罪侦查和预防文明、安全、规范作为实现侦防工作法治化的关键。重点建立健全了以下三项制度和机制。

一是建立健全侦查讯问全程同步录音录像制度。为保证职务犯罪侦查活动依法、文明、安全，早在1999年12月，省检察院反贪局在全国率先提出实行首次讯问职务犯罪嫌疑人全程同步录像制度，要求全省检察机关对自己发现、自己初查、自己立案的贪污贿赂犯罪嫌疑人试行首次讯问全程同步录像。此后，浙江侦查讯问全程同步录音录像工作经历了四个发展阶段，即首次讯问全程同步录音录像、大要案讯问全程同步录音录像、所有职务犯罪案件讯问全程同步录音录像、审讯与录音录像分离四个阶段。2006年1月，最高人民检察院在宁波召开全国检察机关讯问全程同步录像工作现场会，全面推广浙江的这项制度。此后，省检察院不断深化讯问同步录音录像制度，先后出台关于全省检察机关讯问监控系统和全程同步录音录像设施、监控系统数字技术等标准，建立了同步录音录像资料随案移送审查批捕、审查起诉工作制度，并积极协调省高院建立了办理职务犯罪案件调取、查阅同步录音录像的工作机制，促使职务犯罪侦查讯问更加依法文明规范。

二是推进办案工作区建设。针对侦查活动中存在的安全隐患问题，2008年，省检察院反贪、技术、警务等部门联合推进了办案工作区建设，并确定办案区由检察警务部门管理，由反贪等自侦部门使用。2009年，省检察院制定和完善了办案工作区使用、管理的规定，细化了办案工作区建设标准。2010年，省检察院反贪局与省公安厅联合，在全国率先改造检察专用讯问室，将检察审讯人员与被审讯的犯罪嫌疑人进行物理隔离，以杜绝刑讯逼供等违法行为，防止办案安全事故，并开展了全省检察机关办案工作区达标验收活动。截至2016年年底，浙江全部86个看守所审讯室均实现了物理隔离。在推进办案工作区建设过程中，浙江各级检察机关结合办案区的功能区建设，积极探索心理测试、电子数据取证技术在办案中的运用，在突破职务犯罪嫌疑人心理防线、提取和固定电子数据等客观性证据方面取得了一定效果。

三是率先建立党委统一领导的预防职务犯罪领导机制。党委统一领导的预防职务犯罪领导机制，是建设工作法治化的前提和保障。从2001年开始，浙江检察机关专门成立预防职务犯罪机构，加强预防工作。但检察机关开展预防工作缺乏刚性法制保障，同时存在外部协同性不强、预防主体错位及工作开展持续性、体系性不强等问题。2006年11月，省检察院和省人大常委会制定出台了《浙江省预防职务犯罪条例》，首次以地方性法规形式确定了检察、监察、审计机关履行指导、监督预防职务犯罪工作的职责。为了深入贯彻实施《预防职务犯罪条例》，特别是形成强有力的预防职务犯罪组织体系，省检察院于2008年年底专题向省委报告，由省委在全国率先成立了以省委常委、省纪委书记为组长，常委副省长、省人大常委会副主任、省检察院检察长为副组长，省检察院、省监察厅、省审计厅等17家单位、部门为成员的"浙江省预防职务犯罪工作领导小组"，在省检察院下设办公室，形成了党委统一领导，检察、监察、审计机关依法监督、指导，相关职能部门密切配合的职务犯罪预防工作格局。此后，领导小组每年召集成员单位会议，对成员单位的工作任务进行明确和分解，定期进行检查，扎实有序地推进了各项工作的落实，形成职务犯罪预防合力。

（三）建立健全诉讼监督制度机制，促进依法监督和规范监督

针对诉讼监督的法律规定较为原则的问题，浙江各级检察机关坚持不断推进诉讼监督制度建设，特别是2010年以来省检察院连续三年开展建设省人大常委会对贯彻落实省人大常委会于2010年7月30日通过的《关于加强检察机关法律监督工作的决定》情况的专题审议工作，会同省级司法机关、行政执法机关建立健全刑事拘留监督、民事行政监督等方面制度机制，使得检察机关法律监督刚性制度保障进一步健全，规范性和实效性进一步提升。在国内较有影响的制度机制主要有以下四项。

一是探索行政执法与刑事司法衔接信息共享平台建设。2008年，省检察院在国内率先协同省整顿和规范市场经济秩序领导小组办公室研究建立全省层面的执法信息网络共享平台，在国内率先探索行政执法与刑事司法信息共享平台建设，对行政审批、行政执法、公共资产管理、政府资金流向等公共管理类信息实现直接接入、实时共享，畅通发现违法审批、有案不移、以罚代刑、资产流失等问题的途径，监督预防各类行政乱作为、不作为。永康、绍兴、苍南等地对此项工作

作了有益探索。永康市检察院依托当地政务网建立信息平台，由23家相关行政执法单位定期输入行政处罚等执法信息，实现对全市行政执法资料、行政处罚、行政裁判、民事裁判等方面信息的同步共享。绍兴市委办和政府办专门发文建立"职务犯罪预防信息共享平台"，通过专线接入、登录行政执法部门信息库等方式，纪检监察部门、检察机关实现与公安、国土、房产等38家单位的全面、实时信息共享。苍南县于2012年成立由时任县长为组长的执法信息中心工作领导小组，现该信息中心已接纳31家环保、住建等定期录入行政执法信息并接受绩效考核的成员单位，收集信息总量超过66万条，并且建立了相关数据库，研发了具备行政违法犯罪自动筛选预警功能的软件，强化纪检监察部门和检察机关对行政执法的外部监督。至2010年，浙江各级检察机关依托行政执法与刑事司法衔接信息共享平台，共建议有关部门向公安机关移送涉嫌犯罪案件860件，数量居全国之首。

二是探索刑事拘留监督。2007年6月，省检察院与省公安厅联合下发通知，在全国率先开展刑事拘留监督试点工作，在杭州市下城区、慈溪市、瑞安市、义乌市四个县级市、区组织试点，检察机关对刑事拘留是否超范围、有无违法延长刑事拘留期限、有无刑事拘留超期限、审批和通知程序是否规范等情形进行监督。当年度，试点单位共纠正公安机关侦查违法活动111起。2008年6月，省检察院与省公安厅联合下发通知，将刑事拘留监督试点扩大到安吉、嘉兴市南湖区等11个县（市、区）。全省试点单位共不批准延押11人，同比增加83.3%。2010年6月，省检察院与省公安厅决定增加杭州市滨江区、宁波市北仑区等15个县（市、区）作为刑事拘留监督试点地区，试点地区扩大到26个。结合贯彻省人大常委会出台的《关于加强检察机关法律监督工作的决定》，省检察院与省公安厅联合制定规范侦查监督工作的若干意见，对执法信息查询、案卷材料调阅以及捕后改变强制措施告知等相关工作制度予以明确，对纠正违法等重点监督手段进行规范。这一年，全省对侦查活动中存在的错误采取强制措施、超期羁押、违法取证等违法侦查行为依法纠正1300余件。

三是探索民行督促起诉和民行公益诉讼。针对在企业改制和国有土地出让等环节时常发生非法侵占国有资产或恶意拖欠巨额国有土地出让金和财政贷款资金等情形，为了督促有关监管部门或国有单位依法提起民事诉讼，积极挽回和保护国有资产，在多年实践探索的基础上，①省检察院在2007年8月制定出台《浙江省检察机关办理民事督促起诉案件的规定（试行）》，系统规定了民事督促起诉的条件、范围和程序等，促进民事督促起诉的规范化、制度化。省委、省人大、省政府、省政协领导和最高人民检察院对浙江检察机关的这项创新工作予以了充分肯定。截至2010年年底，全省检察机关共办理民事督促起诉案件4760件，经过诉讼与诉前追讨，挽回国有资产损失48亿余元。在此基础上，浙江检察机关积极探索民事行政公益诉讼，对行政机关违法行使职权或者不作为造成对国家和社会公共利益侵害或者有侵害危险的案件，认真研究规范提起公益诉讼的条件、程序、效力。2011年，平湖市检察院依托与当地环保部门的工作衔接机制，向法院提起全省首例环保公益诉讼，协助环保部门向五家倾倒含铬污泥造成环境污染的单位追偿处理污染费用54万元。

　　四是积极稳妥推进基层检察室建设。针对检察机关缺乏类似法庭、公安派出所、司法所的基层阵地，对基层执法司法监督缺乏有效平台的问题，省检察院积极贯彻中央、省委关于加强政法基层基础工作的要求与检察改革部署，于2009年在全国率先制定加强和规范基层检察室建设的意见，明确了10项职责，包括收集发现职务犯罪线索、开展职务犯罪预防、处理涉检信访、对公安派出所和人民法庭执法活动进行法律监督等，要求全省因地制宜、积极稳妥，有计划、有步骤地推进。2010年年初，省检察院将推动基层检察室建设纳入了省委"法治浙江"建设的统一部署。2012年和2013年，先后召开全省基层检察院建设工作会议以及全省基层检察室建设推进会，要求全省进一步准确把握检察室职能定位，在坚持化解矛盾、促进法治建设这个目标定位的基础上，突出刚性监督职能，着力加强基层职务犯罪

---

① 浙江省检察院于2003年就在全省创造性开展民事督促起诉工作。所谓"民事督促起诉"，是指对于检察机关在执法办案中发现国家和社会公共利益受到损害，有关行政管理部门应当履行管理职责而未履行的，运用发送检察建议的形式，督促其依法履行职责；对于案件性质可通过民事诉讼获得司法救济的，检察机关运用发送检察建议的形式，督促有关监管部门向法院提起民事诉讼，并做好协调配合工作，维护国家和公共利益不受侵犯。

查处,强化基层执法监督,对接"网格化管理、组团式服务"平台加强社会矛盾化解。截至2017年年底,全省共设立基层检察室173个,基层检察室积极对接基层乡镇街道各种工作平台,结合地方实际扎实有效地开展对基层执法司法活动法律监督等工作,得到当地党委、政府和群众的充分肯定。

(四)加强监督机制建设,以强化内外部监督制约促进公正司法

浙江各级检察机关不断深化司法体制机制改革,强化外部与内部监督制约、确保公正司法。这方面的举措主要有两项。

一是推进案件管理机制改革。2006年,杭州市萧山区检察院在全国率先成立案件管理中心,定位为检察业务综合管理部门和检察委员会日常工作机构。案件管理中心在检察长、检察委员会的领导下,对案件进行流程管理、质量监控,负责案件管理的指导、协调、检查、督导、质量评估等方面工作。实体管理具体是指将每个案件确定为实体、程序、事务三类共500余个质量控制点,制定相应的质量检查标准,由案件管理中心对所有已办结案件进行质量评查。针对检查中发现的执法问题,撰写季度质量分析报告提交检委会专题会议讨论,并根据会议纪要实施督促检查;针对有信访、质量差错比较严重的案件,就个案实施专门评查,同时,将案件质量评查结果与承办人的考核晋升挂钩。2009年,省检察院研究提出了提升法律效果、政治效果、社会效果有机统一办案质量的检察工作总抓手,明确办案质量具体要求,在省检察院成立专门机构加强案件管理,并确定杭州市萧山区检察院等试点单位积极探索集中动态管理办案质量。2012年,省检察院依托最高人民检察院启动运行统一业务应用和案件管理软件,制定出台关于案件管理的工作规范,立足新建成的案件管理大厅,统一案件进出口管理,加强办案期限预警、程序监控、法律文书使用管理以及涉案财物监管工作。截至2012年年底,全省已建立案件管理专门机构85个,建成案管大厅71个。

二是推行人民监督员制度。针对法律监督工作特别是职务犯罪侦查工作中"谁来监督监督者"的质疑,浙江省早在2003年就作为最高人民检察院首选的10个省份之一,部署实行人民监督员制度。2006年,省检察院根据最高人民检察院的部署,扩大了人民监督员

制度的监督范围,明确监督的范围是对职务犯罪侦查中"五种情形"的监督,即应当立案而不立案或者不应当立案而立案的,超期羁押的,违法搜查、扣押、冻结的,应当给予刑事赔偿而不依法予以确认或者不执行刑事赔偿决定的,检察人员在办案中有违法违纪情况的。[①] 2010年,省检察院根据最高检察院部署,在全省全面推行人民监督员制度,明确地市级以上检察机关应当确定相关机构、县级检察机关可以确定相关机构或者专人负责人民监督员工作。2010年1月至2013年12月,在第二届人民监督员任期内,人民监督员共监督了犯罪嫌疑人不服逮捕决定、侦查部门拟撤销和拟不起诉等职务犯罪案件745人;经人民监督员评议后,同意检察机关拟决定意见735人、不同意检察机关拟决定意见10人,检察机关决定采纳意见9人、未采纳意见1人。

二 检察体制的改革创新

党的十八大以来,司法体制改革积极有序稳妥推进。至2017年11月,党的十八届三中全会、党的十八届四中全会确定的129项司改任务中,有118项已出台改革意见,11项正深入研究制定改革方案。司法体制改革的主体框架已经搭建完成,重点领域和关键环节取得重大突破。作为中央确定的全国第二批司法体制改革试点省份,2015年7月,省检察院率先确定由嘉兴市人民检察院、萧山区人民检察院等11个市、县(市、区)检察院对司法人员分类管理、完善司法责任制、健全司法人员职业保障、推动省以下地方检察院人财物统一管理等四项改革先行先试、积累经验。2016年5月,在全面总结试点经验的基础上,省检察院在全省全面推行上述四项改革项目,至2017年11月完成了员额遴选、人员分类管理、新型办案组织组建、办案责任制落实、内设机构改革等一系列改革工作,影响司法公正、制约司法能力的深层次问题正逐步得到解决,人民群众获得感日

[①] 此前,人民监督员制度的监督范围是如下三类职务犯罪案件:一是被逮捕的犯罪嫌疑人不服逮捕决定案件;二是立案后侦查部门拟撤销案件;三是公诉部门审查后拟不起诉案件。

益增强。

（一）通过改革让司法更加公正

一是推动司法责任制等改革关键领域的重点突破。通过推进标准化建设、划定司法职责权限、建立惩戒问责机制等举措，重塑检察权力运行机制，推动办案质效有效提升。首先是新型办案机制全面运行。浙江各级检察机关普遍实行"谁办案、谁负责"的新型办案机制，制定出台三级院检察官权力清单，厘清检察长、检委会和检察官办案事项决定权和责任分配，明确检察官的主体地位，对一线检察官充分放权，并通过落实相应的司法责任来促使检察官谨慎用权。改革后，地方检察院直接由员额检察官作出决定的案件占案件总数的80%以上，检委会讨论案件数量同比下降90%以上。

其次是新型办案团队广泛组建。2016年，11个试点检察院探索组建以独任检察官或检察官办案组为基本形式的新型办案团队，改变了以往"三级审批制"办案模式，逐步形成检察官直接决定或"检察官—检察长（副检察长）"的扁平化办案模式。2017年1月开始，两种新型办案组织形式在全省全面推广，截至2017年7月，全省检察机关共组建独任检察官办案组织1973个，检察官办案组38个。以独任检察官为多数、检察官办案组为例外的办案组织设置，既有效契合了公诉、侦监等司法属性突出的业务条线的工作需求，也为办理重大疑难案件、深入推进专业化建设留下空间，使办案质效得到明显提升。

再次是领导干部办案机制逐步健全。省检察院于2017年8月制定出台《关于院领导、检察委员会专职委员、部门负责人办案工作的意见（试行）》，对领导干部的办案数量作出"下有保底、上不封顶"的规定，切实引导领导干部在办理重大疑难复杂案件中发挥示范引领作用，坚决杜绝领导干部办案少、业绩差等问题，推动领导干部办案从以往的象征性办案向实质性办案转变，使检察官办案责任制真正落到实处。

复次是检委会制度日趋完善。检委会职能重心由审理讨论个案向总结审判经验，研究重大问题，进行审判决策、指导、管理、监督方面转变，审判委员会讨论案件范围合理限缩，议事规则和程序有效完善,组成人员结构进一步优化。

最后是检察官惩戒制度逐步建立。明确检察官惩戒的主体、权限、情形、程序和免责事由,完善错案责任认定和追责机制。设立了法官(检察官)惩戒委员会,确保依法追责和保障履职相统一。

二是推进以审判为中心的刑事诉讼制度改革。近年来,浙江各级检察机关根据中央、省委和最高人民检察院推进以审判为中心诉讼制度改革的部署要求,认真贯彻落实最高人民法院、最高人民检察院、公安部、国家安全部和司法部2016年10月发布的《关于推进以审判为中心的刑事诉讼制度改革的意见》精神,坚持理念引领,积极探索实践,检察环节以审判为中心,诉讼制度改革取得初步成效。首先是司法理念进一步转变,证据核心、庭审导向和人权保障理念深入人心。其次是坚持证据裁判规则,积极探索构建类案证据审查标准体系,大力推行客观性证据审查模式,省检察院研究制定了口供审查和运用工作指引、现场勘验检查材料审查和运用工作指引、技术性证据审查工作规定等制度,以客观性证据为核心的证据体系和刑事指控体系进一步建立。再次是加强案件质效保障体系建设,试点探索诉前会议制度,积极开展认罪认罚从宽制度试点,结合试点推动完善普通程序、简易程序和速裁程序有序衔接的多层次诉讼制度体系,加大政法一体化办案系统、公诉智能化辅助办案系统等"智慧检务"建设力度,提升了办案质效。复次是积极推进法律职业共同体建设,坚持监督与配合并重,着力构建新型侦诉、诉审关系;深化律师权益保障,新型检律关系进一步形成。最后是着眼庭审实质化要求,推进审查报告模式改革,加强队伍出庭举证质证能力建设,队伍专业化素质能得到提升。

三是严防冤假错案。浙江省检察院深刻吸取2013年依法纠正的两起冤错案件的教训,把严格依法办案作为法治的基本前提来坚守。更加重视构建以客观性证据为核心的证据分析论证和案件事实认定体系,采取一系列措施以全面贯彻最高人民检察院出台的《刑事公诉案件证据审查指引》。首先是制定实施了口供审查工作指引、毒品犯罪证据收集审查工作指引等,全面推行浙江首创的客观性证据审查模式,变偏重口供为注重书证、物证、勘验检查笔录等客观性证据,以审判为中心来审查判断证据，积极引导公安机关依法取证，确保案件质量。其次是更加重视排除非法证据，制定出台了《检察机关公诉环节非法证据排除工作规则》，进一步明确了非法证据排除的范围、标准和程序；会同省公安厅制定了讯问犯罪嫌疑人全程同步录音录像工作规定，对未依法对讯问进行全程同步录音录像取得的供述予以排除；克服案多人少突出矛盾，在全国率先推行审查逮捕案件逐案讯问犯罪嫌疑人制度，认真听取其供述辩解及有否刑讯逼供的反映，认真执行告知犯罪嫌疑人及其法定代理人、辩护人关于非法证据排除的相关规定。再次是会同省公安厅、省高院建立一系列司法规范和标准，包括故意杀人、故意伤害、盗窃、诈骗等重点类案的审证采证标准、逮捕必要性条件和证明标准等，把规范司法落实到了具体的标准上。最后是完善和落实保障律师合法执业权利的相关措施，充分听取律师等诉讼代理人意见，依法接受制约。

（二）通过改革让司法更加便民

一是突出打造"阳光检察"。首先是全面推进案件信息公开，主动开展向当事人等提供案件程序性信息查询服务，向社会公开有影响的职务犯罪案件办理情况等信息，在互联网上发布起诉书等终结性法律文书。截至2017年年底，全省共公开案件程序性信息38.49万条、重大案件信息5093条、终结性法律文书8.68万份。其次是全面推进司法办案过程公开，对案件事实、适用法律方面存在较大争议或可能引发矛盾的批捕、不捕、不诉、申诉等案件，实行公开审查、公开宣告，相关做法被最高人民检察院在全国推广。再次是全面开展检察服务大厅建设，统一部署建设集控告申诉举报受理、业务咨询、律师接待等功能的"一站式"检察服务大厅，全省已有98个检察院建成使用。最后是全面推进微博、微信及新闻客户端"两微一端"建设。目前，全省三级检察院已实现官方"两微一端"全覆盖。2016年全省9个检察院进入全国检察新媒体运营建设百强，省检察院官方微博、微信均位于全国检察机关媒体前列。

二是完善保障律师依法履职机制。2015年，省检察院以做好接受省人大对司法人员依法履职公正司法专项审议和最高人民检察院部署的规范司法行为专项整治工作为契机，在全省开展"规范司法建设年"活动,重点针对职务犯罪侦查环节存在的律师会见难问题,明确严禁滥用"特别重大贿赂案件"条件限制律师会见,在限制会见情形消失之后必须及时安排律师会见,严禁在适用条件、范围上做变通。2016年,省检察院坚持问题导向和效果导向,组织开展了保障律师会见权和文明办案两个专项整改活动。当年年初,省检察院组织全省三级检察院召开律师座谈会征求意见,全面检查已办案件中律师申请会见不被批准的情形,明确"六个不得三个应当"[①],并且与省律师协会联合出台意见,健全良性互动的新型检律关系。当年年中,省检察院在全省范围内推广了杭州上城区人民检察院保障律师执业权情况全程留痕的"五表一书"制度[②],由检务督察部门牵头开展专项检务督察,狠抓制度落地。当年年底,省检察院组织三级检察院回访各地律师协会,研究进一步加强和改进措施。经过努力,截至2016年年底,律师会见需检察机关许可案件占办案总数的比例已下降到14.8%,比2016年下降了12个百分点。与此同时,全省检察机关普遍建立了律师阅卷功能区,主动向律师推送案件进展信息,各地检察机关与律师协会还合作开展了控辩大课堂、控辩对抗赛、庭审巡查等活动。

(三)通过改革让司法更加高效

一是推进案件繁简分流机制改革。2014年1月,省检察院出台关

---

① "六个不得三个应当"指的是,查办职务犯罪必须依法保障律师会见权,不得以审讯为由妨碍律师会见;不得主动说服犯罪嫌疑人不聘请律师;不得随意解释和扩大特别重大贿赂案件范围;不得随意认定涉案金额,50万元(现根据法律调整提升至300万)以上涉案金额必须有相应证据;不得随意扩大适用"有重大社会影响"条款的范围和条件;不得通过任何方式监听律师会见;对律师多次申请会见应当逐次审批并三日内答复;有碍侦查情形消失后应当及时通知看守所和律师许可会见;特别重大贿赂案件侦结前应当许可律师至少会见一次(以上"特别重大贿赂案件"、犯罪金额达到300万以上、"有重大社会影响"等,均为法定可以限制律师会见情形)。

② "五表一书"制度指的是,通过"五表一书"全程记录律师参与检察机关司法办案情况,全方位保障律师依法执业。具体包括《自侦案件侦查阶段保障律师执业权利登记表》《审查逮捕阶段保障律师执业权利登记表》《审查起诉阶段保障律师执业权利登记表》,以任务清单形式,提示、督促承办人执行并填报。《特别重大贿赂案件律师会见权审批表》《特别重大贿赂案件律师会见权异议审查表》《特别重大贿赂案件律师会见权异议申请告知书》要求拟不许可律师会见的,必须说明理由并提供证据情况;律师提出异议的,由侦查监督部门介入监督。

于推进轻微刑事案件快速办理机制的若干规定，指导各级人民检察院对案情简单、事实清楚、证据充分，犯罪嫌疑人、被告人认罪的轻微刑事案件，在依照法定程序、确保案件质量的前提下，采取简化审结报告、减少审批程序、适用简易程序和"普通程序简化审"等措施，简化工作流程，缩短办案期限，提高诉讼效率。改革以来，全省人民检察院适用轻微刑事案件快速办理的案件占75%以上，实现了简案快审、繁案精审、繁简得当。

二是开展认罪认罚从宽制度改革试点。2016年9月，第十二届全国人大常委会作出决定，授权"两高"（最高人民法院和最高人民检察院）在杭州等18个地区开展刑事案件认罪认罚从宽制度试点工作。此后，杭州市县两级检察院会同有关部门印发《关于在部分地区开展刑事案件认罪认罚从宽制度试点工作的办法》，对于犯罪嫌疑人、被告人自愿如实供述自己的罪行，对指控的犯罪事实没有异议，同意量刑建议并签署具结书的案件，坚持根据犯罪事实、性质、情节和对社会危害程度，综合考虑认罪认罚具体情况，依法认定是否从宽及其幅度。截至2017年12月，杭州市两级检察院办理的1.46万件公诉案件中，适用认罪认罚从宽制度的计7180件，比率达到49.3%。

三是全面推进电子检务工程。省检察院制定了"十三五"时期检察信息化建设规划，细化总体框架、目标和具体措施，加快建设非涉密检察内网、侦查信息综合平台、政法信息共享服务平台和远程侦查指挥、侦查情报信息收集研判、远程案件讨论、视频接访等重点业务系统，全面推行"建用一体"的信息化工作机制，发挥业务部门主体作用，不断在业务应用中满足需求和发掘新需求。目前，全省106个检察院全部接入了检察专网，为实现检察网络全连通、数据全覆盖、业务全开通奠定了坚实基础。同时，浙江各级检察机关积极探索信息化手段的应用领域和方式，通过大数据分析、人工智能、云计算、机器学习等多种技术手段，实现信息化、大数据对检察业务管理、司法服务、检察体制改革等各方面的支撑和保障作用。

（四）通过改革让司法更加专业

一是全面推开检察官员额制改革。省检察院根据各级检察机关办案数量、辖区内经济社会发展状况、人口数量等基础数据，结合各级检察机关职能、检察官工作量、检察辅助人员配置等因素,科学确定三级检察机关的检察官员额,并根据案件数量、人员结构的变化情况,动态调整检察官员额。截至2017年8月,全省各级检察机关共遴选产生3351名检察官,约占中央政法编制的34.3%。全面展开检察官员额制以后,全省检察机关85%以上的人力资源被配置到办案一线。

二是改革检察官选任制度。设立由检察官代表和社会有关人员参与的检察官遴选委员会,制定公开、公平、公正的选任程序,确保品行端正、经验丰富、专业水平较高的优秀法律人才成为检察官人选。完善检察官逐级遴选制度,会同有关部门印发关于建立检察官逐级遴选制度的意见,建立了从符合条件的律师、法学专家中招录检察官的制度。

三是推进检察机关人员分类管理。为进一步优化检察机关人力资源配置,省检察院将检察工作人员分为检察官、检察辅助人员和司法行政人员三类,并分别实行不同的管理制度,实现各归其位、各尽其责。检察官单独职务序列稳步推进,已完成首批入额检察官的等级转化、按期晋升,全省共按期晋升员额检察官939人。检察官助理、书记员职务序列逐步建立,省检察院会同省高院联合制定了《浙江省法官助理、检察官助理和书记员职务序列改革试点实施方案(试行)》,全面展开检察官助理、书记员职务序列改革工作;会同省委组织部、省编办、省财政厅和省人力资源和社会保障厅联合制定出台《关于全省检察机关司法雇员队伍建设的意见》,明确规定案件量大、案多人少矛盾突出的检察院可按照"1个检察官+1个检察官助理+1个书记员"模式配备司法雇员,其他检察院,可按照"1个检察官+1个检察官助理或书记员"模式配备司法雇员。

四是改革检察官职务序列和工资制度。在实行检察官员额制基础上,实现检察官等级与行政职级脱钩,在等级设置、晋升方式、晋升年限、选升比例、考核惩戒和工资制度等方面,充分体现检察官职业特点,按期晋升、择优选升和特别选升相结合,实行有别于其他公务员的人事管理制度。同时,建立了检察官单独的工资制度,并较大幅度地提高检察官工资水平。

五是推进内设机构改革。浙江省检察机关以强化法律监督为主旨，牢牢把握三级院功能定位、管辖范围和人力配备的区别，按照中央"编制人数50人以下的基层院，内设机构一般不超过5个，50至100人的不超过8个，100至200人的不超过10个"的精神，将精简机构与职能优化相结合，现有机构只减不增，采取"必设机构+X"的办法，积极稳妥推进内设机构改革，努力实现扁平化管理。

第三节　浙江检察工作的基本经验和启示

"法治浙江"实施以来，浙江各级检察机关坚持政治站位，从政治高度、全局视野来把握和推进履职、改革、队伍建设各方面工作，确保了中央、中共浙江省委和最高人民检察院决策部署的落地生根；突出目标引领，围绕时代要求、问题导向和法治建设趋势，不断明确各发展阶段的工作目标和实现路径，强化引领、拉高标杆，激发了动力和活力，跨出了具有浙江特色的检察工作发展新步伐；实现重点突破，抓好服务民营经济发展、规范司法行为，实现法律效果、政治效果和社会效果的有机统一，提升了工作亮度，塑造了工作品牌，带动了检察办案力度、质量、效果和业务机制的全面提升；强化改革创新，不断深化创新强检，稳步开展司法体制改革，深入研究推进以审判为中心的诉讼制度改革，坚决落实中央关于监察体制改革的部署，强化了改革创新的检察发展助推器作用；落实了从严治检，正风肃纪、典型引路、能力建设多管齐下，优化了风清气正的生态，建成了一支政治过硬、业务过硬、素质过硬、纪律过硬、作风过硬的检察队伍。

一　树立正确的执法思想是重要前提

"法治浙江"建设实施以来，浙江各级检察机关坚持以邓小平理论、"三个代表"重要思想、科学发展观、习近平新时代中国特色社会主义思想为指导，自觉践行社会主义法治理念，不断统一执法思想，转变执法观念，树立正确的大局观、稳定观和执法观。切实把握社会主义法治理念这一根本要求，阐释内涵要求，特别是积极推动社会主义法治理念目标化，努力使理念转化为具体行动。明确提出提升法律效果、政治效果、社会效果有机统一的办案质量的工作总抓手，努力在司法办案中实现法律效果基础上政治效果与社会效果的最大化，更好地提升运用法律手段服务大局、保障民生的效果。确立和深化运用法治思维和法治方式推进检察工作的工作引导，在全面依法治国实践不断深化的新形势下，进一步用法治的思维和方式来考量和引导检察工作，构建工作体系，切实提升检察工作法治化水平。厘清和践行绿色司法理念，以规范、理性、文明为核心，以谦抑、审慎、善意为引导，在高水平建设小康社会的新时期推进工作思路、机制制度和方式方法的创新。同时，不断明确和实现继续走在全国前列、继续发挥先行和示范作用、高水平推进检察工作等目标要求，为推动检察工作健康发展奠定了坚实的思想基础。

二　服务大局、司法为民是检验的根本标准

服务大局是检察机关的重要使命，司法为民是检察工作的本质要求。"法治浙江"实施以来，浙江各级检察机关围绕中央、省委重大决策部署，认真研究出台检察环节贯彻落实的思路、措施和要求，在及时性、针对性和实效性上下功夫，统领全省检察机关的思想和行动。先后出台服务和谐社会建设、保障和改善民生、服务经济转型升级、深入推进三项重点工作、服务"十二五"规划实施、加强和创新检察环节社会管理、服务"干好一三五、实现四翻番"等工作意见，不断明确检察机关服务大局的工作定位、切入点和具体抓手，有效引导全省检察机关立足职能、紧贴浙江经济社会发展的实际开展工作。

与此同时，密切关注、积极应对经济社会发展的新情况、新问题。针对民间融资与企业经营发展相关联问题，制定实施帮助企业解困服务经济平稳较快发展 15 条意见、保障和促进非公企业健康发展 21 条意见，组织服务企业专项行动，运用好法律手段强化服务保障；针对省委着眼转型升级提出的"五水共治"、金融改革等大局工作需求，组织推进环保、金融、知识产权"三项检察"，有针对性地强化法治引领和保障；针对当前"互联网＋"等改革推进中的新事物、新问题，组织开展研究整治电信网络诈骗、P2P 平台非法集资、危害

电商健康发展"涉网三领域"犯罪工作，保障和促进新事物健康发展，有效地提高了为大局服务的针对性和实效性。立足检察职能，积极参加以改善民生为重点的社会建设和社会治理，加强对涉及民生问题案件的办理，切实维护群众的合法权益，不断地提升人民群众的获得感、幸福感、安全感。实践表明，只有把坚持依法履行检察职责与改革发展稳定大局有机结合起来，与人民群众的根本利益结合起来，才能推动检察工作有效融入大局，更好地服务人民。

三 抓好重点工作是推进工作的重要方法

建设"法治浙江"实施以来，浙江各级检察机关坚持问题导向和效果导向，通过抓重点问题的解决推进和带动全局工作的发展。2006年6月，《关于进一步加强人民法院、人民检察院工作的决定》颁布，浙江各级检察机关把它作为事关检察事业发展的纲领性文件认真贯彻落实。2010年7月，省人大常委会颁布《关于加强检察机关法律监督工作的决定》后，浙江各级检察机关把贯彻落实决定作为加强和改进法律监督工作的历史性机遇，积极提出建议，协助召开全省人大、政法委、公检法司及政府法制办参加的部署会议，以省人大常委会连续两年专题审议为契机，采取项目化管理方式，持之以恒抓贯彻，在强化法律监督、健全监督机制、优化监督环境上取得了长足的进步。

2012年，全国人大修改了刑诉法、民诉法，浙江各级检察机关切实领会其保障人权、强化监督、规范司法等精神实质和具体要求，把转变司法办案方式作为总要求，列出具体课题，采取专题调研、制度建设、试点工作、执法保障等多维度推进方式，抓好组织推进，在提升司法理念、破解难点问题、落实新法要求上取得了积极成效。2015年，根据中央司法体制改革试点工作要求，认真抓好司法人员分类管理、司法责任制、司法人员职业保障和省以下检察院人财物统一管理改革试点。2016年，不折不扣贯彻中央、省委开展监察体制改革试点的决策部署，加强思想政治工作，配合做好反贪、反渎、预防等职能机构人员转隶，做好工作衔接，确保改革稳妥推进。改革创新推动工作不断取得新的突破和新的进步，促进了检察工作全面协调可持续发展。

"法治浙江"实施以来，浙江各级检察机关深刻认识新形势下公正司法对于检察工作的极其重要性,持之以恒地抓司法规范化建设。2006—2008年开展了为期三年的执法规范化建设;2009—2012年结合贯彻省人大常委会的决定、修改后的"两法"推进了法律监督制度机制建设;2013年针对浙江两起历史冤假错案大力整改问题,出台了严防冤假错案的18条意见;2014年开展了规范司法行为专项整治,不断根据法治建设新要求解决问题,构建规范司法工作体系;2016年组织开展了保障律师会见权和文明办案两个专项整改活动。同时,浙江各级检察机关还把加强检察基础工作和建设基层检察室作为强化检察基层基础的两大抓手。2006年提出以检察信息化建设、业务基础建设、规范化建设、人才队伍建设为主体的加强检察基础建设的指导意见,时任最高人民检察院检察长批示全文转发各省级院;2009年提出以强化基层法治监督和矛盾化解为主导的基层检察室建设,率先探索解决检察机关在基层一线缺乏阵地、职能难以深化的难题。

四 司法办案是首要事务

强化检察监督是检察机关的职责所在,维护公平正义是检察机关的价值追求。"法治浙江"实施以来,浙江各级检察机关不断深化对中国特色社会主义检察制度和检察工作规律的认识,立足司法办案,积极有效地保障社会稳定、廉政建设和司法公正,并不断夯实检察业务基础。切实把握稳定是根本大局、第一责任,克服案多人少突出矛盾,确保对严重刑事犯罪的打击力度。

"法治浙江"实施以来,全省检察机关人均办案数、办案绝对数均居全国前列[①]。在办案的繁重压力下,浙江检察机关各项办案质量系数全国领先。坚决贯彻中央、省委对反腐败斗争的鲜明要求,加大对贪污贿赂、渎职侵权等职务犯罪的查处力度,积极促进了依法行政,保障了公务廉洁。深刻认识法治建设新进程中对于形成严密法治监督体系、强化检察监督作用的新要求,把强化法律监督作为检察工作重要方向来研究部署,立案监督、追捕追诉、刑事抗诉、民事行政抗诉、执行监督等各项工作力度明显加大,并在国内率先开展民事督

---

① 据历年人代会上的检察工作报告综合而成。

促起诉、公益诉讼等探索。在抓办案的同时，重视抓业务建设。在制定《浙江检察工作规范》及完善相关业务工作程序、标准的基础上，刑检工作着力推进了贯彻宽严相济刑事政策的轻微案件刑事和解、外来人员犯罪平等适用不捕不诉、未成年人犯罪特殊办理等机制建设，以及强化审查、严防冤错的客观性证据审查、审证采证标准等机制建设；反腐败工作着力推进了信息化引导、精细化初查、专业化审讯、规范化办案等"四化建设"，积极建议成立省预防职务犯罪领导小组及其工作机构；法律监督工作着力推进了完善监督程序、畅通监督渠道、明确监督范围、强化监督效力的各项机制建设。

五 自身建设是根本保障

检察工作的发展必须以扎实的自身建设作保障。"法治浙江"实施以来，浙江各级检察机关突出抓好思想政治和司法理念建设，认真组织开展学习实践科学发展观、政法干警核心价值观、群众路线教育实践等一系列集中教育活动，抓深抓实，着力端正队伍政治立场、思想倾向、司法理念，解决队伍建设与司法作风相关联问题。扎实推进队伍专业素能建设，确立高素质、专业化的建设目标和专业化、职业化的建设方向。通过业务培训、岗位技能训练和竞赛、业务尖子选拔和人才库建设等措施，多管齐下，努力实现队伍业务素能普遍性提高和形成领军人才并举。全省有56名检察干警获得"全国先进工作者""全国模范检察官""全国检察业务专家"以及全国各条线优秀业务标兵和能手等荣誉称号。

重视抓好基层检察院建设，探索对基层院有效的考核评价机制，实行基层检察院建设评估，组织引导基层检察院建设正确把握工作定位、积极争先创优，全省有72个基层检察院获得"全国模范检察院""全国先进检察院""集体一等功"等荣誉称号。

全面实施科技强检战略，建成了全省检察涉密专网、非涉密检察内网、检察自侦数据库、统一业务应用系统、政法一体化办案系统；建成了全省各级院互联网官网和官方微博、微信；建立了与法院、公安、银行、通信等有关部门的信息共享查询机制，检察工作的信息化特色、含量有了深刻的改变。

第七章　加强改革创新,深化"法治浙江"实践

党的十九大报告在宣告中国特色社会主义进入新时代的同时,既把以建设中国特色社会主义法治体系和社会主义法治国家为总目标的"坚持全面依法治国"列为新时代坚持和发展中国特色社会主义的基本方略之一;又深刻阐释了推进全面依法治国的一系列新思想、新理念、新任务,对建设"法治中国"作出了整体设计和战略规划,为我们进一步推进建设"法治浙江"提供了历史方位、指明了前进方向、提出了路线图、划定了时间表。我们要以习近平总书记关于法治思想方面的重要论述为指导,自觉践行省第十四次党代会提出的"在提升各领域法治化水平上更进一步、更快一步"要求,以改革创新精神不断深化"法治浙江"实践,努力建设"法治浙江"。

第一节　坚持党的领导,为深化"法治浙江"实践提供根本保障

党的领导是中国特色社会主义最本质的特征。坚持党的领导,把党的领导贯彻到建设中国特色社会主义法治体系和社会主义法治国家的全过程,落实到推进依法治国实践的各方面,是我国社会主义法治建设的基本经验之一。

一　坚持党的领导,确保社会主义法治正确方向

党的领导是中国特色社会主义法治最根本的保证。党的十五大提

出依法治国、建设社会主义法治国家的奋斗目标，党的十八大要求坚持依法治国这个党领导人民治理国家的基本方略，加快建设社会主义法治国家。党的十八届三中全会作出全面深化改革的重大部署，要求推进法治中国建设。党的十八届四中全会专题部署全面推进依法治国工作。党的十九大把"坚持全面依法治国"作为新时代坚持和发展中国特色社会主义的基本方略。在建设社会主义法治国家进程中，党始终发挥着根本性、全局性领导作用。我们要始终在党的领导下，坚定不移地走中国特色社会主义法治道路。在这个根本问题上，必须旗帜鲜明、立场坚定，决不能含糊动摇。

党的领导和中国特色社会主义法治在本质上是一致的。社会主义法治必须坚持党的领导，党的领导必须依靠社会主义法治。只有把党建设好，才能真正代表人民、带领人民、组织人民正确制定和严格实施法律；只有加强和改善党的领导，充分发挥党总揽全局、协调各方的领导核心作用，领导立法、保证执法、支持司法、带头守法，才能确保依法治国的正确政治方向；只有在党的领导下依法治国、厉行法治，才能真正实现党的领导、人民当家作主和依法治国的有机统一。

坚持党的领导必须具体体现在党领导立法、保证执法、支持司法、协调各方上。需要我们坚持党总揽全局、协调各方的原则，统筹建设"法治浙江"各领域工作，确保党的主张贯彻到"法治浙江"建设全过程和各方面。需要我们进一步改善党对"法治浙江"建设的领导，不断提高党领导法治建设的能力和水平。

坚持党的领导必须发挥各级党组织和全体党员的模范带头作用。党对法治工作的领导，需要通过各级党组织和全体党员的具体行动来实现。为此，我们要让各级党组织和全体党员带头尊法学法守法用法，绝不允许任何党组织和个人有超越宪法法律的特权，绝不允许以言代法、以权压法、逐利违法、徇私枉法。特别是要抓住党员领导干部这个"关键少数"，让他们在厉行法治上当模范、作表率，带头强化对法治的追求、信仰和执守，真正将法治思维和法治方式变成想问题、办事情的思想自觉和行为习惯。

二 加强党内法规制度建设，依规管党治党建设党

依法治国、依法执政，既要求党依据宪法法律治国理政，也要求党依据党内法规管党治党。依规管党治党是践行全面依法治国、深化"法治浙江"实践的重要前提和政治保障。目前，一些党组织依法执政、依法办事的观念和能力不强，有法不依、以权压法现象依然严重，一些党员干部以言代法、违法乱纪、徇私枉法问题突出，迫切需要我们进一步加强党内法规制度建设。

一是加强系统设计，对接和落实中央要求。认真落实《中国共产党党内法规制定条例》和《中共中央关于加强党内法规制度建设的意见》，按照以"1+4"为基本框架的党内法规制度体系，[①] 科学编制《中共浙江省委党内法规制定工作五年规划纲要（2018—2022）》，合理设定年度立法工作计划，分步骤、有重点地推进党内法规制度制定工作。加强对中央党内法规制度要求配套的各项事宜的研究，及其制定出台的具有针对性和可操作性的具体规定的研究；加强对按照职责权限建议积极探索、先行先试事项的研究；及时制定出台符合浙江省情、助力"法治浙江"实践深化的各种党内法规制度，建立健全具有浙江特点、体现浙江特色的地方党内法规制度体系。

二是规范党政联合发文，提升党内制度的权威性。认真按照2012年4月中共中央办公厅、国务院办公厅印发的《党政机关公文处理工作条例》有关"属于党委、政府各自职权范围内的工作，不得联合发布"的规定，结合党政机构改革进程，及时明确党政联合发文的范围，细化可以党政联合发文的条件，建立党政联合发文的事前审核机制，完善党政联合发文的事后备案审查纠错机制，确保党内制度的权威性。

三是推进立法制度化、规范化和程序化，提高党内法规制度的质量。按照"方向正确、内容科学、程序规范"要求推进党内法规制

---

① 以"1+4"为基本框架的党内法规制度体系，是中共中央《关于加强党内法规制度建设的意见》所提出的建设党内法规制度的目标，"1"即党章，"4"系党章之下的党的组织法规制度、党的领导法规制度、党的自身建设法规制度、党的监督保障法规制度四大板块。

度的制定工作，不断提升党内法规制度的质量。坚持科学立法，确保每一项党内法规制度的制定工作都能够立足中国国情和浙江实际，尊重并体现经济、政治、文化、社会、生态文明建设和党的建设的客观规律。坚持民主立法，确保每一项党内法规制度的制定工作都能够充分发扬民主、广泛凝聚共识，切实反映人民的意志和利益。坚持依法立法，确保每一项党内法规制度的制定工作都能够体现党章要求，遵循党章和宪法规定，与国家法律法规相协调，并依照法定的权限和程序进行。

四是统筹"立改废释"，保持党内法规制度体系与时俱进。在加强新的党内法规制度制定工作的同时，加强对党内法规制度修改、废止、解释工作的统筹。及时修改、废止滞后于实践发展的党内法规制度，并及时对相关联的党内法规制度进行适实修订。规范党内法规解释程序，贯彻"谁制定谁解释"原则，加大解释力度，提高解释权威。加大党内法规制度清理工作，定期进行集中清理，适时开展专项清理，完善即时清理机制。加强党内法规制度编纂工作，及时将制定、修改、废止、解释成果予以发布。

五是健全备案审查机制，加强党内法规制度的内在融洽性，提升党内法规制度与国家法律法规的有效衔接。按照"有件必备、有备必审、有错必纠"的原则，把所有党内法规制度纳入备案审查范围。建立健全贯通全省上下的备案工作体系，完善工作流程，落实工作责任，按照下备一级原则下备至县级，有条件的地方延伸备案至乡镇一级。建立党内法规制度备案通报机制，加强备案审查结果的落实。

三 加强组织领导，完善法治领域的党委统筹机制

通过2006年以来的长期不懈努力，浙江已经初步形成了党委统一领导，人大、政府、政协分口负责，各部门分工实施，一级抓一级，层层抓落实的"法治浙江"建设工作格局。深化"法治浙江"实践，需要我们进一步加强和改进党对"法治浙江"建设的组织领导。

一是完善组织体系。进一步健全党委牵头抓总、部门协同推进、省市县三级联动的"法治浙江"建设组织实施体系，加强省委建设

"法治浙江"工作领导小组及其工作机构建设,完善领导小组工作机制,落实领导小组成员单位的工作责任,健全领导小组办公室工作的协调机制,充分发挥领导小组及其办公室对法治建设的统一领导、统一部署、统筹协调功能。

二是落实党政主要负责人履行法治建设第一责任人职责。按照中共中央办公厅、国务院办公厅2016年12月印发的《党政主要负责人履行推进法治建设第一责任人职责规定》要求,制定浙江省党政主要负责人履行推进法治建设第一责任人职责办法,细化履职内容,完善履职程序,健全问责机制,让全省党政机关主要负责人切实履行起深化"法治浙江"实践的重要组织者、推动者和实践者的职责,贯彻落实党中央关于法治建设的重大决策部署,自觉运用法治思维和法治方式深化改革、推动发展、化解矛盾、维护稳定,把本部门、本地区各项工作纳入法治化轨道。

三是健全党委领导统筹法治建设的制度和工作机制。完善保证党委确定法治建设决策部署的工作机制和程序。完善党委领导,人大、政府、政协分别负责,各部门分工实施的法治建设工作机制。建立项目化推进法治建设机制。构建职责明确、覆盖全面、运转规范的法治建设工作网络。深化法治县(市、区)工作示范单位和先进单位创建活动。建立健全法治建设指标体系和考核评估标准,完善考核评估方式方法,加强评估结果的运用。

第二节 坚持以人民为中心,推进民主政治建设

党的十九大报告明确将"坚持以人民为中心"提升为新时代坚持和发展中国特色社会主义的基本方略,强调人民是历史的创造者,是决定党和国家前途命运的根本力量。这一重要论述不仅阐明了中国共产党坚定的政治立场,而且体现了新时代中国特色社会主义的根本动力,为发展社会主义民主政治指明了方向和途径。

一 坚持和完善人民代表大会制度,加强人民当家作主制度保障

人民代表大会制度是我国的根本政治制度,是我国人民当家作主

的最高实现形式，也是保障人民当家作主的根本制度安排。坚持和不断完善人民代表大会制度，是加强人民当家作主制度保障的正确方向和根本途径。

一是坚持讲政治、讲大局，确保人大工作正确的政治方向。人大是权力机关、政治机关，在新的历史条件下推动人大工作完善发展必须旗帜鲜明地讲政治。必须牢固树立政治意识、大局意识、核心意识、看齐意识，自觉在思想上政治上行动上同以习近平同志为核心的党中央保持高度一致，坚决维护党中央权威和集中统一领导，确保通过人民代表大会制度保证中央的路线方针政策和省委的各项决策部署在浙江得到全面贯彻和有效执行。

二是坚持法治思维、法治方式，彰显人大工作特点和优势。人大是立法机关、监督机关，在法治建设中肩负特殊使命，具有独特优势，发挥着不可替代的重要作用。只有以法治为本、以法治为要，才能做出特色、做出亮点，才能彰显人大自身固有的优势。必须始终坚持党的领导、人民当家作主、依法治国有机统一，树立和维护宪法权威，弘扬社会主义法治精神，充分发挥地方各级人大及其常委会在深化"法治浙江"中的重要作用，不断推进科学立法、严格执法、公正司法、全民守法进程。

三是坚持理论创新、实践创新，推动人大工作与时俱进。人大是担负宪法法律赋予职责的工作机关，在履职过程中必须适应新时代要求，树立创新导向，以创新求实效求发展。只有始终坚持开拓创新、与时俱进，才能不断进步、日趋完善，才能永葆人大工作发展进步的生机与活力。必须坚持思想先行，注重调查研究和总结基层经验，坚持问题导向，改进法规立项和监督选题方式，坚持效果导向，完善工作方式和工作机制。

四是坚持发展民主、保障民生，践行以人民为中心的发展思想。人大是密切联系人民群众的代表机关，履职为民始终是人大工作的本质要求。只有不忘代表人民行使权力的初心，才能把为民履职行权的使命践行好、完成好。必须坚持以发展人民民主为己任，以改善民生福祉为宗旨，做好做深民主、民生两篇文章。

五是坚持聚焦作风、聚力效能，强化人大及其机关自身建设。打铁必须自身硬,加强自身建设始终是做好人大工作的必然要求和重要课题。人大只有不断加强自身建设、提升履职能力,才能适应新时代要求,才能把人民赋予的权力用好。必须坚持把强化自身建设摆在突出位置,推进常委会及机关政治、思想、组织、作风、纪律等各项建设,并将制度建设贯穿其中,全面提高依法履职能力水平。

二　推动协商民主广泛多元发展,发挥社会主义协商民主重要作用

社会主义协商民主是在中国共产党领导下,人民内部各方面围绕改革发展稳定的重大问题和涉及群众切身利益的实际问题,在决策之前和决策实施之中开展广泛协商,努力达成共识的重要民主形式,是我国社会主义民主政治的特有形式和独特优势。

中国共产党领导的政治协商制度,是保证人民当家作主落实到国家政治生活和社会生活之中的重要制度安排。必须坚持人民政协制度,把协商民主贯穿政治协商、民主监督、参政议政的全过程,完善协商议政的内容和形式,着力增进共识、促进团结,发挥人民政协的社会主义协商民主重要渠道和专门协商机构的作用。

要按照2015年中共中央印发的《关于加强社会主义协商民主建设的意见》,以及中共中央办公厅、国务院办公厅先后印发的《关于加强人民政协协商民主建设的实施意见》《关于加强城乡社区协商的意见》和《关于加强政党协商的实施意见》等三份配套文件的规定和精神,加强协商民主制度建设,探索形成符合浙江省情的完整的制度程序,确保协商民主有制可依、有规可守、有章可循、有序可遵。并在此基础上,继续加强政党协商,积极开展人大协商,扎实推进政府协商,认真做好人民团体协商,稳步推进基层协商,探索开展社会组织协商,切实推动协商民主广泛、多层,保证人民在日常政治生活中有广泛持续深入参与的权利。

第三节　坚持厉行法治,落实"十六字"方针

1978年12月,邓小平在中央工作会议上提出了要做到"有法可

依、有法必依、执法必严、违法必究"十六字方针。党的十八大根据对中国特色社会主义法治建设规律的新认识，提出了我国的"新法治十六字方针"：科学立法、严格执法、公正司法、全民守法。党的十九大重申了这一法治建设方针，并强调指出：全面依法治国是国家治理的一场深刻革命，必须坚持厉行法治，推进科学立法、严格执法、公正司法、全民守法。

一　加强立法工作，以良法促发展保善治

中国特色社会主义法律体系建成后，法治建设的重心就从制定法律转向实施法律和有效治理。为此，党的十九大报告就立法工作提出了"以良法促进发展、保障善治"的目标要求，将立法与国家治理、社会发展有机统一起来。在地方立法中贯彻落实"以良法促发展保善治"要求，需要我们重点抓好以下五项工作。

一是完善立法体制，这是实现"以良法促发展保善治"的内在要求。首先要加强党对立法工作的领导。充分发挥党委凝聚各方智慧、协调各方力量的作用，坚持运用法治思维、法治原则、法治方式，实现党对立法工作领导的制度化、规范化、程序化，从制度上、法律上保证党的路线方针政策的贯彻实施。其次是要健全人大主导立法体制机制。要让人大不仅仅成为程序上的立法主体，更成为实体上的立法主体，成为立法过程的真正组织者、主导者、协调者，以及法规内容的真正决定者。[①] 再次是实现立法和改革决策相衔接。做到重大改革于法有据，立法主动适应改革发展需要；在研究改革方案和改革措施时，要同步考虑改革涉及的立法问题，及时提出立法需求和立法建议。

二是深入推进科学立法、民主立法、依法立法，这是实现"以良法促发展保善治"的重要途径。科学立法的核心在于尊重和体现客观规律，民主立法的核心在于为了人民、依靠人民。依法立法是指立法应当严格依照宪法法律设定的权限和程序进行，确保每一项立法都经得起合宪性审查，经得起实践和历史的检验。

[①] 参见丁祖年《健全人大主导立法体制机制研究》，《法治研究》2016年第2期。

三是加强重点领域，这是实现"以良法促发展保善治"的关键环节。根据浙江实际，地方立法的重点领域应集中在完善市场经济法律制度、民主政治法律制度、先进文化法律制度、与民生相关的法律制度、社会治理法律制度、生态文明法律制度等领域。

四是坚持立改废释并举。统筹考虑立新废旧、法律/法规/规章之间协调和相互衔接问题，加强法律解释工作，增强地方性法规和政府规章的及时性、系统性、针对性、有效性。特别是要改变修法严重滞后现象，让地方性法规和政府规章修订成为新时期地方立法工作的新常态。

五是加强合法性审查，这是实现"以良法促发展保善治"的"控制装置"。合法性审查是维护法律体系一性的重要保障，对应于全国人大层面的合宪性审查。浙江人大及其常委会应加强对设区的市人大常委会报请批准的地方性法规以及地方政府规章和行政规范性文件的合法性审查。

二 推进依法行政，建设法治政府

推进依法行政、建设法治政府是深化"法治浙江"实践的关键环节。为确保2020年基本建成法治政府，我们必须着力抓好以下四项工作。

一是深化"最多跑一次"改革，依法全面履行政府职能。通过"最多跑一次"改革，全面倒逼各地各部门减权放权治权和优化服务。加快"互联网＋政务服务"建设，全面推广"一窗受理、集成服务"，尽早实现除法律法规对群众和企业办事程序有特别规定以外的所有民生事项和企业办事的"一次办结"。依托"互联网＋政府服务"，推动群众办事实体大厅与浙江政务服务网有机融合，构建功能集成、线上线下一体化的办事服务体系。全面推进"最多跑一次"改革标准化、规范化建设，建立健全全省统一的标准化办事事项和办事指南，建立健全"最多跑一次"的政务服务标准体系。建立健全事前管标准、事中管达标、事后管信用的监管体系。全面推广全省统一的"双随机"抽查管理系统，在市场监管、环境保护、安全生产、文化等重点领域建立部门联合、随机抽查、按标监管的一次到位机制。公布公共信用信息目录，构建信用监管体系。

二是健全行政决策机制，推动科学决策、民主决策、依法决策。认真落实中央关于各级政府重大决策出台前向本级人大报告的规定。健全重大行政决策程序规定，认真履行重大行政决策作出前的公开征求意见、法制审核、集体讨论、专家论证、社会稳定风险评估等法定程序。严格落实行政规范性文件合法性审查和备案审查纠错制度，坚持有件必备、有备必审、有错必纠。严格落实行政规范性文件"三统一"（统一登记、统一编号、统一发布）制度。严格落实行政机关合同合法性审查和重大合同报备工作，强化行政机关合同规范化管理。严格落实法规政策公平竞争审查制度和性别平等咨询评估制度。

三是加强行政执法管理，促进严格规范公正文明执法。全面推进行政执法体制改革，强化执法重心下移，全面建立多部门联合执法机制，深化综合行政执法改革。健全行政执法程序，全面落实行政执法公示、执法全过程记录、重大行政执法决定法制审核等制度。健全行政执法行为规范机制，健全行政处罚裁量基准，加强裁量基准动态化管理。制定违法建筑拆除、环境治理等标准化流程，确保重大执法事项依法依程序进行。强化行政执法监督结果运用。

四是扎紧依法行政的制度笼子，加强行政权力的制约和监督。加强人大法律监督、政协民主监督、监察监督、司法监督、社会监督。健全行政和司法衔接机制，依法执行法院生效裁判。全面落实政务"五公开"（决策公开、执行公开、管理公开、服务公开、结果公开）。推进重大建设项目的批准和实施、社会公益事业建设、公共资源配置等重点领域的政府信息主动公开。建立政务诚信运行管理和监督机制，加强政府采购、政府和社会资本合作、招投标、招商引资、政府债务等重点领域的政务诚信建设。加快推进行政复议体制机制改革，推进行政复议规范化建设。

三 全面落实司法责任制，让群众感受到公平正义

党的十九大报告对进一步深化司法体制改革提出了明确要求：深化司法体制综合配套改革，全面落实司法责任制，努力让人民群众在每一个司法案件中感受到公平正义。全面落实司法责任制在司法体制

改革主体框架中具有的基础性地位、标志性意义、全局性影响，对于深化"法治浙江"实践，实现让人民群众在每一个司法案件中感受到公平正义具有重要意义。

司法责任制针对"审者不判、判者不审"这一影响司法公正、制约司法能力的突出问题而提出。它遵循"司法亲历性"的规律，突出法官检察官司法主体地位，明确法官检察官办案的权力和责任，旨在落实"谁办案谁负责"原则，并要求法官检察官依法对案件质量终身负责。实现全面落实司法责任制，需要我们坚持以下三个要点。

一是加强法官检察官队伍正规化建设。这是全面落实司法责任制的基础。正规化意味着对法官检察官培养教育、司法权运行机制等作出基础性的制度安排。要求我们完善法官检察官政治教育，切实增强法官检察官的政治意识、大局意识、核心意识、看齐意识，规范司法权依法公正运行，建立健全与司法办案新机制相适应的权力监督制约体系。

二是加强法官检察官队伍专业化建设。这是全面落实司法责任制的关键。专业化意味着遵循司法规律，根据司法职业特点，健全遴选优秀人才、明确权责清单、追究错案责任的司法机制。要求我们进一步完善员额制，建立员额统筹管理、动态调整机制，严格遴选法官检察官的标准和程序，加强对入额候选人专业能力的把关，规范权责配置，建立权力清单和履职指引制度，实行法官检察官惩戒制度，健全以错案评鉴为核心的司法责任认定和追究机制。

三是加强法官检察官队伍职业化建设。这是全面落实司法责任制的保障。职业化意味着健全与司法特点相适应的法官检察官职业保障体系。要求我们把法官检察官等级与行政职级脱钩，为法官检察官开辟新的职业发展通道，创造良好司法环境，保障法官检察官依法履职，为法官检察官单列薪金制度，确保法官检察官的工资达到相应水平。

四　加强法治宣传教育，推动全社会树立法治意识

加强法治宣传教育，积极引导全社会树立法治意识，使人们发自内心地对宪法和法律信仰与崇敬，把法律规定内化为行为准则，积极

主动地遵守宪法和法律，对于形成全民守法的良好范围具有特别重要的意义。

深化法治宣传教育。把领导干部带头学法、模范守法作为推动全社会树立法治意识的关键，认真做好并不断深化领导干部学法用法工作，完善国家工作人员学法用法制度，努力使各级领导干部掌握履行职责所必需的法律知识，增强依法执政、依法行政意识，带头维护宪法和法律权威，自觉依法办事，提高运用法治思维和法治方式深化改革、推动发展、化解矛盾、维护稳定的能力。把法治教育纳入国民教育体系和精神文明创建内容，坚持法治教育从青少年抓起，保证在校学生都能得到基本法律知识教育，把尊法学法守法用法等情况作为精神文明创建的重要指标，纳入精神文明创建考核评价体系。

创新法治宣传教育理念。坚持服务大局，紧紧围绕党和国家工作大局来谋划和开展法治宣传教育工作；坚持以人为本，大力宣传与人民群众生产生活密切相关的法律法规；坚持普及法律知识与培育法治观念并重，注重法治理念和法治精神的培育；坚持法治宣传教育与法治实践结合，推进多层次、多领域依法治理和法治创建活动，坚持注重实效，探索建立法治宣传教育效果评估标准体系和跟踪反馈机制。

健全法治宣传教育机制。实行国家机关"谁执法谁普法"的普法责任制，落实各部门、各行业及社会各单位的普法责任，定期向社会公布执法责任清单和年度普法项目任务书，并把普法责任制落实情况纳入党委、政府综合目标考核、综治考核、文明创建考核和新农村建设考核中。积极引导群众关注、关心和参与立法活动，使立法过程成为宣传法律的过程。加强以案释法工作，组织法官、检察官、律师、公证员等法律工作者利用具体案件，普及法律知识，宣传法治理念。

加强法治宣传教育工作队伍建设。抓好司法行政机关法治宣传教育工作者队伍和各部门、各行业专兼职法治宣传教育工作者队伍建设，配齐配强工作人员，切实提高能力素质。加强各级法治宣传教育讲师团建设，选聘优秀法学人才参加讲师团，充分发挥讲师团在法治宣传教育工作中的骨干作用。加强法治宣传教育志愿者队伍建设，鼓励和引导司法人员、行政执法工作人员、社会法律从业人员、大专院校法律专业师生加入志愿者队伍，提高志愿者的法律素质和工作水平。

五　把社会主义核心价值观融入"法治浙江"建设

社会主义核心价值观是以习近平同志为核心的党中央从新时代坚持和发展中国特色社会主义、实现中华民族伟大复兴的中国梦出发提出的重大战略思想。党的十九大报告深刻阐述了社会主义核心价值观的丰富内涵和实践要求，对培育和践行社会主义核心价值观作出许多新的重大部署。把社会主义核心价值观全面融入立法、司法、执法等法治建设诸环节，坚持法治和德治相结合，发挥法律的规范作用和道德的教化作用，是新时代深化"法治浙江"实践的必然要求。

一是深化思想认识，提高政治站位，不断增强把社会主义核心价值观融入法治建设的自觉性和主动性。以习近平同志为核心的党中央始终把培育和践行社会主义核心价值观作为统筹推进"五位一体"总体布局和"四个全面"战略布局的一个重要内容来强调。在深化"法治浙江"的实践中，我们必须努力推动社会主义核心价值观内化于心、外化于行。首先准确把握社会主义核心价值观的基本价值取向，用社会主义核心价值观指导和引领法治建设工作；其次准确把握社会主义核心价值观的实践意义，增强把社会主义核心价值观融入法治建设的行动自觉；再次准确把握中央关于把社会主义核心价值观融入法治建设的目标和要求，推动中央决策部署在地方法治建设工作中得到有效落实。

二是把社会主义核心价值观融入"法治浙江"建设的全领域、全过程。把社会主义核心价值观融入法治建设，就是将社会主义核心价值观的要求作为基本理念、基本原则贯彻到立法、执法、司法、守法等法治建设的各个环节中去，并借助于各个环节的有效运行，使社会主义核心价值观成为国家、社会和个人日常行为的基本价值准则。为此，我们需要把社会主义核心价值观融入地方立法，以鲜明的价值导向引领科学立法、民主立法；把社会主义核心价值观融入规范性文件审查，强化公共政策的"良法"品质；把社会主义核心价值观融入司法，以司法公正引领社会公正；把社会主义核心价值观融入执法，以执法规范化促进社会文明和谐；把社会主义核心价值观融入法治社会建设，形成法治和德治相得益彰、互补共契的动态社会治理结构。

三是注重统筹协调，建立健全社会主义核心价值观融入"法治浙江"建设的长效机制。将社会主义核心价值观融入"法治浙江"建设摆上全局工作的重要位置，把培育和践行社会主义核心价值观及其融入法治建设的工作，纳入各级政府的发展规划和全面深化改革的重点任务。充分发挥党委宣传部和政法委牵头部门作用，统筹各方力量、协调各方职能，形成齐抓共管的工作合力。注重问题导向，依法治理道德领域突出问题，进一步加大对食品药品、安全生产、环境保护、劳动保障、医疗卫生等关系群众切身利益的重点领域立法和执法力度，推动形成良好的社会风尚和社会秩序。

附录1 中共浙江省委关于建设"法治浙江"的决定

(2006年4月26日中国共产党浙江省第十一届
委员会第十次全体会议通过)

中共浙江省第十一届委员会第十次全体会议,根据党的十六大和十六届三中、四中、五中全会精神,围绕落实科学发展观和构建社会主义和谐社会的要求,坚持社会主义法治理念,总结近年来依法治省的实践经验,全面分析当前的形势和任务,着重研究了建设"法治浙江"的若干重大问题,作出如下决定。

一 建设"法治浙江"的总体要求、基本原则和主要任务

1. 充分认识建设"法治浙江"的重大意义。建设"法治浙江"是建设社会主义法治国家在浙江的具体实践,是依法治省的深化和发展。改革开放以来,省委高度重视社会主义民主法制建设,1996年作出了依法治省决定,全面推进依法治省工作,在民主制度建设、地方立法、依法行政、公正司法、法制宣传教育等方面取得了显著成就。党的十六大以来,省委把法治建设作为实施"八八战略"和建设"平安浙江"的一项重要内容,摆在突出位置来抓,全社会法治化进程不断加快,为建设"法治浙江"奠定了良好的基础。当前,我省正处在全面建设小康社会的攻坚阶段。这一时期既是发展的战略机遇期,又是社会矛盾的凸现期。社会主义先进生产力的发展、经济体制改革的不断推进、人民群众民主法制意识的不断增强,对法治建设提出了新的更高要求,对党的执政能力特别是坚持科学执政、民主执政、依法执政提出了新要求。全省各级各部门要全面把握社会主义法治理念的本质要求和主要内容,深刻理解加快建设"法治浙江"是全面落实科学发展观、加快构建社会主义和谐社会和提高党的执政能力的必然要求,是贯彻中央关于社会主义经济建设、政治建设、文化建设、社会建设"四位一体"总体布局的重大举措,是落实"干在实处、走在前列"要求的具体行动,对我省加快全面建设小康社会、提前基本实现现代化,具有十分重大的战略意义。

2. 建设"法治浙江"的总体要求。高举邓小平理论和"三个代表"重要思想伟大旗帜,全面落实科学发展观,致力于构建社会主义和谐社会,牢固树立社会主义法治理念,坚持社会主义法治正确方向,以依法治国为核心内容,以执法为民为本质要求,以公平正义为价值追求,以服务大局为重要使命,以党的领导为根本保证,在浙江全面建设小康社会和社会主义现代化建设进程中,通过扎实有效的工作,不断提高经济、政治、文化和社会各个领域的法治化水平,加快建设社会主义民主更加完善、社会主义法制更加完备、依法治国基本方略得到全面落实、人民政治经济和文化权益得到切实尊重和保障的法治社会,使我省法治建设工作整体上走在全国前列。

3. 建设"法治浙江"的基本原则

——坚持党的领导。在党的领导下发展社会主义民主、建设社会主义法治社会,实现坚持党的领导、人民当家作主和依法治国的有机统一。

——坚持以人为本。坚持一切权力属于人民,以最广大人民的根本利益为出发点和落脚点,尊重和保障人权,做到执法为民。

——坚持公平正义。在立法、执法、司法活动中维护社会公平正义,做到公开、公平、公正,维护群众权益,维护国家利益。

——坚持法治统一。以宪法和法律为依据,紧紧围绕党和国家大政方针和重大工作部署,结合浙江实际开展立法、执法、司法工作。

——坚持法治与德治相结合。坚定不移地实施依法治国的基本方略,充分发挥以德治国的重要作用,在加强社会主义法治建设的同时,进一步加强社会主义道德建设。

4. 建设"法治浙江"的主要任务。建设"法治浙江"是一项长期任务，是一个渐进过程，是一项系统工程。"十一五"时期的主要任务是：坚持和改善党的领导，坚持和完善人民代表大会制度，坚持和完善共产党领导的多党合作和政治协商制度，加强地方性法规和规章建设，加强法治政府建设，加强司法体制和工作机制建设，加强法制宣传教育，确保人民的政治、经济和文化权益得到切实尊重和保障，为全面落实"八八战略"、"平安浙江"、文化大省等重大战略部署，顺利实施"十一五"经济社会发展规划，实现全面建设小康社会目标提供法治保障。

二 坚持和改善党的领导

5. 完善党的领导方式。党的领导主要是政治、思想和组织领导。把坚持党的领导贯穿于"法治浙江"建设的全过程，充分发挥党委对同级人大、政府、政协等各种组织的领导核心作用，发挥这些组织中党组的领导核心作用。按照党总揽全局、协调各方的原则，规范党委与人大、政府、政协的关系，支持人大依法履行国家权力机关的职能，支持政府履行法定职能、依法行政，支持政协围绕团结和民主两大主题履行职能。加强和改进党对政法工作的领导，支持政法机关发挥职能作用。加强对工会、共青团和妇联等人民团体的领导，支持他们依照法律和各自章程开展工作，更好地成为党联系广大人民群众的桥梁和纽带。

6. 贯彻依法治国基本方略，提高依法执政水平。加强党对立法工作的领导，善于把党委的重大决策与地方立法结合起来，从制度上保证"八八战略"、"平安浙江"、文化大省等战略部署的贯彻实施。督促、支持和保证国家机关依法行使职权，在法治轨道上推动各项工作的开展。支持审判机关和检察机关依法独立公正地行使审判权和检察权，加强对司法活动的监督和保障，保证司法公正。党员干部特别是领导干部要牢固树立法治观念，带头学习法律、遵守法律，维护宪法和法律的权威，自觉成为建设"法治浙江"的实践者、推动者、宣传者。

7. 以提高执政能力为重点，进一步加强党的建设。加强党的思想、组织、作风和制度建设，不断增强执政本领。坚持用邓小平理论和"三个代表"重要思想武装全党，全面落实学习党章、遵守党章、贯彻党章、维护党章的重大任务，认真贯彻《干部教育培训工作条例》，着力提高党员干部的思想政治素质和业务能力。加强领导班子和干部队伍建设，把各级领导班子建设成为坚强领导集体，造就一支高素质的干部队伍。坚持"两个务必"，大兴求真务实之风，扎实推进党风廉政建设和反腐败斗争，严肃查办职务犯罪。加强党内监督，充分发挥纪委作为党内监督专门机关的作用。健全党的领导制度和工作机制，改革和完善决策机制，提高决策水平。加强党内规章制度建设，全面贯彻民主集中制，积极探索发展党内民主的有效途径和方式，推进党的建设和党内生活制度化、规范化。

三　坚持和完善人民代表大会制度

8. 支持和保证人大及其常委会依法行使各项职权。人民代表大会制度是我国的根本政治制度，是党领导、支持、保证人民当家作主，实现党对国家和社会事务领导的政权组织形式。要进一步加强和改善党对人大工作的领导，支持和保证省和有地方立法权的市县人大及其常委会行使地方立法权，支持和保证各级人大及其常委会依法行使监督权、重大事项决定权和选举任免权。各级人大及其常委会要自觉在党的领导下全面担负起宪法和法律赋予的各项职责，使省委的重大决策经过法定程序成为全省人民的意志，使党组织推荐的人选经过法定程序成为国家政权机关的领导人，充分发挥国家权力机关的作用。

9. 充分发挥人大代表的作用。改进人大代表选举工作，完善代表候选人公示制度，优化代表构成，提高代表的综合素质和履行职责的能力。坚持实行差额选举制度和选民、代表联名提名候选人制度，尊重、维护和保障选民、代表的选举权利。加强同人大代表的联系，保障代表知情知政，支持代表依法履行职责、行使权力。规范和完善议案提出、处理程序和建议办理工作，提高议案处理和建议办理的质量。加强和规范人大代表在大会闭会期间的活动，完善代表小组活动以及代表视察、代表走访选民、代表向选民述职并接受选民评议等制度，探索建立代表约见制度，更好地发挥人大代表在体察民情、反映民意、集中民智方面的作用。

10. 正确履行人大的监督职能。各级人大及其常委会要把依法履行监督职责与支持政府、法院、检察院依法开展工作统一起来。遵循坚持党的领导、集体行使职权、不包办代替的原则，紧紧围绕党委工作大局，把改革发展稳定的重大问题和关系人民群众切身利益的热点难点问题作为监督重点，综合运用听取和审议工作报告、预算审查、执法检查、执法和述职评议等形式，切实加强对带有普遍性、倾向性的问题的监督，进一步增强监督工作的针对性和实效性，确保宪法和法律得到正确实施，确保行政权、审判权、检察权得到正确行使，确保公民、法人和其他组织的合法权益得到尊重和维护。

11. 加强人大常委会制度建设。各级人大常委会要围绕坚持党的领导、发挥代表作用、履行宪法和法律赋予的职责，进一步完善组织制度和运行机制。完善人大常委会的议事程序和会议制度，健全和落实立法、监督和代表工作制度，坚持人大代表列席和公民旁听人大常委会会议制度，规范专门委员会工作，促进人大工作的制度化、规范化、法制化。优化人大常委会组成人员结构，逐步提高专职比例，加强思想作风建设，努力提高依法履行职责的能力。

四　坚持和完善共产党领导的多党合作和政治协商制度

12. 加强同民主党派合作共事，完善同各民主党派的政治协商。共产党领导的多党合作和政治协商制度是我国的一项基本政治制度。坚持"长期共存、互相监督、肝胆相照、荣辱与共"的方针，充分发挥民主党派和无党派人士的参政议政作用和民主监督作用，巩固和发展最广泛的爱国统一战线。加强培养选拔党外干部工作，拓宽党外干部的选配领域。支持民主党派加强思想建设、组织建设和制度建设。

13. 进一步完善人民政协政治协商的内容、形式和程序。人民政协的政治协商是中国共产党领导的多党合作的重要体现，是党和国家实行科学民主决策的重要环节，是党提高执政能力的重要途径。加强人民政协的政治协商，把政治协商纳入决策程序，就经济社会发展等重要问题在决策之前和决策执行过程中进行协商，充分发挥人民政的政治协商在重大决策中的作用。积极推进人民政协政治协商的制度化、规范化和程序化。

14. 积极推进人民政协的民主监督。人民政协的民主监督是我国社会主义监督体系的重要组成部分。进一步明确民主监督的内容，完善民主监督的形式，健全民主监督的机制，畅通民主监督的渠道，切实发挥人民政协民主监督的作用。各级党委和政府要认真听取来自人民政协的批评和建议，高度重视人民政协的提案和建议案，自觉接受民主监督。党委和政府的监督机构以及新闻媒体要密切与人民政协的联系，加强工作协调和配合，提高民主监督的质量和成效。

15. 深入开展人民政协的参政议政。人民政协的参政议政是人民政协履行职能的重要形式。各级人民政协要围绕党委和政府的中心工作，对政治、经济、文化和社会生活中的重要问题以及人民群众普遍关心的重大问题，特别是经济社会发展中具有综合性、战略性、前瞻性的问题，深入调查研究，开展咨询论证，通过调研报告、提案、建议案和其他形式向党委和政府提出意见和建议，并积极协助党和政府做好协调关系、化解矛盾、理顺情绪、维护稳定的工作。各级党委和政府要加强与人民政协的联系和沟通，为人民政协参政议政创造良好条件。

16. 加强人民政协自身建设。充分发挥人民政协作为共产党领导的多党合作和政治协商的重要机构的作用，支持各民主党派和无党派人士参与重大决策的讨论和协商及其履行职责的各种活动。适应社会结构发生的新变化，进一步增强人民政协的包容性，扩大人民政协的团结面，发挥各阶层、各界别的作用。依法保障政协委员的各项民主权利，鼓励和支持政协委员议政建言，充分发挥政协委员在履行政协职能中的主体作用。加强人民政协机关建设，努力造就一支政治坚定、作风优良、学识丰富、业务熟练的高素质政协工作干部队伍。

五　加强地方性法规和规章建设

17. 健全法规规章。按照《宪法》《立法法》有关地方立法的规定和权限，根据浙江实际，着眼于推进经济社会协调发展和可持续发展，科学制定立法计划，合理确定年度立法项目，进一步完善落实科学发展观和构建和谐社会的法制保障。加强市场主体、产权、市场交易、信用、知识产权保护、国有经济、民营经济以及政府职能转变等方面的立法,进一步巩固和发展我省的体制机制优势;加强自主创新、生态环境保护、资源节约、发展循环经济、发展服务业等方面的立法,加快推进结构调整和经济增长方式转变;加强新农村建设、城市规划建设管理等领域的立法,积极推进城乡统筹发展;加强劳动就业、社会保障、科教文卫体、安全生产、社会救助、社会管理、维护社会稳定、应对突发事件等社会发展领域的立法,促进经济社会协调发展。到 2010 年,努力形成与国家法律法规相配套、具有浙江特色、比较完备的地方性法规和规章。

18. 完善立法机制。完善省委领导地方立法的工作制度,适时向省人大提出立法建议。善于把党的方针政策通过法定程序转化为地方性法规和政府规章,把实践证明行之有效的工作举措以法规、规章形式加以规范,把有关政府规章和行政规范性文件转化为地方性法规。坚持民主立法、科学立法,完善向社会公开征集立法项目制度,建立健全立法听证制度、专家咨询论证制度以及公开征求意见、听取和采纳意见情况说明制度。完善法规审议和表决程序,坚持法规草案统一审议和重要法规草案三审制度。加强立法队伍建设,实行立法工作者、实际工作者和专家学者三结合。

19. 提高立法质量。按照法治统一的要求,进一步完善法律冲突审查机制,防止地方性法规与宪法、法律和行政法规相抵触,防止地方政府规章与法律、行政法规和地方性法规相抵触,防止法规之间、规章之间相互矛盾,防止和克服部门利益倾向。增强立法的针对性和可操作性,确保各项法规和规章明确具体、科学规范、切合实际。坚持立、改、废并重,适时对有关地方性法规和规章进行评估,及时修改或废止不符合客观实际的地方性法规和规章。

六 加强法治政府建设

20. 深化行政体制改革。按照职权法定、依法行政、有效监督、高效便民的要求,积极推进政府职能转变,全面履行经济调节、市场监管、社会管理和公共服务职能。深化政府机构改革,合理划分和依法规范各级政府和政府各部门的职责权限，实现政府职责、机构和编制的法定化。继续开展机关效能建设，进一步提高办事效率。深化投资体制改革，合理界定政府投资范围，建立健全政府投资决策责任制度和投资项目后评价制度。加快公共财政体系建设，推行财政支出绩效评价考核制度，继续深化部门预算、国库集中收付、政府采购和收支两条线管理制度改革，规范行政事业性收费等政府非税收入及管理。到2010年，国务院提出的建设法治政府的基本要求得到全面落实。

21. 全面推进依法行政。认真贯彻国务院《全面推进依法行政实施纲要》，切实做到行政权力授予有据、行使有规、监督有效。全面落实《行政许可法》，严格依法设定和实施行政许可，依法开展行政许可定期评价和清理工作，继续深化行政审批制度改革，探索相对集中行政许可权，建立和完善行政许可统一受理申请、审查、告知意见、听证以及评估评价等制度。严格依照法定权限和法定程序制定行政规范性文件，规范起草、审核、发布程序，完善备案审查制度，建立健全公民、法人和其他组织对行政规范性文件提出异议的处理机制。完善行政决策的规则和程序，健全与群众利益密切相关的重大事项社会公示制度和听证制度，完善重大决策专家咨询制度，实行决策的论证制和责任制，加快推进决策科学化民主化。全面实行政务（信息）公开，重点加大对财政收支、行政审批事项、国有资产管理、重大建设项目等领域的公开力度。改革和完善行政执法体制，加强和改善行政执法工作，严格依照法定权限和程序行使职权、履行职责，健全行政执法责任制、行政执法评议考核机制和责任追究制度，推进综合执法试点，深化市、县两级相对集中行政处罚权工作。完善行政监督制度，创新层级监督机制，支持监察、审计等职能部门依法独立开展专门监督，强化社会监督，完善行政投诉处理机制。各级政府要自觉接受人大监督、政协民主监督以及人民法院依照行政诉讼法规定对行政机关实施的监督。

22. 建设一支政治合格、懂法守法、严格依法行政的公务员队伍。认真贯彻实施《公务员法》，加强对公务员的社会主义法治理念教育，增强法律意识，提高法律素质。健全机关干部法律知识培训及年度考试考核制度,把学习和掌握法律知识的情况作为领导干部年度考核和任用考察时的重要内容。加强对行政执法人员的职业道德教育和法律业务培训,实行执法人员资格管理制度,不具备执法资格的一律不得上岗执法。执法人员徇私枉法、贪赃枉法、执法犯法的要严格依法惩处。加强各级政府部门法制机构和队伍建设,更好地为建设法治政府服务。

七 加强司法体制和工作机制建设

23. 认真落实中央推进司法体制改革的各项举措。按照中央统一部署,稳步推进法院改革,深化检察改革,推进监狱工作改革,及时总结各地好的做法和经验,进一步健全权责明确、相互配合、相互制约、高效运行的司法体制,切实维护司法公正。改革司法机关的工作机制和人财物管理体制,逐步实现司法审判和检察与司法行政事务相分离。加强对司法工作的监督,惩治司法领域的腐败。深化司法人事制度改革,完善法官、检察官遴选制度和评价体系,建设一支高素质的司法队伍。到2010年,中央提出的社会主义司法制度必须保障在全社会实现公平和正义的目标要求在全省各地得到全面贯彻和落实。

24. 规范司法行为。坚持实体公正与程序公正并重,保障公民、法人和其他组织的合法权益。严格规范司法审判行为,坚持和完善立案与审判、审判与监督、审判与执行三个分立,全面落实公开审判制度,完善合议庭和独任法官审判责任制以及法官违法审判责任认定和追究制度。认真解决执行难问题。严格规范检察执法行为,加强对刑事侦查行为的监督,大力推进检务公开,健全主办、主诉检察官办案责任制,坚决杜绝刑讯逼供等严重损害当事人合法权益的现象。建立健全刑事执法与行政执法相衔接的制度,防止和纠正以罚代刑。健全司法纠错机制,依法及时纠正司法过错行为,切实维护司法权威。

25. 加强和规范法律服务。加强律师队伍建设,完善律师监管机制,规范律师执业活动,维护当事人合法权益,促进司法公正。规范公证管理和公证服务,建立公证行业诚信保障体系,提高公证的公信力。规范商事仲裁,提高仲裁水平。完善司法鉴定管理制度,建立面向社会的统一的司法鉴定体制。进一步规范城乡基层法律服务,促进其健康发展。

八 加强法制宣传教育，提高全民法律素质

26. 加强社会主义法制教育。认真贯彻落实国家"五五"普法规划，深入学习宣传宪法以及经济社会发展、与群众生产生活密切相关、整顿和规范市场经济秩序和维护社会稳定、促进社会公平正义的相关法律法规。创新方式，丰富内容，健全体系，大力推进法制宣传教育进机关、进乡村、进社区、进学校、进企业、进单位活动，重点加强对领导干部、公务员、青少年、企业经营管理人员和农民的法制宣传教育，做好在外浙江人和外来务工人员的法制宣传教育工作。到2010年，通过深入扎实的法制宣传教育和法治实践，进一步提高全民法律意识和法律素质；进一步增强公务员社会主义法治理念，提高依法行政能力；进一步增强各级政府和社会组织依法治理的自觉性，提高依法管理和服务社会的水平。

27. 切实加强思想道德建设。按照法制教育与思想道德建设相结合的要求，广泛开展以"八荣八耻"为主要内容的社会主义荣辱观教育活动，进一步加强新形势下社会主义思想道德建设。根据中央统一部署，结合浙江实际，把荣辱观教育活动与全面落实科学发展观结合起来，与保持共产党员先进性教育活动结合起来，与弘扬与时俱进的浙江精神、实施文明素质工程结合起来，与法制宣传教育结合起来，努力形成与社会主义市场经济相适应、与社会主义法律规范相协调、与中华民族传统美德相承接的社会主义思想道德规范。

28. 加强法学教育和研究。优化高等教育资源配置，加强法学专业学科建设，扶持重点学科，发展研究生教育，充分发挥浙江大学等高等院校作用，不断提高法学教育水平。进一步繁荣法学研究，加强法学研究机构和阵地建设，加快建设法学方面的省社科重点研究基地，组织开展事关"法治浙江"建设全局的重大课题研究，充分发挥高校、院所及省市法学会在推动法学研究中的作用。加强对现有法律人才的培训，逐步提高司法队伍中专业人才的比重。做好城乡基层法律工作者的培训工作。多渠道、多形式培养和引进法律人才，扩大"新世纪151人才工程"法律人才的比例，加快培养一批高层次的法

律人才。

九 确保人民的政治经济文化权益得到切实尊重和保障

29. 扩大基层民主。认真总结和推广我省各地在健全基层自治组织和民主管理制度等方面的经验和做法，坚持和完善公开办事制度，保证人民群众依法实行民主选举、民主决策、民主管理和民主监督。完善村民自治，健全村党组织领导的充满活力的村民自治机制。完善城市居民自治，建设管理有序、文明祥和的新型社区。坚持和完善职工代表大会和其他形式的企事业民主管理制度，保障职工的合法权益。

30. 完善保障公民权益的体制机制。坚持执法为民、司法为民，加快完善相关法规、制度和政策，逐步做到保证社会成员都能够接受教育、进行劳动创造、平等地参与市场竞争和社会生活，依靠法律和制度维护自己的正当权益。建立健全能够全面表达社会利益、有效平衡社会利益、科学调整社会利益的利益协调机制，引导群众以理性合法的形式表达利益诉求，依法逐步建立以权利公平、机会公平、规则公平、分配公平为主要内容的社会公平保障体系，保证全体社会成员共享改革发展成果。坚持和完善民族区域自治制度，保障少数民族权益。全面贯彻党的宗教信仰自由政策，依法管理宗教事务，坚持独立自主自办的原则，积极引导宗教与社会主义社会相适应。

31. 健全权利救济和维护机制。认真贯彻落实《行政诉讼法》和《行政复议法》，严格执行行政赔偿和补偿制度。全面落实信访工作的各项制度，依法规范信访行为。认真贯彻实施《法律援助条例》，加强法律援助的组织建设和制度建设，强化律师的法律援助义务，落实地方财政对法律援助的经费保障。进一步加强对农民和农民工的法律援助。各级人民法院对经济困难群众要依法缓、减、免收诉讼费用。加强和改进维权工作，加快建立和完善维权机制，充分发挥城乡基层自治组织和工会、共青团、妇联等人民团体在维权方面的作用。

32. 切实保障人民群众生命财产安全。全面落实建设"平安浙江"的各项部署，维护社会和谐稳定。完善贯彻"严打"方针的经常性工作机制，依法严厉打击各种犯罪活动，重点打击严重暴力犯罪、黑恶势力犯罪和毒品犯罪、侵财型犯罪，防范和惩治邪教组织的犯罪活动，坚决扫除社会丑恶现象。总结、推广和创新"枫桥经验"，建立健全矛盾纠纷疏导化解机制、打防控一体化工作机制和基层管理服务机制，完善社会治安综合治理的方法和途径，积极推进综治网络建设，把综治工作覆盖到全社会。加强人民调解、行政调解和司法调解工作，及时化解各类人民内部矛盾。建立健全预防处置群体性事件的预测预警、排查化解、应急处置、责任追究、组织保障等机制，全面提升"防激化"能力和依法处置水平。认真落实安全生产责任制，制定和完善安全生产配套法规和各行业安全质量标准，健全安全生产监管体制，严格安全执法，提高安全生产保障能力。完善应急管理体系，健全自然灾害、环境污染、公共卫生等突发事件的应急机制，提高应对突发事件和风险的能力。进一步规范市场经济秩序，严肃查处商业贿赂，加强知识产权保护，依法严厉打击制售假冒伪劣商品行为，强化对食品、药品、餐饮卫生等行业的市场监管。

十　加强对"法治浙江"建设的领导

33. 加强组织领导。省委成立建设"法治浙江"领导小组，加强对"法治浙江"建设的领导，定期研究解决法治建设中的重大问题和突出问题。下设办公室，具体负责指导、协调"法治浙江"建设各项工作，加强对各地各部门法治建设的督促检查。省人大常委会要根据本决定，通过法定程序作出建设"法治浙江"的决议。省政府要制定出台加快政府职能转变推进法治政府建设的意见。省政协要加强调查研究，为推进"法治浙江"建设建言献策。省高级人民法院和省人民检察院要研究制定促进司法公正的具体意见。省委政法委要切实抓好政法机关执法行为规范化工作。各地各部门要围绕省委建设"法治浙江"的决策部署，结合实际深入调查研究，进一步统一思想，提高认识，把加强法治建设摆上重要位置，抓紧制定具体的贯彻意见和配套文件，以改革创新、求真务实的精神，把省委决策部署贯彻好、落实好。

34. 健全工作机制。加快建立和完善法治建设工作责任制，明确党委、人大、政府、政协的职责，明确省高级人民法院、省人民检察律人才。

九　确保人民的政治经济文化权益得到切实尊重和保障

29. 扩大基层民主。认真总结和推广我省各地在健全基层自治组织和民主管理制度等方面的经验和做法，坚持和完善公开办事制度，保证人民群众依法实行民主选举、民主决策、民主管理和民主监督。完善村民自治，健全村党组织领导的充满活力的村民自治机制。完善城市居民自治，建设管理有序、文明祥和的新型社区。坚持和完善职工代表大会和其他形式的企事业民主管理制度，保障职工的合法权益。

30. 完善保障公民权益的体制机制。坚持执法为民、司法为民，加快完善相关法规、制度和政策，逐步做到保证社会成员都能够接受教育、进行劳动创造、平等地参与市场竞争和社会生活，依靠法律和制度维护自己的正当权益。建立健全能够全面表达社会利益、有效平衡社会利益、科学调整社会利益的利益协调机制，引导群众以理性合法的形式表达利益诉求，依法逐步建立以权利公平、机会公平、规则公平、分配公平为主要内容的社会公平保障体系，保证全体社会成员共享改革发展成果。坚持和完善民族区域自治制度，保障少数民族权益。全面贯彻党的宗教信仰自由政策，依法管理宗教事务，坚持独立自主自办的原则，积极引导宗教与社会主义社会相适应。

31. 健全权利救济和维护机制。认真贯彻落实《行政诉讼法》和《行政复议法》，严格执行行政赔偿和补偿制度。全面落实信访工作的各项制度，依法规范信访行为。认真贯彻实施《法律援助条例》，加强法律援助的组织建设和制度建设，强化律师的法律援助义务，落实地方财政对法律援助的经费保障。进一步加强对农民和农民工的法律援助。各级人民法院对经济困难群众要依法缓、减、免收诉讼费用。加强和改进维权工作，加快建立和完善维权机制，充分发挥城乡基层自治组织和工会、共青团、妇联等人民团体在维权方面的作用。

32. 切实保障人民群众生命财产安全。全面落实建设"平安浙江"的各项部署，维护社会和谐稳定。完善贯彻"严打"方针的经常性工作机制，依法严厉打击各种犯罪活动，重点打击严重暴力犯罪、黑恶势力犯罪和毒品犯罪、侵财型犯罪,防范和惩治邪教组织的犯罪活动,坚决扫除社会丑恶现象。总结、推广和创新"枫桥经验",建立健全矛盾纠纷疏导化解机制、打防控一体化工作机制和基层管理服务机制,完善社会治安综合治理的方法和途径,积极推进综治网络建设,把综治工作覆盖到全社会。加强人民调解、行政调解和司法调解工作,及时化解各类人民内部矛盾。建立健全预防处置群体性事件的预测预警、排查化解、应急处置、责任追究、组织保障等机制,全面提升"防激化"能力和依法处置水平。认真落实安全生产责任制,制定和完善安全生产配套法规和各行业安全质量标准,健全安全生产监管体制,严格安全执法,提高安全生产保障能力。完善应急管理体系,健全自然灾害、环境污染、公共卫生等突发事件的应急机制,提高应对突发事件和风险的能力。进一步规范市场经济秩序,严肃查处商业贿赂,加强知识产权保护,依法严厉打击制售假冒伪劣商品行为,强化对食品、药品、餐饮卫生等行业的市场监管。

十　加强对"法治浙江"建设的领导

33. 加强组织领导。省委成立建设"法治浙江"领导小组,加强对"法治浙江"建设的领导,定期研究解决法治建设中的重大问题和突出问题。下设办公室,具体负责指导、协调"法治浙江"建设各项工作,加强对各地各部门法治建设的督促检查。省人大常委会要根据本决定,通过法定程序作出建设"法治浙江"的决议。省政府要制定出台加快政府职能转变推进法治政府建设的意见。省政协要加强调查研究,为推进"法治浙江"建设建言献策。省高级人民法院和省人民检察院要研究制定促进司法公正的具体意见。省委政法委要切实抓好政法机关执法行为规范化工作。各地各部门要围绕省委建设"法治浙江"的决策部署,结合实际深入调查研究,进一步统一思想,提高认识,把加强法治建设摆上重要位置,抓紧制定具体的贯彻意见和配套文件,以改革创新、求真务实的精神,把省委决策部署贯彻好、落实好。

34. 健全工作机制。加快建立和完善法治建设工作责任制,明确党委、人大、政府、政协的职责,明确省高级人民法院、省人民检察院和省委政法委等有关部门的任务，形成统一领导、分工负责、相互配合、上下联动、有序推进的工作机制和齐抓共管、协同推进的合力。建立科学的法治建设评价体系和考核办法，考核情况作为各级党政领导班子和领导干部任期目标、年度述职报告的重要内容。

35. 明确具体工作。"十一五"时期，"法治浙江"建设要突出抓好以下工作：

——着眼于为浙江经济社会全面协调可持续发展提供法制保障，科学制定立法规划和年度计划，制定颁布一批急需的、条件成熟的地方性法规和政府规章，同时全面开展对现行地方性法规、规章和规范性文件的清理工作；

——着眼于加强对权力的制约和监督，按照授予有据、行使有规、监督有效的要求，全面开展规范行政权力专项活动，进一步明确和规范政府各部门的职权及行政程序，创建依法行政示范单位；

——着眼于维护司法公正，在各级政法机关全面开展社会主义法治理念教育，积极推进执法行为规范化建设，争取用三年左右时间把各项执法工作纳入规范有序的轨道；

——着眼于提高全民法律素质，抓紧制定浙江省"五五"普法规划，确定每年五月份为浙江法治宣传月，动员全社会的力量，集中开展法治宣传活动；

——着眼于维护和实现人民群众的根本利益，完善维权机制，深入持续开展依法维权活动，重点做好妇女、未成年人、老年人、残疾人、农民工等社会群体的维权工作；

——着眼于推进地方依法治理，以严格依法行政、确保司法公正为重点，深入开展法治市、法治县（市、区）创建活动；

——着眼于坚持和发展基层民主，以提高基层工作法治化水平为目标，以推进农村法治建设为重点，继续深化民主法治村和民主法治社区创建活动；

——着眼于促进企业依法经营、诚信经营，以依法纳税、规范劳动用工、加强安全生产、加强环境保护、反对不正当竞争以及重合同、守信用等为重点，积极开展诚信守法企业创建活动。

36. 营造良好环境。坚持依靠群众，注重发挥人民团体和群众组织的重要作用，最大限度地调动社会各界和人民群众投身"法治浙江"建设的积极性、主动性和创造性。畅通群众监督渠道，加强并规范舆论监督，完善社会监督体系。坚持团结稳定鼓劲、正面宣传为主的方针，充分发挥舆论的正面导向作用，运用各种宣传渠道，通过群众喜闻乐见的宣传方式，加大对"法治浙江"重大意义、主要任务和工作重点的宣传力度，加强对先进典型的总结和推广，努力形成人人关心、人人支持、人人参与"法治浙江"建设的社会环境。

37. 省委建设"法治浙江"领导小组及办公室要进一步深化细化"法治浙江"建设的各项目标任务，适时研究制定有关政策举措。

省委号召，全省各级党组织和党员干部紧密团结在以胡锦涛同志为总书记的党中央周围，高举邓小平理论和"三个代表"重要思想伟大旗帜，全面落实科学发展观，同心同德，扎实工作，努力建设"法治浙江"，促进物质文明、政治文明、精神文明和和谐社会建设协调发展，为我省基本实现全面小康、基本实现现代化而不懈奋斗！

附录2 中共浙江省委关于全面深化法治浙江建设的决定

(2014年12月4日中国共产党浙江省第十三届委员会第六次全体会议通过)

中国共产党浙江省第十三届委员会第六次全体会议深入学习贯彻党的十八届四中全会精神，按照《中共中央关于全面推进依法治国若干重大问题的决定》的部署，结合浙江实际，研究了全面深化法治浙江建设问题，作出如下决定。

一 全面深化法治浙江建设的总体要求

1. 深入学习贯彻党的十八届四中全会精神和习近平总书记系列重要讲话精神。党的十八届四中全会审议通过的决定，是加快建设社会主义法治国家的纲领性文件，开启了迈向法治中国新里程，为全面深化法治浙江建设指明了方向，提供了根本遵循。全省各级党组织和广大党员干部要把学习贯彻党的十八届四中全会精神和习近平总书记系列重要讲话精神作为重大政治任务，深刻认识全面推进依法治国的重大意义，深刻领会全面推进依法治国的指导思想、总目标、基本原则和重大部署、重要举措，切实增强使命意识和责任担当，认真落实依法治国各项任务。

2. 坚持和发展法治浙江建设的主要经验。改革开放以来，省委高度重视法治建设，先后作出依法治省和建设法治浙江的决定。几届省委沿着习近平同志开创的法治浙江建设道路砥砺前行，坚持把法治浙江建设作为深入实施"八八战略"的重要内容和重要保障，作为我省社会主义民主政治建设的总抓手，把法治浙江建设放到建设物质富裕精神富有现代化浙江和建设美丽浙江、创造美好生活战略布局中谋划和推动，坚持不懈、循序渐进，开拓进取、干在实处，取得了丰富的理论成果、制度成果和实践成果。2006年以来法治浙江建设的生动实践，进一步加深了对为什么建设法治浙江、建设什么样的法治浙江、怎样建设法治浙江等重大问题的认识和把握，为全面深化法治浙江建设积累了经验。

——坚持党的领导，建立"一把手"负总责的法治浙江建设领导体制机制。按照党委总揽全局、协调各方的原则，大力推进依法执政，健全党内民主制度，完善依法决策机制，加强和改进人大和政协工作，支持各级政府依法行政，加强对政法工作的领导，把党的领导贯彻到法治浙江建设的全过程和各方面。建立以省委书记为组长的省委建设法治浙江工作领导小组，形成党委统一领导，人大、政府、政协各负其责，部门协同推进，人民群众广泛参与的法治建设工作格局。坚持"一把手抓、抓一把手"，明确工作重点，落实工作责任，开展法治创建活动，统筹推进法治浙江建设各项工作。

——坚持法治为民，切实维护社会公平正义。把维护公平正义、保障人民根本权益作为制度安排、法规制定和各项工作的出发点和落脚点。围绕推进基本公共服务均等化，大力实施公民权益依法保障行动计划，强化法治便民利民惠民措施，健全覆盖城乡居民的公共服务体系。推进司法体制机制改革，实施"阳光司法"工程，强化法律监督，坚决纠正冤假错案，建立健全防止错案制度机制，以司法公正促进社会公正。妥善协调各方面的利益关系，拓宽利益诉求表达渠道，建立健全领导干部下访接访制度，加强法律服务、法律援助和司法救助，切实维护群众合法权益。

——坚持服务中心，为市场取向改革和经济转型升级提供法治保障。围绕深入实施"八八战略"，围绕实施"四大国家战略举措"和打好"三改一拆""五水共治"等转型升级"组合拳"，把法治建设与深化改革、推动发展紧密结合起来，统筹推进立法、执法、司法、普法工作，充分发挥法治的调节、促进、规范作用。坚持市场取向改革，转变政府职能，深化行政审批制度改革，推进行政执法规范化，率先开展"四张清单一张网"建设,更多地运用法律手段调节经济关系、规范经济行为,依法维护各类市场主体的合法权益,为多种所有制经济共同发展营造良好法治环境。

——坚持发挥法治引领和保障作用,不断提升平安浙江建设水平。法治是平安建设的重要保障,平安是法治建设的重要目标。自觉运用法治思维和法治方式破解各类早发先发的矛盾和问题,强化法治在化解社会矛盾、维护和谐稳定中的重要作用,以法治引领和保障平安浙江建设。全面推行重大决策社会稳定风险评估及责任追究制度,落实安全生产责任制,依法防范和处置公共安全重大突发事件。构建立体化社会治安防控体系,加强社会治安重点地区和突出问题排查整治,深化社会治安综合治理。落实平安建设主体责任,强化考核督查,统筹推进经济、政治、文化、社会、生态等领域"大平安",持续提高群众安全感和满意度。

——坚持法治和德治相结合,发挥法律的规范作用和道德的教化作用。一手抓法治、一手抓德治,倡导社会主义核心价值观,弘扬与时俱进的浙江精神,践行当代浙江人共同价值观。开展精神文明创建活动,开展"最美"现象系列活动,树立道德模范,继承优秀传统文化,增强法治建设的道德底蕴。深入开展"法律六进"等法治宣传教育活动,推进领导干部学法用法,弘扬法治精神,建设法治文化,培育公民的法治意识和法治信仰,促进法治和德治相得益彰。

——坚持创新发展"枫桥经验",夯实法治建设的基层基础。把新时期"枫桥经验"作为法治浙江建设的重要载体,以法治精神丰富和发展"枫桥经验",不断放大"枫桥经验"效应。加强基层社会治理创新,深化基层组织和部门、行业依法治理,推广村(居)务监督委员会制度、"网格化管理、组团式服务"、和谐劳动关系构建、民主恳谈等基层治理形式。健全"大调解"工作体系,构建基层多元化纠纷解决机制,把矛盾化解在基层、在当地。积极探索基层法治建设载体,深入开展民主法治村(社区)、诚信守法企业等创建活动,发挥群众在法治建设中的主体作用。

——坚持一张蓝图绘到底,一以贯之抓落实。几届省委秉承习近平同志提出的法治浙江建设理念、思路和方法,按照省委十一届十次全会决定的部署，坚持把建设法治浙江作为一项重大战略任务，咬定青山不放松，一任接着一任干。坚持问题导向，从解决群众反映强烈的突出问题入手，明确法治建设主攻方向，拓展法治实践平台，丰富法治建设抓手，蹄疾步稳，善作善成。把长远目标与阶段性目标、重点任务与年度工作结合起来，从具体工作抓起，从群众关心的实事做起，积小胜为大胜，不断取得法治建设新进展。

在全面深化法治浙江建设进程中，必须坚决贯彻中央提出的坚持中国共产党的领导、坚持人民主体地位、坚持法律面前人人平等、坚持依法治国和以德治国相结合、坚持从中国实际出发五条原则，在实践中继续坚持、不断深化和发展八年来法治浙江建设的主要经验。

3. 准确把握全面深化法治浙江建设面临的形势。法治浙江建设起步早、起点高、基础好。当前，浙江面临的建设物质富裕精神富有现代化浙江和建设美丽浙江、创造美好生活任务十分繁重，各种矛盾多发，机遇与挑战并存，全面深化法治浙江建设的地位更加突出、作用更加重大。面对全面建成小康社会、全面深化改革、全面推进依法治国的新形势新要求，要充分认识全面深化法治浙江建设的重大意义，切实增强政治自觉、思想自觉、行动自觉，不断开创法治浙江建设新局面。

必须清醒看到，法治浙江建设还存在许多与新形势新要求不适应、不符合的问题。主要表现为：有的法规规章针对性、操作性不强，立法机制不够健全，群众参与立法不够，立法科学性有待提高；有的地方和领域有法不依、执法不严、违法不究现象还比较严重；少数执法司法人员作风不正，执法司法不规范、不文明，甚至办金钱案、关系案、人情案；有的领导干部法治意识不强，依法办事能力不足，知法犯法、以言代法、以权压法、徇私枉法行为仍有发生；部分社会成员尊法信法守法用法意识淡薄，依法维权意识和能力不强；有的地方和单位对法治建设不够重视，工作抓得不够紧、不够实，法治建设发展不平衡、不协调。对这些问题，必须高度重视，切实加以解决。

4. 全面深化法治浙江建设的指导思想。认真贯彻落实党的十八大和十八届三中、四中全会精神，高举中国特色社会主义伟大旗帜，以马克思列宁主义、毛泽东思想、邓小平理论、"三个代表"重要思想、科学发展观为指导，深入贯彻习近平总书记系列重要讲话精神，坚持党的领导、人民当家作主、依法治国有机统一，坚定不移走中国特色社会主义法治道路，坚持依法治国、依法执政、依法行政共同推进，坚持法治国家、法治政府、法治社会一体建设，实现科学立法、严格执法、公正司法、全民守法，促进治理体系和治理能力现代化，为深入实施"八八战略"、干好"一三五"、实现"四翻番"，建设物质富裕精神富有现代化浙江和建设美丽浙江、创造美好生活提供有力法治保障。

5. 全面深化法治浙江建设的目标。总目标是在全面推进依法治国、建设中国特色社会主义法治体系、建设社会主义法治国家进程中继续走在前列。要认真落实形成完备的法律规范体系、高效的法治实施体系、严密的法治监督体系、有力的法治保障体系和形成完善的党内法规体系的要求，全面提升全省经济建设、政治建设、文化建设、社会建设、生态文明建设以及党的建设的法治化水平，到2020年，力争在六个方面走在前列。

——紧紧围绕依宪执政、依法执政，在社会主义民主政治建设方面走在前列。人民代表大会制度、中国共产党领导的多党合作和政治协商制度、民族区域自治制度、基层群众自治制度进一步巩固和完善。各级党组织和党员干部带头遵守宪法法律，以法治思维和法治方式推动改革发展的能力明显增强。基本形成省委党内法规制度体系。

——紧紧围绕科学立法，在健全地方法规规章方面走在前列。遵循法定程序，完善立法体制机制，推进科学立法、民主立法，统筹推进法规规章制定、评估、清理、修改、废止、解释等各项工作，形成更加完备的与法律、行政法规相配套，与经济社会发展要求相适应，具有浙江特色的地方法规规章体系。

——紧紧围绕严格执法，在建设法治政府方面走在前列。各级政府依法全面履行职能，严格规范公正文明执法效果得到社会公认，依法行政水平明显提高，率先基本建成职能科学、权责法定、执法严明、公开公正、廉洁高效、守法诚信的法治政府。

——紧紧围绕公正司法，在推进司法体制机制改革方面走在前列。加快完成司法体制机制改革的各项任务,基本形成科学合理的司法管理体制和规范高效的司法权力运行机制。司法机关依法独立公正行使职权,司法公信力显著提升。

——紧紧围绕全民守法,在提升全民法治意识和法律素养方面走在前列。社会主义法治精神深入人心,社会主义核心价值观和当代浙江人共同价值观得到普遍认同,全社会尊崇宪法、遵守法律、信仰法治的氛围基本形成。

——紧紧围绕法治人才保障,在打造一支政治强、业务精、作风正、敢担当的社会主义法治工作队伍方面走在前列。思想政治建设不断加强,优势互补、结构合理的法治专门队伍和法律服务队伍、法学专家队伍等不断壮大,法治人才培养交流机制不断完善。

二 全面提高依法执政能力和水平

6. 严格遵守和维护宪法法律。坚持依法治国首先要坚持依宪治国,坚持依法执政首先要坚持依宪执政。全省各级党政机关、基层组织和社会团体、企事业单位都必须以宪法为根本活动准则,维护宪法法律权威,捍卫宪法法律尊严,追究和纠正一切违反宪法法律的行为,保证宪法法律实施。依法撤销和纠正违宪违法的规范性文件。落实宪法宣誓制度。开展宪法日活动。

7. 完善党的领导方式和执政方式。坚持党的领导,是社会主义法治的根本要求,是全面深化法治浙江建设最根本的保证。必须坚持党领导立法、保证执法、支持司法、带头守法,统筹推进法治建设各领域工作。要善于使省委的重大决策经过法定程序成为全省人民的意志,善于使党组织推荐的人选经过法定程序成为地方各级国家政权机关的领导人员,善于通过地方各级国家政权机关实施党委对经济社会发展各项事业的领导,善于运用民主集中制原则维护中央权威、推动中央和省委决策部署贯彻落实、维护全省安定团结的良好局面。

坚持党委总揽全局、协调各方。把加强党的领导同人大、政府、政协、审判机关、检察机关依法依章程履行职能、开展工作统一起来,充分发挥这些组织中党组的领导核心作用。领导和支持工会、共青团、妇联等人民团体和社会组织在全面深化法治浙江建设中发挥作用。

深化党的建设制度改革。完善民主集中制各项制度，加快推进党内民主制度建设，完善党员民主权利保障制度。健全党委依法决策程序和机制，强化全委会决策和监督作用。科学配置党委部门及内设机构权力职能，继续开展地方党委权力公开透明运行试点。规范各级党委主要领导干部职责权限。全面实行党代表任期制，继续深化地方党代会常任制试点。围绕推进好班长好班子好梯队建设，深化干部人事制度改革。

加强和改进党对政法工作的领导。政法委员会是党委领导政法工作的组织形式，必须长期坚持。进一步健全党委定期听取政法机关工作汇报制度。各级党委政法委员会要把工作着力点放在把握政治方向、协调各方职能、统筹政法工作、建设政法队伍、督促依法履职、创造公正司法环境上。建立健全政法机关党组织重大事项向党委报告制度、党组（党委）成员依照工作程序参与重要决策和重要业务制度。加强政法机关党的建设，在法治建设中充分发挥党组织政治保障作用和党员先锋模范作用。

落实依法治军要求，支持和加强国防、军队和后备力量建设，推动军民融合深度发展。贯彻落实保障"一国两制"实践和推进祖国统一的法律法规。

8. 支持和推动人民代表大会制度与时俱进。坚持和完善人民代表大会制度，推动人大工作理论与实践创新。健全党委领导人大工作制度，支持和保障人大及其常委会依法行使立法、监督、决定、任免等职权。加强党委对人大选举工作的领导。推进全省各级人大"两个联系、一个发挥"工作，深化代表联络站和代表履职平台建设。加强议案和建议处理工作。加强各级人大及其常委会自身建设，优化代表、常委会组成人员和专门委员会组成人员结构，提高专职委员比例。加强对乡镇人大工作的指导。

9. 支持和推动协商民主广泛多层制度化发展。坚持和完善中国共产党领导的多党合作和政治协商制度，构建程序合理、环节完整的协商民主体系。加强政党协商，依法开展人大立法协商，深入推进政府协商，认真做好人民团体协商，扎实开展基层组织协商和社会组织协商，探索创新协商途径渠道，丰富协商方式方法，增强协商实效。发挥人民政协在发展协商民主中的重要渠道作用，开展专题协商、对口协商、界别协商、提案办理协商。建立健全协商议题提出、活动组织、成果采纳落实和反馈机制。完善民主党派直接向党委提出建议制度。

10. 提高党员干部法治思维和依法办事能力。党员干部是全面深化法治浙江建设的重要组织者、推动者、实践者，必须对宪法法律怀有敬畏之心，牢记法律红线不可逾越、法律底线不可触碰，带头遵守宪法法律、带头依法办事，切实提高运用法治思维和法治方式深化改革、推动发展、化解矛盾、维护稳定能力。把宪法法律列入党委（党组）中心组学习内容，列为党校、行政学院、社会主义学院必修课。健全领导干部任前法律知识考试、领导干部下访律师随同等制度。把法治建设成效作为衡量领导班子和领导干部工作实绩重要内容，纳入政绩考核指标体系。把能不能遵守法律、依法办事作为考察干部的重要内容，在相同条件下，优先提拔使用法治素养好、依法办事能力强的干部。对特权思想严重、法治观念淡薄的干部要批评教育，不改正的要调离领导岗位。

11. 加强党内法规制度和工作体系建设。党章是最根本的党内法规，必须严格遵行。落实省委党内法规制定工作五年规划纲要，加快构建内容科学、程序严密、配套完备、运行有效、富有浙江特点的党内法规制度体系。完善党内法规制定体制机制。加大党内法规和规范性文件备案审查和解释力度。探索建立党内规范性文件备案审查与地方性法规、政府规章和行政规范性文件备案审查衔接联动机制。探索开展党内法规执行情况和实施效果评估。建立健全党内法规和规范性文件定期集中清理制度和即时清理机制。

党规党纪严于国家法律。各级党组织和广大党员干部不仅要模范遵守国家法律，而且要按照党规党纪以更高标准严格要求自己，坚定理想信念，践行党的宗旨。坚持抓早抓小，着力解决苗头性倾向性问题，严肃查处违反党规党纪行为。

三 健全具有浙江特色的法规规章

12. 完善地方立法体制机制。加强党对立法工作的领导，完善党委对地方立法工作中重大问题决策的程序。有立法权的地方人大制定五年立法规划，报同级党委批准。地方立法涉及本行政区域内重大体制和重大政策调整的，必须报同级党委讨论决定。地方性法规制定和修改的重大问题，人大常委会党组应向同级党委报告。坚持党委研究重要法规、规章草案制度。

健全有立法权的人大主导立法工作的体制机制。建立健全专门委员会、工作委员会立法专家顾问制度。逐步增加提请人民代表大会审议通过法规数量。加强和改进政府立法制度建设，重要规章由政府法制机构组织起草。对于争议较大但实践迫切需要的重要立法事项，引入第三方评估，及时加以研究并作出决策。加强对法规规章的解释和说明，加强法规规章配套规范性文件制定工作，提高法规规章的可操作性。开展立法后评估。完善地方性法规、规章、行政规范性文件备案审查制度。落实除杭州、宁波以外的设区的市地方立法权，加强设区的市地方立法能力建设。

13. 推进科学立法、民主立法。加强人大对地方立法工作的组织协调，健全立法项目立项、起草、论证、协调、审议机制，健全向下级人大征询立法意见制度，推进实施基层立法联系点制度。全面实行法规草案起草小组制度，落实人大专门委员会、常委会工作机构和政府部门、社会力量共同参与立法调研起草工作机制。推进实施人大代表分专业有重点参与常委会立法制度，增加人大代表列席人大常委会会议人数，更多发挥人大代表参与起草和修改法规作用。健全立法机关主导、社会各方有序参与立法机制，探索委托第三方起草法规规章草案。健全立法机关和社会公众沟通机制，开展立法协商，探索建立有关国家机关、社会组织、专家学者等对立法中涉及的重大利益调整论证咨询机制。深化立法项目公开征求意见和逐项论证评估机制，健全法规规章草案公开征求意见和公众意见采纳情况反馈机制。建立重要条款单独表决机制。加强地方立法研究。

14. 加强重点领域地方立法。围绕中心、服务大局，及时出台相关法规规章，提高立法质量，切实发挥立法的引领和推动作用。按照完善社会主义市场经济法律制度的要求，以保护产权、维护契约、统一市场、平等交换、公平竞争、有效监管为基本导向，加强经济领域立法。按照推进社会主义民主政治制度化、规范化、程序化的要求，加强民主政治领域立法。按照坚持社会主义先进文化前进方向，遵循文化发展规律、有利于激发文化创造活力、保障人民基本文化权益的要求，加强文化领域立法。按照加快保障和改善民生、推进社会治理体制创新的要求，加强社会民生领域立法。按照有效约束开发行为和促进绿色发展、循环发展、低碳发展的生态文明的要求，加强生态环境保护立法。

四　加快建设法治政府

15. 推进政府职能转变。推进机构、职能、权限、程序、责任法定化，坚持法定职责必须为、法无授权不可为。以深化"四张清单一张网"建设为抓手，大力推进政府自身改革，加大简政放权力度，建立权力清单、责任清单、财政专项资金管理清单动态调整机制，探索推进企业投资负面清单管理方式，完善浙江政务服务网，促进政府治理现代化。深化行政审批制度改革，全面清理行政审批前置环节，全面取消非行政许可审批事项，加强行政许可事项动态管理，加强事中事后监管。完善集阳光政务、行政审批、便民服务等功能于一体、省市县联动的网上政务服务体系，推动各级政府权力事项集中进驻、网上服务集中提供、数据资源集中共享，加强政府精细化、标准化管理，提高行政效能。推进各级政府事权规范化、法律化，强化省政府统筹推进全省基本公共服务均等化职责，强化市县政府执行职责，推动各级政府依法全面履行职能。

16. 完善行政决策机制。把公众参与、专家论证、风险评估、合法性审查、集体讨论决定确定为重大行政决策法定程序。制定重大行政决策出台前向人大报告制度。建立行政机关内部重大决策合法性审查机制。全面推行政府法律顾问制度，发挥法律顾问在制定重大行政决策、推进依法行政中的积极作用。对涉及民生的重大决策事项，在作出决策前实施社会稳定风险评估。建立决策后评估和纠错制度。健全行政规范性文件合法性审查制度。

17. 改革和完善行政执法体制。合理配置执法力量，相对集中执法权，推进综合执法。理顺城市管理、市场监管、安全生产、海洋和资源环境等执法监管体制，整合执法主体，大幅减少市县两级政府执法队伍种类，加强综合执法队伍建设。完善执法协作配合机制，推动跨部门、跨领域基层综合行政执法，探索多种形式的部门联合执法。完善市县两级行政执法管理。理顺行政强制执行体制。实行行政执法案件主办人制度和案件审核制度，建立案件质量跟踪评判机制。严格执行罚缴分离和收支两条线管理制度。健全行政执法和刑事司法衔接机制，建立信息共享、案情通报、案件移送制度。

18. 规范行政执法行为。依法惩处各类违法行为，加大关系群众切身利益的重点领域执法力度。严格执行重大执法决定法制审核制度。健全行政执法裁量权基准制度，建立执法依据定期梳理和公布制度。全面落实行政执法责任制，加强执法监督，防止和克服地方和部门保护主义，惩治执法腐败现象。建立执法全过程记录制度，加强日常执法监督检查，规范辅助执法人员管理。加强行政执法信息化建设。探索开展行政复议体制改革试点，加强行政复议能力建设。切实保护行政相对人的知情权、参与权、监督权和寻求救济的权利。支持法院受理行政案件，落实行政机关出庭应诉制度，健全尊重并执行法院生效裁判的制度。健全行政机关对司法建议的反馈制度。

19. 创新和完善政府管理服务方式。推动公共资源市场化配置，建立统一规范、上下衔接的公共资源交易平台。创新公共服务模式，探索公共服务供给主体多元化，积极推进政府向社会力量购买服务，建立健全政府购买服务标准、招标投标和监督评估等制度。进一步规范行政给付、行政奖励等授益性政府行为。全面规范各级政府和部门行政机关合同管理工作。

五 全面提升司法公信力

20. 确保依法独立公正行使审判权和检察权。各级党政机关和领导干部要支持法院、检察院依法独立公正行使职权。建立健全领导干部干预司法活动、插手具体案件处理的记录、通报和责任追究制度。

优化司法资源配置，实行地方法院、检察院人财物省级统一管理，探索实行法院、检察院司法行政事务管理权和审判权、检察权相分离。建立健全司法人员履行法定职责保护机制。非因法定事由，非经法定程序，不得将法官、检察官调离、辞退或者作出免职、降级等处分。探索建立与行政区划适当分离的司法管辖制度。

21. 优化司法职权配置。健全公安机关、检察机关、审判机关、司法行政机关各司其职，侦查权、检察权、审判权、执行权互相配合、互相制约的体制机制。推动实行审判权和执行权相分离的体制改革试点。统一刑罚执行体制。完善审判委员会、检察委员会制度，完善检察长列席审委会制度。改革法院案件受理制度，变立案审查制为立案登记制。加大对虚假诉讼、恶意诉讼、无理缠诉的惩治力度。完善刑事诉讼中认罪认罚从宽制度。完善审级制度。完善对涉及公民人身、财产权益的行政强制措施实行司法监督制度。推行检察机关提起公益诉讼制度，建立检察机关与行政执法部门的监督与协同合作机制。明确司法机关内部各层级权限，建立司法机关内部人员过问案件的记录制度和责任追究制度。完善主审法官、合议庭、主任检察官、主办侦查员办案责任制。加强职务犯罪线索管理，健全受理、分流、查办、信息反馈机制，明确纪检监察和刑事司法办案标准和程序衔接，正确履行分工职责。

22. 规范司法行为。推进以审判为中心的诉讼制度改革，全面贯彻证据裁判规则，严格依法收集、固定、保存、审查、运用证据，完善落实证人、鉴定人出庭制度。规范司法机关自由裁量权行使，全面推行量刑规范化改革、案例指导制度。围绕提高办案质量，完善司法机关内部管理机制，明确各类司法人员工作职责、工作流程、工作标准，建立健全办案质量终身负责制和错案责任倒查问责制度。严格规范减刑、假释、保外就医、暂予监外执行程序和要求。严格案件办理期限，推行繁简分流和速裁机制，完善案件流程监控、质量评查、考核评价体系。加快政法系统信息化共享平台建设，推动实现跨部门网上执法办案业务协同。

23. 保障人民群众参与司法。完善人民陪审员制度，提高人民陪审员履职意识和能力，逐步实行人民陪审员不再审理法律适用问题、只参与审理事实认定问题。探索建立专家陪审机制。推进法院"一站式"诉讼服务、检察院综合性受理接待中心等窗口建设。完善当事人权利义务告知、群众旁听庭审、司法听证、网络司法拍卖等制度。落实实名举报答复和举报人保护机制。

24. 加强人权司法保障。坚决防止和纠正冤假错案,健全冤假错案及时纠正机制。保障诉讼过程中当事人和其他诉讼参与人的知情权、陈述权、辩护辩论权、申请权、申诉权。健全落实罪刑法定、疑罪从无、非法证据排除等法律原则的工作制度。严格落实我省防止冤假错案各项制度,严禁违反司法程序办案,严禁刑讯逼供、体罚虐待和非法取证。深入推进刑事案件侦查讯问同步录音录像制度,完善对限制人身自由司法措施和侦查手段的司法监督。完善国家赔偿制度。完善社区矫正工作机制。

严格查封、扣押、冻结、处理涉案财物的司法程序,探索建立司法涉案财物集中管理平台,完善涉案财物处理信息公开机制。加快建立失信被执行人信用监督、威慑和惩戒机制,依法保障胜诉当事人及时实现权益。落实终审和诉讼终结制度,实行诉访分离。严格落实涉法涉诉信访执法错误纠正和瑕疵补正机制。对不服司法机关生效裁判、决定的申诉,逐步实行由律师代理申诉制度。对聘不起律师的申诉人,纳入法律援助范围。

六 健全权力运行制约和监督体系

25. 加强对权力行使的监督。加强党内监督。严格执行民主集中制,完善集体领导与个人分工负责相结合制度,规范各级党政主要领导干部职责权限。完善党内监督十项制度,严格执行领导干部廉洁自律规定,加强巡视监督,健全领导干部报告个人有关事项、任职回避、述职述廉等制度规定,推行新提任领导干部个人有关事项公开制度试点。

加强人大及其常委会监督。加强对法律法规实施情况的监督,建立健全法规规章实施情况报告制度,确保法律法规得到有效实施。加强对"一府两院"的监督,保障行政和司法权力规范行使。加强对政府全口径预决算审查监督和国有资产监督,探索开展对各类开发园区预算监督。改进监督方式,健全专题询问、质询、特定问题调查等制度。

加强行政监督。加强对政府内部权力的制约,对财政资金分配使用、国有资产监督、政府投资、政府采购、公共资源转让、公共工程建设等权力集中的部门和岗位实行分事行权、分岗设权、分级授权,定期轮岗,强化流程防控,防止权力滥用。加强政府内部层级监督和专门监督,发挥行政监察作用,强化执法监察、廉政监察、效能监察。完善审计制度,抓好省以下审计机关人财物统一管理试点,推进审计职业化建设。探索建立审计监督与法律监督相衔接工作机制。

加强对司法活动的监督。完善党委政法委执法监督机制。强化检察机关法律监督职能,健全检察建议、专项监督等制度。完善人民监督员制度,重点监督检察机关查办职务犯罪的立案、羁押、扣押冻结财物、起诉等环节的执法活动。依法规范司法人员与当事人、律师、特殊关系人、中介组织的接触、交往行为,坚决惩治司法掮客,防止利益输送。对因违法违纪被开除公职的司法人员、吊销执业证书的律师和公证员,终身禁止从事法律职业,构成犯罪的要依法追究刑事责任。坚决破除各种潜规则,坚决反对和惩治粗暴执法、野蛮执法行为,坚决清除贪赃枉法、假公济私、侵犯人权、挟嫌报复等的害群之马。

加强民主监督和社会舆论监督。加强人民政协民主监督,完善民主监督的组织领导、权益保障、知情反馈、沟通协调机制,充分发挥好民主党派、无党派人士民主监督职能。健全工会、共青团、妇联等人民团体的监督机制。建立完善舆论监督制度,支持媒体依法履行舆论监督职能,规范媒体对案件的报道,防止舆论影响司法公正。健全公众参与监督的激励机制,整合优化各级职能部门投诉举报平台,建立健全对群众和媒体反映问题的处理和通报机制。

加大问责力度。认真执行党政领导干部问责规定,全面推行工作责任制和责任追究制。建立重大行政决策终身责任追究及责任倒查机制。坚决纠正和惩处违法行政、滥用职权、久拖不决、失职渎职等"乱作为""慢作为"和"不作为",对造成重大损失、恶劣影响的,严格追究有关领导和工作人员的法律责任。健全责令公开道歉、停职检查、引咎辞职、责令辞职、罢免等问责方式和程序。建立问责跟踪监督制度，规范问责后免职人员重新任职的条件和程序。

26. 健全作风建设常态化制度。依纪依法反对和克服形式主义、官僚主义、享乐主义和奢靡之风，持之以恒抓好中央八项规定精神落实，严格执行我省"28条办法"。健全作风建设长效机制，巩固和拓展党的群众路线教育实践活动成果，加大正风肃纪力度，形成作风建设新常态。健全厉行节约反对浪费制度体系，完善配套措施。健全财务预算、核准和审计制度，严格控制"三公"经费支出。进一步精简文件简报和会议活动。积极稳妥推进公务用车制度改革，完善领导干部工作生活待遇规定，着力整治特权行为。

27. 推进反腐败体制机制创新和制度保障。严格执行党风廉政建设责任制，落实党委主体责任和纪委监督责任，强化党委（党组）主要负责人的"第一责任人"责任和党委（党组）成员的"一岗双责"。健全党风廉政建设责任制监督检查机制和责任追究制度，健全防控廉政风险、防止利益冲突等制度规定，深化具有浙江特点的惩治和预防腐败体系建设。深化党的纪律检查体制改革。改进巡视工作制度。加强对执纪办案工作的监督，确保依法依纪安全文明办案。

28. 推进党务、政务、司法公开。不断探索完善党务公开的途径和形式，建立健全党内情况通报、党内事务听证咨询等制度。深化政务公开，重点推进财政预算、公共资源配置、重大建设项目批准和实施、社会公益事业建设、行政执法等领域的信息公开。健全人民群众申请公开政府信息限期答复制度。健全政府信息公示公告及保密审查机制。

构建开放、动态、透明、便民的阳光司法机制，推进审判、检务、警务、狱务公开，录制并保留全程庭审资料，依法及时公开执法司法依据、程序、流程、结果和生效法律文书，完善办案信息查询系统。加强法律文书释法说理，建立重大案件信息发布、生效法律文书统一上网和公开查询制度。

七 推进法治社会建设

29. 围绕中心工作拓展法治实践平台。始终围绕中心工作全面深化法治浙江建设,做到中心工作推进到哪里,法治建设的实践平台就建在哪里。坚持把"三改一拆""五水共治"等转型升级"组合拳",作为全面深化法治浙江建设的大平台、试验田、试金石和活教材。坚持立法先行,加强相关领域法规规章的制定、修改、解释,使立法更具有针对性,更好地服务中心、解决问题。强化执法司法保障,严格依法办事,保护合法、打击非法,推动法律有效实施。利用正反典型,善于以案释法,推动形成全民守法良好氛围,发挥法治对中心工作的保障和推动作用。

30. 促进全社会学法尊法守法用法。广泛宣传以宪法为核心的中国特色社会主义法律体系,弘扬社会主义法治精神,建设社会主义法治文化,增强全民法治观念,使全体人民都成为社会主义法治的忠实崇尚者、自觉遵守者、坚定捍卫者。健全普法宣传教育机制,充分发挥宣传、文化、教育部门和人民团体在普法教育中的职能作用,推动落实"谁执法谁普法"的普法责任制,加强普法讲师团、普法志愿者队伍建设,建立社会"大普法"工作格局。重点加强国家工作人员、企业经营管理人员、青少年和外来务工人员的法治教育。把法治教育纳入国民教育体系,全面落实学校法治教育计划、教材、课时、师资。把法治教育纳入精神文明创建内容,开展群众性法治文化活动,健全媒体公益普法制度,加强新媒体新技术在普法中的运用,提高法治宣传教育的针对性和实效性。

加强社会诚信建设。发挥政府诚信在社会诚信建设中的导向作用。强化社会公众诚信教育,完善守法诚信褒奖机制和违法失信行为惩戒机制,营造诚信光荣、失信可耻的社会氛围。依法建立自然人、法人和其他组织共同参与的社会信用体系。建立以公民身份号码为基础的公民统一社会信用代码制度。建立社会信用评价体系,构建全省统一的"失信名单"制度。规范信用服务行业发展。

围绕践行社会主义核心价值观和当代浙江人共同价值观,加强公民道德建设,弘扬中华传统美德。加强社会公德、职业道德、家庭美德、个人品德教育,组织道德论坛、道德讲堂、道德修身等活动,争做"最美浙江人"。强化法律对道德建设的促进作用,发挥法治在解决道德领域突出问题中的作用。

31. 推进基层依法治理。坚持系统治理、依法治理、综合治理、源头治理，提高社会治理法治化水平。深化基层服务型党组织建设，发挥基层党组织和党员在全面深化法治浙江建设中的战斗堡垒作用和先锋模范作用。增强基层干部的法治观念和法治为民的意识，提高基层干部依法治理能力。乡镇（街道）要把依法加强社会治理作为重要职责，明确责任，落实措施，增强能力，发挥推动、指导基层依法治理的重要作用。积极探索村（社区）实现依法自治的有效途径，完善村（社区）民主选举、民主决策、民主管理、民主监督制度。完善村（居）务监督委员会制度，探索村（居）务公开、厂务公开的新途径新方法。创新基层民主建设载体，深化民主法治村（社区）、和谐劳动关系企业（园区）建设。推动市民公约、村规民约、行业规章、团体章程等社会规范的广泛运用，发挥其在社会治理中的积极作用。

加大对社会组织的政策扶持和分类指导力度，建立健全社会组织参与社会事务、维护公共利益、救助困难群众、帮教特殊人群、预防违法犯罪的机制和制度化渠道。发挥社会组织对其成员的行为导引、规则约束、权益维护作用。探索建立城乡社区公共服务事项清单制度，规范"小微权力"运行，整治村（社区）机构牌子多、考核评比多、创建达标多等"三多"问题。

32. 维护人民群众合法权益。构建党政主导的维护群众权益体系，建立健全矛盾预警、利益表达、协商沟通、救济救助等机制。认真处理人民来信，完善领导干部定期接访、约访、下访制度，推广联合接访、网上信访等做法，严格落实信访事项终结制，把信访纳入法治轨道。创新流动人口管理服务，健全特殊人群管理服务机制。完善就业和社会保障制度。依法维护残疾人权益。

健全社会矛盾纠纷预防化解机制。完善调解、仲裁、行政裁决、行政复议、诉讼等有机衔接、相互协调的多元化纠纷解决机制，健全人民调解、行政调解、司法调解联动的"大调解"工作体系。建立健全重大矛盾纠纷领导包案、挂牌督办、项目化监管和责任追究制度，积极发挥社会力量调解矛盾纠纷的作用。健全乡镇（街道）、村（社区）调解组织，发展企事业单位、新型功能区域调解组织，规范行业性、专业性人民调解组织，推动人民调解工作向矛盾纠纷多发易发的行业和领域延伸。推进仲裁工作标准化建设，提升仲裁公信力。

33. 深化平安创建活动。发挥法治对平安建设的引领和保障作用，创新发展"枫桥经验"，善于运用法治思维和法治方式破解平安建设中的难题，着力提升平安建设的法治化水平。深入推进社会治安综合治理，健全领导责任制，健全社会稳定"三色预警"和应急联动机制，努力使影响社会安定的问题得到有效防范化解管控，群众安全感和满意度进一步提升。深化"网格化管理、组团式服务"，建立集整治、管理、建设、服务于一体的综合治理长效机制。完善立体化社会治安防控体系，依法整治"黄赌毒""盗抢骗"和"黑拐枪"等突出治安问题。依法严厉打击暴力恐怖活动、邪教违法犯罪活动，坚决维护国家安全。依法强化危害食品药品安全、影响安全生产、损害生态环境、破坏网络安全等重点问题治理。依法妥善处置涉及民族、宗教等因素的社会问题，促进民族关系、宗教关系和谐。

34. 加强法律服务。完善法律服务供给机制，构建覆盖城乡、惠及全民的公共法律服务体系。完善法律援助制度，扩大援助范围，健全司法救助体系。普遍建立法律顾问制度。加强律师事务所管理，推进律师行业党的建设，发挥律师协会自律作用，扶持一批规模较大、实力较强的法律服务机构。加强公证行业内部管理，完善公证执业活动监管机制。健全司法鉴定管理体制，加强鉴定执业活动日常监管。推进基层法律服务业规范发展。加强涉外法律服务，优化外商投资环境，依法维护本省居民、浙商在海外的正当权益和海外侨胞权益。

八　加强和改进党对全面深化法治浙江建设的组织领导

35. 完善法治浙江建设的组织领导体制和工作机制。加强党委对法治建设的统一领导、统一部署、统筹协调，党政主要负责人要履行法治建设第一责任人职责。健全党委领导法治建设的制度和工作机制，完善保证党委确定法治建设决策部署的工作机制和程序。完善党委领导，人大、政府、政协分别负责，各部门分工实施的法治建设工作机制。完善党委法治建设工作领导小组例会制度，定期听取工作汇报，研究部署重要工作，协调解决重大问题。健全领导小组办公室工作制度，完善协调机制。落实成员单位工作责任，完善联动机制，增强工作合力。不断深化法治创建活动。建立健全法治建设指标体系和考核评估标准，完善考核评估方式方法，加强结果运用。

36. 加强法治工作队伍建设。加强理想信念教育，加强立法队伍、行政执法队伍、司法队伍建设。严格法律职业准入，建立法律职业人员统一职前培训制度，推进法治专门队伍正规化、专业化、职业化。建立从符合条件的律师、法学专家中招录立法工作者、法官、检察官制度。加强立法工作队伍建设，增加有法治实践经验的人大常委会专职委员比例。建立法官、检察官逐级遴选制度。初任法官、检察官由省高级人民法院、省人民检察院统一招录，一律在基层法院、检察院任职。畅通立法、执法、司法部门干部和人才相互之间以及与其他部门具备条件的干部和人才交流渠道。建立符合职业特点的法治工作人员管理制度，建立法官、检察官、人民警察专业职务序列及工资制度，加快完善职业保障体系。加强基层法治建设工作机构和人员队伍建设，推动执法、司法力量向基层倾斜。推广建立基层法治促进员制度，推进法治干部下基层活动。关心关爱法治工作者，保持队伍稳定。

加强法律服务队伍建设。加强律师队伍思想政治建设，完善律师执业权利保障机制和违法违规执业惩戒制度，加强律师执业操守和道德建设。各级党政机关和人民团体普遍设立公职律师，企业可设立公司律师，理顺公职律师、公司律师管理体制机制。加强公证员、基层法律服务工作者、人民调解员队伍建设。推动法律服务志愿者队伍建设。建立激励法律服务人才跨区域流动机制。

重视法治人才培养。坚持用马克思主义法学思想和中国特色社会主义法治理论全方位占领党校、高校、科研机构、法学教育和法学研究阵地。加强法学教育和研究，强化法学学科和专业建设，发挥法学研究机构和法学人才在全面深化法治浙江建设中的作用。重视法治人才和后备力量的教育培养。健全政法部门和法学院校、法学研究机构人员双向交流机制，推动高校和法治工作部门人员互聘。建设高素质法治领域学术带头人、骨干教师、专兼职教师队伍。

37. 围绕全面深化改革推动法治建设。正确处理全面深化改革与全面深化法治浙江建设的关系，坚持重大改革于法有据，坚持用法治方式推进改革，确保改革沿着法治轨道前进。健全改革牵头部门与立法机构衔接机制，在研究改革方案和改革措施时，同步考虑改革涉及的立法问题，及时提出立法需求和立法建议，实现立法和改革决策相衔接。依法保障重点突破和先行先试的改革项目顺利实施，对立改废条件不成熟而改革实践迫切需要的，特别是民生领域和促进经济转型升级的改革项目，按照法定程序作出特别授权，允许先行先试。发挥法治在平衡社会利益、调节社会关系中的作用，使改革中各种利益关系的调整获得法治保障。坚持立改废释并举，定期开展法规规章清理，及时修改和废止不适应改革发展要求的法规规章。

38. 抓好全面深化法治浙江建设各项任务的落实。一分部署，九分落实。贯彻省委全面深化法治浙江建设的各项决策部署，关键是狠抓落实。省委建设法治浙江工作领导小组要切实加强对全面深化法治浙江建设的领导，定期研究解决重大问题，加强工作指导、统筹协调和督促检查。省人大常委会要加强对法律法规实施的监督，推进重点领域地方立法，发挥国家权力机关在法治建设中的重要作用。省政府要以深化"四张清单一张网"建设为抓手，推进政府职能转变，建立权责统一、权威高效的依法行政体制，加快法治政府建设。省政协要创新协商民主的途径渠道和方式方法，围绕全面深化法治浙江建设积极建言献策、加强民主监督。省高级人民法院和省人民检察院要深入推进司法体制机制改革，规范司法行为，促进司法公正，努力让人民群众在每一个司法案件中感受到公平正义。

各地各部门要严守政治纪律和组织纪律，全面准确贯彻本决定精神，结合实际制定具体的实施方案和配套文件。要运用好省委在学习习近平总书记系列重要讲话精神过程中提炼的"工作十法"，精准发力、精细施策，确保全面深化法治浙江建设的各项部署落到实处。抓住影响全面深化法治浙江建设全局的重大问题、重点工作和关键环节，集中力量、逐个破解，以重点突破带动整体工作提升。坚持抓具体、具体抓，细化任务分解，制定落实路线，明确进度要求，做到每一件工作都有具体的时间表、路线图和责任人。健全督查考核机制，加强督促检查，强化绩效考核，以法治建设的实际成果检验落实成效。

省委号召，全省共产党员和人民群众紧密团结在以习近平同志为总书记的党中央周围，高举中国特色社会主义伟大旗帜，认真贯彻落实党的十八大和十八届三中、四中全会精神，干在实处、走在前列，全面深化法治浙江建设，把习近平同志开创的法治浙江建设事业不断推向前进！

参考文献

陈柳裕执行主编:《浙江蓝皮书·2006年浙江发展报告(法治卷)》,杭州出版社2006年版。

陈柳裕执行主编:《浙江蓝皮书·2007年浙江发展报告(法治卷)》,杭州出版社2007年版。

陈柳裕执行主编:《浙江蓝皮书·2008年浙江发展报告(法治卷)》,杭州出版社2008年版。

陈柳裕执行主编:《浙江蓝皮书·2009年浙江发展报告(法治卷)》,杭州出版社2009年版。

陈柳裕执行主编:《浙江蓝皮书·2010年浙江发展报告(法治卷)》,杭州出版社2010年版。

陈柳裕执行主编:《浙江蓝皮书·2011年浙江发展报告(法治卷)》,杭州出版社2011年版。

陈柳裕执行主编:《浙江蓝皮书·2012年浙江发展报告(法治卷)》,杭州出版社2012年版。

陈柳裕执行主编:《浙江蓝皮书·2013年浙江发展报告(法治卷)》,杭州出版社2013年版。

陈柳裕执行主编:《浙江蓝皮书·2014年浙江发展报告(法治卷)》,浙江人民出版社2014年版。

胡虎林、陈柳裕主编:《法治浙江干部读本》,浙江人民出版社2006年版。

孙笑侠等:《先行法治化:"法治浙江"三十年回顾与未来展望》,浙江大学出版社2009年版。

齐奇主编：《"八项司法"的发展与深化——浙江法院司法创新成果》，法律出版社 2013 年版。

沈建明、陈柳裕等：《民主法治看浙江》，浙江人民出版社 2008 年版。

连晓鸣主编：《浙江现象与浙江学术——浙江改革开放 30 周年回顾与展望》，光明日报出版社 2008 年版。

马斌：《政府间关系：权力配置与地方治理——基于省、市、县政府间关系的研究》，浙江大学出版社 2009 年版。

马以主编：《平安中国的浙江实践》，浙江人民出版社 2017 年版。

郑志耿等：《法治浙江——发展社会主义民主政治》，浙江人民出版社 2006 年版。

张文显：《法治中国的理论建构》，法律出版社 2016 年版。

中共浙江省委党史研究室编：《干在实处 走在前列——中共浙江省第十一次代表大会以来》，浙江人民出版社 2007 年版。

中共浙江省委党史研究室编：《创业富民 创新强省——中共浙江省第十二次代表大会以来》，浙江人民出版社 2012 年版。

中共浙江省委党史研究室编著：《建设"两富""两美"浙江——中共浙江省第十三次代表大会以来》，浙江人民出版社 2017 年版。

浙江省人大常委会法制工作委员会编：《浙江立法 30 年》，浙江人民出版社 2009 年版。

浙江省政府志编纂委员会编：《浙江省政府志》，浙江人民出版社 2014 年版。

陈冀平：《谈谈法治中国建设——学习习近平同志关于法治的重要论述》，《求是》2014 年第 1 期。

陈国猛：《高水平全面建设"三大机制"谱写浙江法院司法改革和司法为民新篇章》，《浙江审判》2017 年第 7 期。

陈柳裕、王坤、汪江连：《论地方法治的可能性——以"法治浙江"战略为例》，《浙江社会科学》2006 年第 2 期。

陈柳裕、唐明良：《"地方法治"的正当性之辨——在特殊性与统一性之间》，《公安学刊》2006 年第 4 期。

丁祖年：《健全人大主导立法体制机制研究》，《法治研究》2016年第2期。

董瑛：《从"法治浙江"到"法治中国"》，《浙江社会科学》2016年第1期。

公丕祥：《十八大以来全面依法治国的理论与实践论纲》，《中国高校社会科学》2017年第5期。

齐奇：《统筹"八项司法"，服务科学发展》，《人民司法》2009年第15期。

孙笑侠、钟瑞庆：《"先发"地区的先行法治化——以浙江省法治发展实践为例》，《学习与探索》2010年第1期。

汤达金：《浙江省首次立法听证会》，《人大研究》2000年第10期。

徐邦友：《论"法治浙江"之于法治中国建设的先行示范意义》，《观察与思考》2016年第11期。

王东京：《习近平法治思想脉络：从"法治浙江"到"法治中国"》，《理论导报》2015年第4期。

严国萍：《"三治合一"推进社会治理现代化——本刊专访桐乡市委书记卢跃东》，《当代社科视野》2014年第4期。

张文显：《治国理政的法治理念和法治思维》，《中国社会科学》2017年第4期。

张文显：《新时代全面依法治国的思想、方略和实践》，《中国法学》2017年第6期。

浙江省人大常委会机关课题组：《坚持规范创新 注重监督实效——本届浙江省人大监督工作的回顾与思考》，《观察与思考》2013年第1期。

中纪委研究室、浙江省纪委研究室、求是杂志社政理部联合调查组：《加强对权力运行的监督制约——浙江省金华市实行政务公开制度的调查》，《求是》1998年第11期。

车俊：《坚定不移沿着"八八战略"指引的路子走下去 高水平谱写实现"两个一百年"奋斗目标的浙江篇章》，《浙江日报》2017年6月19日第1版。

胡锦涛：《坚定不移沿着中国特色社会主义道路前进 为全面建成小康社会而奋斗——在中国共产党第十八次全国代表大会上的报告》，人民出版社2012年版。

习近平：《习近平谈治国理政》（第一卷），外文出版社2018年版。

习近平：《习近平谈治国理政》（第二卷），外文出版社2017年版。

习近平：《干在实处 走在前列——推进浙江新发展的思考与实践》，中共中央党校出版社2006年版。

习近平：《之江新语》，浙江人民出版社2014年版。

习近平：《决胜全面建成小康社会 夺取新时代中国特色社会主义伟大胜利——在中国共产党第十九次全国代表大会上的报告》，人民出版社2017年版。

中共中央文献研究室编：《习近平关于全面依法治国论述摘编》，中央文献出版社2015年版。

《中共中央关于全面深化改革若干重大问题的决定》，人民出版社2013年版。

《中共中央关于全面推进依法治国若干重大问题的决定》，人民出版社2014年版。

赵洪祝：《坚持科学发展 深化创业创新 为建设物质富裕精神富有的现代化浙江而奋斗》，《浙江日报》2012年6月12日第1版。

赵洪祝：《坚持科学发展 促进社会和谐 全面建设惠及全省人民的小康社会》，《浙江日报》2012年6月18日第1版。

《浙江省人民代表大会常务委员会工作报告》，2006—2017年。

《浙江省政府工作报告》，2006—2017年。

《中国人民政治协商会议浙江省委员会常务委员会工作报告》，2006—2017年。

《浙江省高级人民法院工作报告》，2006—2017年。

《浙江省人民检察院工作报告》，2006—2017年。

后 记

毋庸置疑，2006年4月26日中共浙江省委作出的建设"法治浙江"的决定，对于承载当下和今后我国法治建设的科学定位、价值宣示、目标导向、美好愿景等功能的"法治中国"的提出，具有十分重要的意义。不仅如此，集中体现习近平同志主政浙江期间法治思想的这项决定，无疑也是观察习近平新时代中国特色社会主义法治思想萌发脉络的最佳"窗口"。而要深刻理解党的十九大报告提出的作为坚持和发展中国特色社会主义基本方略之一的"坚持全面依法治国"的精髓，无疑也必须"眷顾"这一决策。

我衷心感谢浙江省哲学社会科学发展规划领导小组办公室给我下达的"写作指令"，使我用相对集中的时间来回忆本人参与和见证该决策诞生的点点滴滴，与时任中共浙江省委政策研究室副主任的沈建明博士以及张国强处长和陈国强先生，一起在省委政策研究室写作期间度过了一段辛劳但对我十二年来从事地方法治理论和实务问题研究具有重要意义的时光。

十二年一轮回，当年自感朝气蓬勃的我已年逾半百。就在2017年7月，我还怀有高定位、高质量、高品位地完成本著作的志向，但终因行政事务繁杂且个人精力不济，使书稿还是留下了些许遗憾。特别感谢浙江省人民检察院的胡涛先生，正是他撰写第六章的友情之举，我才得以勉强按期交稿。

在本著作系浙江省新型重点专业智库"浙江省社会科学院发展战略与公共政策研究院"的研究成果。在本著作的写作过程中，我得到了浙江省高级人民法院研究室陈增宝主任，中共浙江省委党史研究室原主任金延锋女士，浙江省人大常委会法工委刘永华处长，浙江省政府法制办童剑锋处长、王勇处长和王钢处长，浙江省司法厅办公室徐晓波主任和陈志远副主任的帮助。书稿还采纳了浙江省政府法制办原主任郑志耿博士、浙江省社会科学界联合会原副主席蓝蔚青研究员在书稿评审会上所提出的诸多意见和建议。在此对上述各位领导和好友一并致以由衷感谢！

陈柳裕
2018年7月23日